清宮林則徐檔案匯編

1

中國第一歷史檔案館
福建省林則徐研究會
編

海峽出版發行集團
海峽文藝出版社

《清宮林則徐檔案匯編》編委會

主　任

胡旺林　國家檔案局副局長

林　强　林則徐基金會會長

副主任

孫森林　中國第一歷史檔案館館長

馬照南　福建省政協提案委員會副主任

總主編

李國榮　中國第一歷史檔案館副館長

陳支平　福建省林則徐研究會會長

執行主編

張小鋭　中國第一歷史檔案館利用處處長

茅林立　福建省林則徐研究會副會長

編委

哈恩忠　中國第一歷史檔案館編研處
劉文華　中國第一歷史檔案館編研處
褚若千　中國第一歷史檔案館編研處
朱瓊臻　中國第一歷史檔案館編研處
林其華　福建省林則徐研究會副會長
黄順力　福建省林則徐研究會副會長
林國平　福建省林則徐研究會副會長
翁紀陽　福建省林則徐研究會副會長
陳　婧　海峽文藝出版社編輯

前言

林則徐，字元撫、少穆，晚號竢邨。清乾隆五十年（一七八五）生于福建侯官（今福州）。嘉慶十六年（一八一一）中進士，選翰林院庶吉士，嘉慶十九年（一八一四）四月授編修。自嘉慶二十五年（一八二〇）起，始任外官，先後任職于浙江、江蘇、陝西、湖北、河南、湖南、廣東、甘肅、雲南等省，由道員、按察使、布政使、巡撫，至兩江、湖廣、兩廣、雲貴總督。宦迹所至，留下許多傳頌至今的政績。

林則徐的官宦生涯經歷清嘉、道兩朝，然其政治影響力主要在道光年間。此一時期，清朝吏治日漸腐敗，水患頻繁，民生維艱，國家在河渠、漕政、鹽政、礦務、貨幣、交通、邊防等方面的問題錯綜複雜，引發社會矛盾、民族衝突諸多事端。清王朝統治由盛轉衰，開始經歷『數千年未有之變局』。林則徐從政三十載，既熟稔歷朝典章制度和行政舉措，又積累了豐富的地方從政經驗。他公正廉明，敢于擔當，處理過各類棘手問題。當西方殖民者遞航東來、鴉片流毒中華大地之際，林則徐受命于危難，出任欽差大臣，奉命到廣東查禁鴉片，領導彪炳史册的禁烟運動，開啓了近代中國反抗外國侵略的鬥争歷程。但他由此獲罪，被遣戍新疆。復出後，林則徐以關注西北邊防與新疆民生的赤誠之心，無怨無悔、悉心處理迫在眉睫的邊疆及民族問題。道光二十九年（一八四九）林則徐因病奏請開缺回福州原籍。道光三十年九月二十八日（一八五〇年十一月一日），復受命欽差大臣，抱病馳赴廣西，同年十月十九日（十一月二十二日），病逝于廣東普寧。

林則徐生活在中國社會變革轉型的重要時期，他一生清廉勤政，提倡革新，振興經濟，保境安民，為治理國家提出了許多切實可行的方略。在西方鴉片流毒肆虐之時，林則徐受命欽差，領導了偉大的禁烟運動，并組織抵抗英軍的武裝入侵，體現了崇高的愛國主義情操和不畏强敵的民族精神。更為可貴的是，他在與西方殖民主義者交涉抗衡的過程中，率先敏鋭地意識到時勢的變遷與改革的必要，『開眼看世界』，積極探索國家與民族的圖强維新之路。

百餘年來，有關林則徐的研究可謂碩果累累，但作為中國近代偉大的愛國者、傑出的民族英雄和『開眼看世界』的第一人，林則徐的研究也必將隨着時代的前進而不斷深入和拓展。首先，重新評價和定位林則徐的歷史地位。當今中國正處于實現中華民族偉大復興的征途上，林則徐『創榛辟莽，前驅先路』，作出了重大貢獻。他是中國近代第一位民族英雄，是中華民族復興的先驅者。對林則徐歷史評價和定位的提升，是從歷史發展的全程進行觀察的結果，也是現實對歷史的投射。基于此，林則徐研究將歷久彌新，大有可為。其次，當今的林則徐研究應突破二十世紀五六十年代以來的思維模式，要在中華民族文化精神傳承的視野中考察林則徐的偉大歷史貢獻及其地位。正如習近平總書記多次指出的：『中華文明源遠流長，孕育了中華民族的寶貴精神品格，培育了中國人民的崇高價值追求。自强不息、厚德載物的思想，支撑着中華民族生生不息、薪火相傳，今天依然是我們推進改革開放和社會主義現代化建設的强大精神力量。』因此，應當加强研究林則徐在延續和傳承中華文明中的作用和貢獻。第三，中國是一個陸海複合型大國，既有悠久的農業文明傳統，也有豐富的海洋文明傳統。在歷史上，我們有過領先世界的海洋文明，也經歷過從海洋退却的曲折階段。近代中國的落後挨打，一定程度上是從海洋退却引起的。在此數千年未有之大變局中，林則徐不僅是一位堅决反抗外來侵略的愛國者和民族英雄，而且在海國時代來臨之際，他還是中國由傳統向近代轉型過程中第一位『開眼看世界』，深刻認知海洋，呼吁建立海軍，走在時代潮流前頭的偉大人物。在中國海洋文明史的宏觀視野中重新審視林則徐的偉大貢獻，這不僅具有學術價值，也具有現實意義。

歷史研究的基礎是資料發掘、搜集和整理。林則徐的思想主張及其政績大多保留在他的著作中。二〇〇二年海峽文藝出版社出版的《林則徐全集》，真實而較全面地反映了林則徐的政治生涯及其思想軌迹，而中國第一歷史檔案館保存的清宫林則徐檔案更為完整、集中地記録了林則徐的政治作為及其背景，是研究林則徐和近代中國不可或缺的重要史料。

為紀念林則徐誕辰二百三十周年，中國第一歷史檔案館與福建省林則徐研究會合作，共同推出大型檔案文獻《清宫林則徐檔案匯編》，由海峽文藝出版社出版。這是首次全面系統地向社會公布清宫所藏有關林則徐的檔案史料，對于林則徐研究的深入開展必將起到積極的推動作用。

《清宫林則徐檔案匯編》編委會

二〇一六年六月

編纂説明

《清宫林則徐檔案匯編》是中國第一歷史檔案館與福建省林則徐研究會共同合作，為紀念中國近代偉大的愛國者——林則徐誕辰二百三十周年而編纂的大型檔案史料匯編。該書輯録中國第一歷史檔案館館藏有關林則徐檔案二千六百餘件，分三十册，由海峽文藝出版社影印出版。現將編纂情况説明如下：

一、本書是中國第一歷史檔案館館藏有關林則徐檔案首次全面系統公布。中國第一歷史檔案館保存有明清檔案一千餘萬件，大部分是清代中央政府及皇室機構的檔案，本書所輯録有關林則徐檔案主要選自宫中、軍機處、内閣三大全宗，包括宫中硃批奏摺、軍機處録副奏摺、軍機處上諭檔、内閣題本、内閣奏付等諸多文種。有關林則徐的檔案匯編，此前已出版過《林則徐集》（中華書局）、《林則徐奏稿·公牘·日記補編》（中華書局）、《林則徐全集》（海峽文藝出版社），均卷秩浩繁。其中收録的林則徐檔案甚多，以林則徐奏摺、公牘為主，檔案資料來源不一。本書拾遺補缺，全面系統地輯録并向社會提供有關林則徐的官方檔案，大大豐富了林則徐研究的檔案史料。

二、本書所輯有關林則徐檔案内容豐富。全書共輯録檔案二千六百餘件，時間始自嘉慶十六年五月初一日（一八一一年六月二十一日），截至光緒九年正月二十二日（一八八三年三月一日）；地域涵蓋林則徐歷任的浙江、江蘇、陝西、湖北、河南、廣東、甘肅、雲南等省；所任職銜包括按察使、布政使、巡撫、總督等地方大員及欽差大臣；内容涉及災賑倉儲、漕務鹽政、河工水利、視軍靖邊、禁烟抗英等，以及遣戍新疆所辦的修渠、勘荒等事宜。如嘉慶二十五年二月二十七日（一八二〇年四月九日），林則徐任職江南道監察御史時，奏請將投誠之澎湖協副將張保移駐他處，透露出林則徐對澎湖海防的關注與重視。道光十一年七月二十三日（一八三一年八月三十日），林則徐由河南布政使調任江寧布政使，奏請不走通常驛路，而改道徐、淮、揚、鎮赴任，以便勘查淮北水災，表現出林則徐心繫民生、體察民情、力行賑恤的為官之道。林則徐還親擬《州縣查賑章程十條》，以便賑災款項能够發放到真正的災民手中。再如道光十二年十二月二十六日（一八三三年二月十五日），林則徐職任江蘇巡撫，力禁浮收，整頓漕弊。道光十九年十一月初九日（一八三九年十二月十四日），林則徐上奏籌議漕務摺，為根本解决漕弊，力主直隸興修水利，籌辦墾田。本書不僅收録了林則徐作為第一責任者的檔案，而且收録其作為第二責任者以及與之有直接關係的相關文件。如軍機處上諭檔中有多件以大學士、軍機大臣穆彰阿為首，奉旨議覆林則徐等新疆墾荒事宜的奏摺，為探討朝廷新疆墾荒事宜提供了可貴的史料。其中，道光二十五年五月初九日（一八四五年六月十三日）穆彰阿等議覆布彦泰勘報庫車地畝事宜奏摺，道光二十五年七月十八日（一八四五年八月二十日）穆彰阿等議覆布彦泰查勘和闐地畝請安置回户情形奏摺，都具有獨特的研究價值。本書還輯録了林則徐去世後的相關檔案，或為林則徐請謚，或為林則徐建祠，或因種種原因涉及林則徐，這些檔案反映了林則徐身後官方評價的演變，也折射出林則徐在清廷和社會各階層中的影響力。

三、本書編纂采用編年體例。具體編纂原則如下：（一）全書按檔案形成時間依次編排。其中，有年月無日者，編于該月之後；有年無月日者，編于該年之後；有朝無年月日者，編于該朝之後。（二）每件檔案的編排，以具文時間或發文時間爲準，沒有具文或發文時間者，如采用硃批時間，目録以※標注；沒有確切時間的檔案，經考證推斷的時間，目録中以*標注。（三）有主附件關係的檔案，主件在前，附件在後。（四）為檢索方便，本書為每個文件配有西曆對照，統一置目録中。

四、本書所輯檔案均編制標題目録。所輯有關林則徐檔案的目録標題為編者撰擬，標題力求反映各件檔案的主要内容。每件檔案目録標題一般由三部分構成：責任者文種、事由梗概、文件時間。責任者職銜一般取其官方稱呼或通用簡稱，有多個職銜者，選取其與檔案内容最直接的職銜。責任者有兩人以上者，衹標注第一責任者，并加『等』字，但林則徐為第二責任者的，目録中予以標示。

五、本書為保留檔案原貌影印出版。本書輯録相關檔案，力求最大可能保留檔案原貌。除為節省篇幅而將滿漢合璧題本中的滿文部分删除外，其餘檔案均按原貌影印，未作任何剪輯修改。檔案原件有模糊殘缺者，均仍其舊；殘缺者在目録中予以標注。

本書的編纂出版是中國第一歷史檔案館、福建省林則徐研究會、海峽文藝出版社通力合作的結果。中國第一歷史檔案館副館長李國榮研究館員具體組織主持，編研處張小鋭、哈恩忠、劉文華、褚若千、朱瓊臻組成課題組，負責檔案選材、擬制目録和後期審核；福建林則徐研究會茅林立、陳婧負責檔案編輯、文件核對、分册編排；海峽文藝出版社負責全書校對、設計、裝幀；陳婧、劉含章為全書做了中西曆對照。本書的出版得到中共福建省委宣傳部原部長李書磊的關心、支持，提出許多中肯的修改意見，林强、馬照南做了許多協調、統籌工作，林則徐研究會會長陳支平教授對本書的編纂提供了信息指導，王啓敏、邱守傑等同志也給予諸多具體的幫助。

由于時間倉促，水平有限，本書在選材、擬題和編排方面難免疏漏，欠妥之處，敬請讀者批評指正。

《清宫林則徐檔案匯編》編委會

二〇一六年六月

第一册目録

目録

上諭 著新科進士黃崇光林則徐等改為翰林院庶吉士

嘉慶十六年五月初一日内閣奉
上諭新科進士一甲三名蔣立鏞王毓吴吴廷珍業
經授職外黃崇光曾秩林林則徐王贈芳許邦光盧
振新王惟詢黃玉衡戴葆瑩錢騋張敦來喻元準
馬步蟾宋劭穀陳焯王培恩貴陞堯松王茂松湯
錫蕃潘錫恩黃揚鑣倪彤書劉斯嵋邱家煒汪鳴
謙馮元錫劉煒莫焜羅永符宗室奕溥胡方朔朱
壬林朱文來羅以豐程恩澤姚維藩袁銑李恩綬
李菖陳逢年蔣超曾凌銓廖文錦劉體仁周凱蔡
世松楊希銓楊思榮盧演復孫貫一辛文沚方觀
旭趙鉞徐謙李象鵾王雲錦尹佩珩陶克讓阮貽
昆奎耀曹師恕邊鳳翱閻善慶何炳彝党紹修龔

上諭　著新科進士黃崇光林則徐等改為翰林院庶吉士
嘉慶十六年五月初一日

綬尹世衡福申俱著改為翰林院庶吉士毛騁亨
程喬采鄭掄才谷善禾徐寶森宗室達英宗室海
瀛俱著分部學習李在青湯儲璠王繼昺陳述經
徐瀚梁慎猷崔廷詔宋延芳祝孝湣丁運泰易本
烺端木坦李彥章王禹功顧濤姚喬齡桂馨陳寶
楠紀樹榮雷景鵬吳方文張朋來趙廷熙衛如
玉崔錫榮李輝斗席尚清俱著以內閣中書用趙
湘匡守勤袁鍊陳柱勳羅世德林元英朱應詔周
坦沈用維戴南崑俱著以國子監學正學錄用馮
雲鵷梅茂南楊承湛尹作翰周樹槐鄭長籙胡世
墉吳衡照包敬堂劉榮玠王有為戴廷選張學尹
汪理朝張師德司河吳庭輝楊思敬賀崇禧王寅

弼張向辰張景袁如凱蔡世瑛希靈阿萬鼎洋陳
蒸鐵林呂璜劉珊謝元暉楊俊士吳文健李存周
林士煐蘇檠魯鼎曹人傑張連茹高蔚溶李彬蕭
斯伊雲崧白明義賈懋功馬良臣仇琨楊兆璜仝
卜年郭淳章盧奎趙克明高湊雲陳大綱劉鳴鶴
著交吏部掣籤分發各省以知縣即用候選員外
郎李瑩著以六部員外郎即行選用候補主事袁
應惇著以六部主事即行選用額外內閣中書文
綸著遇缺即補議敘候選知縣陶鎔黃爔著交吏
部以知縣即行選用無庸掣籤分發餘著歸班銓
選欽此

上諭 散館庶吉士林則徐等著授編修並附等第清單

嘉慶十九年四月初七日内閣奉
上諭此次散館之修撰蔣立鏞業經授職其清書二
甲庶吉士林則徐楊希銓漢書二甲庶吉士吳慈
鶴潘錫恩程恩澤黄玉衡羅永符劉斯嵋袁銑廖
文錦許乃濟王惟詢錢駿許邦光張敦頤王茂松
周凱陳鴻熊遇泰陳繼義王贈芳譚言藹卯家煒
俱着授為編修漢書三甲庶吉士奎耀王雲錦福
申李象鵾龔綬俱着授為檢討胡方朔馮元錫曾
秩汪鳴謙周際釗李恩綬陳焯恩貴王培陸堯松
宋劭穀何炳奎朱壬林徐謙莫焜喻元準凌銓尹
佩珩曹師恕馮志夔尹世衡俱着以部屬用姚維
藩何惠群鄭家蘭辛文沚黄揚鑣邊鳳翽倪彤書

閻善慶趙鉞盧演復羅以豊劉體仁陶廷皐盧振新阮貽昆党絅修俱著以知縣即用龍雲圻黄崇光俱着歸原班銓選欽此

清書二等
〇林則徐
〇楊希銓
三等
△凌　銓
一等
〇吳慈鶴
〇潘錫恩
〇程恩澤
〇黄玉衡
〇羅永符
〇劉斯嵋

○袁銑
○蔣立鏞
△胡方朔
○廖文錦
△馮元錫
△曾秩
○許乃濟
○王惟詢
○錢駿
○許邦光
○奎耀
○張敦頤

二等

○王茂松

△汪鳴謙

○周　凱

、姚維藩

○陳　鴻

○王雲錦

、何惠羣

○熊遇泰

○陳繼義

○王贈芳

○福　申

上諭　散館庶吉士林則徐等著授編修並附等第清單
嘉慶十九年四月初七日

○李家鵬
△周際釗
○譚言藹
△李恩綬
、鄭家蘭
△陳焯
△恩貴
△王培
△陸堯松
○龔綬
△宋劭穀
△何炳彝

上諭　散館庶吉士林則徐等著授編修並附等第清單
嘉慶十九年四月初七日

△朱壬林
、辛文泟
、黃揚鑣
△徐　謙
、邊鳳翽
、倪彤書
〇邱家煒
△莫　焜
△喻元準
、閻善慶
、趙　鉞
三等

散館庶吉士林則徐等著授編修並附等第清單
嘉慶十九年四月初七日

、盧演復
、羅以豐
〻龍雲圻
厶尹佩珩
、劉體仁
、陶廷皐
、盧振新
、阮貽昆
、党紹修
厶曹師恕
〻黄崇光
厶馬志燮

△尹世衡

協辦大學士戴均元等奏摺　擬大考翰詹潘錫恩林則徐等詩賦等第名次並列清單

臣戴均元等謹

奏。蒙

發下考試翰詹詩賦各卷，臣等公同悉心校閱，謹遵

欽定等第數目，擬列一等五名、二等四十五名、三等五十五名、四等七名、不列等一名，謹將原卷分

別黏簽進

呈，伏候

欽定。謹

奏。

二月十四日

大考翰詹詩賦等第名次

一等五名

潘錫恩、

顧元熙、

吳信中

錢林

許邦光

二等四十五名

賀熙齡

陳官俊

劉斯嵋

洪瑩

協辦大學士戴均元等奏摺 擬大考翰詹潘錫恩林則徐等詩賦等第名次並列清單 嘉慶二十三年二月十四日

顧皋
龍汝言
彭邦疇
何凌漢
袁銑
龔守正
徐頲
朱士彥
何彤然
瞿錦觀
費丙章
錢騄

協辦大學士戴均元等奏摺　擬大考翰詹潘錫恩林則徐等詩賦等第名次並列清單

嘉慶二十三年二月十四日

裘元善
宫煥
胡敬
祝慶蕃
孫貫一
陳玉銘
王丙
朱璘
黃玉衡
廖鴻荃
吳振棫
陳鴻

戚人鏡
伍長華
王統仁
廖文錦
易禧善
羅家彥
劉學厚
林春溥
奎耀
李裕堂
馬步蟾
吳傑

龔綬
張敦頤
吳慈鶴
王茂松
王家相
三等五十五名
楊希銓
李逢辰
歛惪
李家蕙
程贊采
白鎔

楊殿邦
李浩
楊悳元
張岳崧
姚元之
邱家煒
廖鴻藻
陳用光
胡開益
朱鴻
熊遇泰
奎照

協辦大學士戴均元等奏摺　擬大考翰詹潘錫恩林則徐等詩賦等第名次並列清單
嘉慶二十三年二月十四日

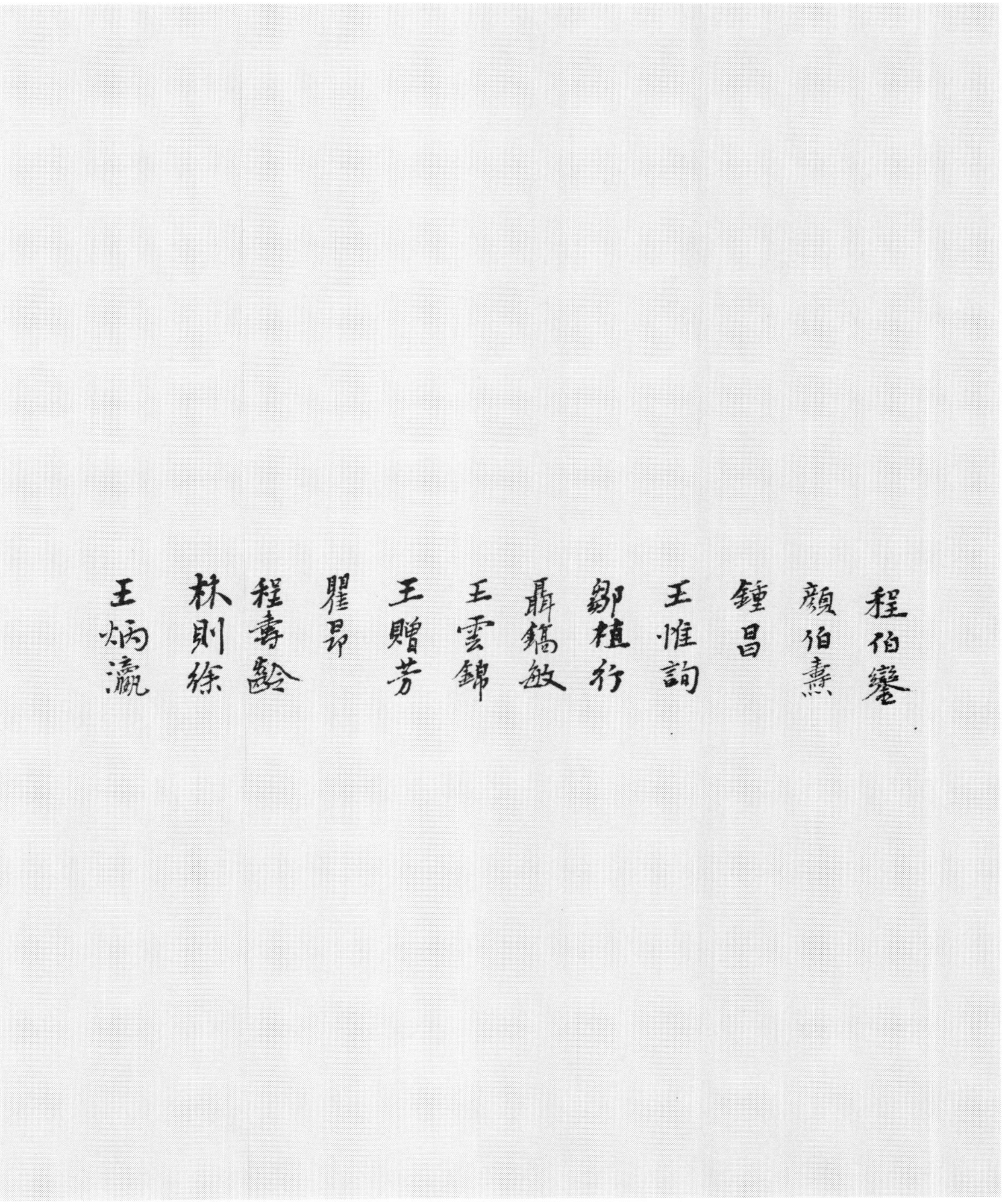
程伯鑾
顔伯燾
鍾昌
王惟詢
鄒植行
聶鎬敏
王雲錦
王贈芳
瞿昂
程壽齡
林則徐
王炳瀛

協辦大學士戴均元等奏摺　擬大考翰詹潘錫恩林則徐等詩賦等第名次並列清單　嘉慶二十三年二月十四日

李象鵾
馮芝
彭浚
李振庸
帥承瀚
譚言藹
黄安濤
史評
陶廷杰
董桂敷
福申
郭尚先

協辦大學士戴均元等奏摺　擬大考翰詹潘錫恩林則徐等詩賦等第名次並列清單　嘉慶二十三年二月十四日

丁傑
熊常錞
李可瓊
聶銑敏
沈岐
唐鑒
夏國培
邱煌
陳繼義
傅綬
劉嗣綰
德寧

寶瑛
四等七名
恒福
祐杓
恒祥
李德立
吉祿
明通
玉綬
不列等
德明阿

江南道監察御史林則徐奏摺　**請將澎湖協副將張保酌令改移**

御史林則徐

請將澎湖協副將張保酌令改移由

奏

二月二十七日

江南道監察御史臣林則徐跪

奏為投誠出身之水師副將出守海外要地恐屬非宜請

旨飭令改移並重予陞轉限制以重名器而肅戎行事竊查閩省

澎湖地方孤懸海外為往來臺郡之必經由乃重洋之咽喉而

內地脣齒也向設水師副將一員統轄兩營弁兵專防其地

誠屬最要之缺例應在外揀題臣查現任該協副將張保即

係廣東投誠之張保仔從前在洋為匪夥衆至一萬七千餘人

之多鎮將大員屢被戕害迨嘉慶十五年前任兩廣總督百

齡辦理盜幫投首張保仔雖反覆遲至數月之久始將船隻

砲械呈繳到官奏蒙

皇上格外天恩貸其一死准令隨同舟師緝捕以贖重愆旋即疊
次超陞於上年四月間補授福建澎湖協副將鉅悔罪乞降
之始未届十年而在營遷轉之階已躋二品從來陞任之速未
有過於此者臣伏武職人員較文職多至數倍
皇上原無由盡悉其人惟在大吏斟酌保題務使人地盡屬相宜乃
上慰
聖懷下息群議若以投誠未久之人膺隅海偏師之寄即謂不
追其既往安能深信其無他查前次在閩投首之朱渥於千總
任內管駕師船出洋膽敢私攜砲械潛匿灣澳幸經地方官
查獲將朱渥參奏革審奏办示懲可見野性未馴仍当隨时
防範況副將統兵之權重於千總而澎湖扼要之地險於內洋張
保甫經赴任雖未有如朱渥大干法紀之事但风闻该将仍常食

鴉片烟禮節不知訓多任性出莅此盜船習氣尚未痛除也夫水
師人才雖云难得然閩浙兩省將領中堪勝澎湖協之任者諒
亦不至乏人如謂熟手可資則張保非從臺灣入伍如謂勤勞特
著則張保亦止殲賊之功資格既未深沉未歷入於俸面在臺地民
情將勤本不易於防閑而海將舊習猶存更难期其安協為此懇
祈於改悔不如慎重於先伏祈
皇上睿裁量予改補
垂諭飭遵庶位置得宜緻數有鞭長莫及之慮矣抑臣更有請者水師
之陞轉捷於陸路營員每遇年終即奉有保舉撥兵之
旨而今日之所保列即異日之所
簡放必須薦章得當然後聞寄得人從前汪志伊所保之林孫亦係
投首出身彼時濫行列入迨後游擢浙江提督現在雖居顯職

而物議未能釋然即如張保既陞副將且任要衝倘值保举總兵
勢必將伊列入矣
國家用人之道固不節取所長即革心向化之人原未概從廢棄但
用至將備似已甚優若真任專閫大員臣竊謂有未便者四焉武
職之提鎮與文職之督撫係屬一體位分重而儀制尊苟非清白出
身於用
國體殊有關係一也將備出洋祗係隨同用命不能独握兵權若提
鎮帶兵號令惟其所出既以投誠爲之設遇盜幫舊侶難保不縱
其遠颺而更甚於未論矣此於關捕務大有關係二也武職中有由行
伍出身者有由科甲出身者或年久在營仍居末弁或曾膺顯秩
旋黜下僚今日所聽命之上司即從前所追勦之盜首未免人生異
議士鮮甘心於營規實有關係三也盜船本無紀律習慣於未易改

移以之統師則全軍沾其習氣臣風聞近日閩浙兩省巡洋舟師未
能安靜時傳滋淫訛詐逼嚇之事既在多有甚於軍律又有關係
星工四也雖海洋巨盜久已殲除而未雨綢繆猶不宜稍存大意倘
水師復有廢弛仍恐零星土匪結成大幫甚則愆紀律擇將
帥實可謂非今日之要務也伏讀嘉慶五年
上諭盜匪等既經悔罪投誠自當許其自新復為良善並還行賞
給外委把總頂戴或至為數日多兩營員不相上下則伊等究係
曾經為匪之人於名器不甚肖臨即賞給頂戴亦應予以限制於
獎勵之中仍寓慎重之意方為妥善等因欽此仰見我
皇上恩威並行權衡至是封圻大吏皆應恪守祗遵現在澎協市
恩漸成風氣武職之於澎都守出身如張保者正復不少若皆可
游陞擢鎮將恐不成事體應請嗣後水師營員由盜幫投首之

人除有殊功異績荷蒙
特恩陞擢外其餘照常保舉不得逾何品級之處並祈
皇上酌定限制飭令永遠遵行庶專閫皆不濫膺而營制益昭嚴
肅矣臣為慎重海防起見不揣冒昧謹摺具
奏是否有當伏乞
皇上睿鑒謹
奏

嘉慶二十五年二月　二十七　日

上諭　林則徐奏河工料販多有屯積居奇著琦善委員整頓

軍機大臣　字寄

河南巡撫琦　嘉慶二十五年三月二十六日

奉

上諭據御史林則徐奏向聞河工料販每當新料將收預行躉買潛運口岸附近之處私行堆積以待高價出售上年豫省料販賣料每觔自制錢十二文至十七八文不等計其獲利不啻倍蓰等語現在豫省南岸復有漫工正需料緊急之時豈容奸商蠹役牟利居奇著琦善即遴委妥員於沿河一帶細加察訪如有潛行囤積高擡價值者一經查出仍照其收買成本發給價值運工備用倘敢串通胥役把持即治以居奇囤積之罪以杜積弊而

濟要需將此諭令知之欽此遵
旨寄信前來

上諭　林則徐等上年京察一等人員著以道府用

本月二十八日吏部將各衙門保送嘉慶二十
四年
京察一等未經
記名人員復帶引
見奉
旨張大鏞恒山敏德（惠）翟錦觀和鈞王惟誠舒寧額騰
伊薩迎阿長清志勤惠吉程懷璟寶翰岳安韓文
顯岳禧珠滿馮清聘特通安文溥孔傳綸林則徐
黃玉衡常德錫霖富斌張存俱著交軍機處記名
以道府用

上諭 著林則徐補授浙江杭嘉湖道

嘉慶二十五年四月二十三日內閣奉

上諭浙江杭嘉湖道員缺著林則徐補授欽此

浙江杭嘉湖道林則徐奏摺

補授浙江杭嘉湖道謝恩

浙江杭嘉湖道林則徐奏摺 補授浙江杭嘉湖道謝恩
嘉慶二十五年四月二十四日

新授浙江杭嘉湖道臣林則徐跪

奏為恭謝

天恩仰祈

聖訓事本月二十三日内閣奉

上諭浙江杭嘉湖道員缺著林則徐補授欽此竊臣

閩省庸愚毫無知識由舉人中式嘉慶十六年

辛未科二甲第四名進士引

見改庶吉士散館授職編脩充

國史館纂脩功臣館提調翰林院辦事官二十一

年蒙

恩簡放江西丙子科鄉試副考官二十二年經掌院

學士曹振鏞等保送御史奉

旨記名二十四年
京察一等充己卯
恩科會試同考官雲南鄉試正考官本年補授江南
道監察御史
京察復帶引
見奉
旨記名以道府用涓埃未効兢惕方深茲復仰荷
温綸補授今職沐
恩施之逾格實夢想所難期聞
命之餘倍深惶悚伏念浙西為繁要之區道員有表
率之責臣自維諝陋深懼弗克勝任惟有籲求
聖訓敬謹服膺於地方公事勉竭駑駘矢慎矢勤認

真經理以冀仰酬
高厚鴻慈於萬一所有微臣感激下忱謹繕摺叩謝
天恩伏祈
皇上睿鑒謹
奏

嘉慶二十五年四月二十四日

浙江巡撫帥承瀛題本　**杭嘉湖道林則徐患病請解任調理（蟲蛀）**

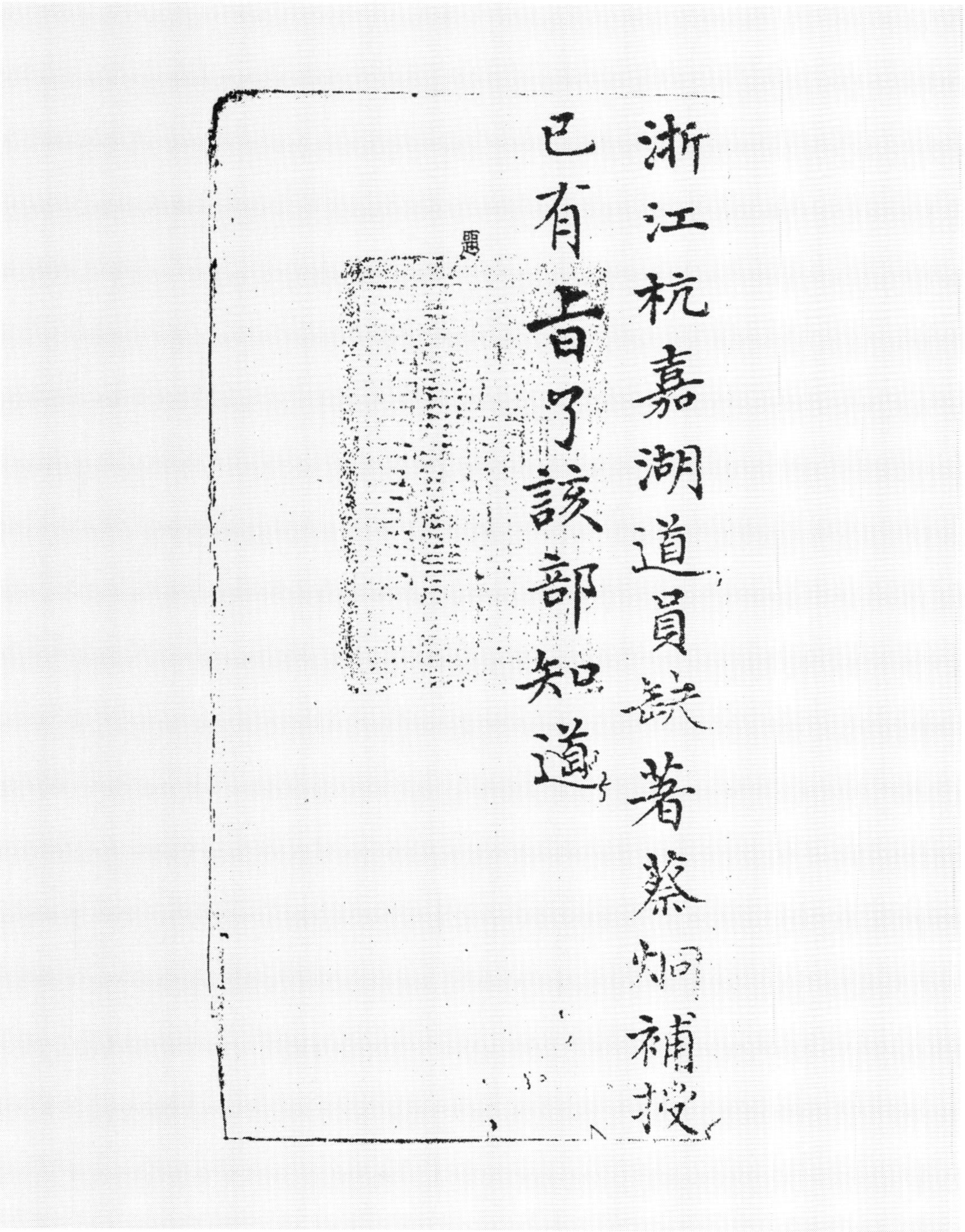
題
浙江杭嘉湖道員缺著蔡炯補授
已有旨了該部知道

浙江巡撫帥承瀛題本　杭嘉湖道林則徐患病請解任調理
道光元年八月初二日

兵部侍郎兼都察院右副都御史巡撫浙江等處地方提督軍務臣帥承瀛謹
題爲病軀難以供職事道光元年捌月初壹日據
布政使司布政使嵩孚按察使司按察使葉汝
芝會同詳稱道光元年柒月貳拾伍日奉巡撫
批據杭嘉湖道林則徐詳稱[illegible]則徐于柒月初
旬偶觸暑熱頭暈目眩當經服藥調治將次就
痊因據東西兩塘海防同知稟報時屆大汛
潮勢盛旺潑損柴埧盤頭各[illegible]情形險要亟須
興修防護當卽帶病東裝赴工逐細查勘據情
詳明督撫分飭趕修在案惟以病軀沿塘行走
又值連朝積雨之後濕熱熏蒸兩腿受潮酸軟
步履不能自如且內熱未清精神疲甚委頓見

浙江巡撫帥承瀛題本 杭嘉湖道林則徐患病請解任調理

道光元年八月初二日

雖多方醫治恐不能剋期就痊竊思海塘潮汛
制月最大目下正極喫緊之時杭嘉湖道係專
轄之員倘有疏虞責無旁貸實不敢以病軀戀
棧致誤各工理合詳請委驗具
題仰懇
皇上天恩俯准解任調理並請委員接署俾得安心
醫治等情批司飭委署杭州府張青選前往查
驗取具各結照例詳辦等因遵經轉飭前往驗
視去後今于柒月貳拾柒日據署杭州府事嚴
州府知府張青選申稱當即親詣驗視杭嘉湖
道林則徐患病屬實並無捏飾情事將來病痊
堪以起用取具醫生甘結加具驗視印結申送

浙江巡撫帥承瀛題本　杭嘉湖道林則徐患病請解任調理
道光元年八月初二日

到司該布政使嵩孚按察使葉汝芝會查得杭
嘉湖道林則徐年叁拾柒歲福建侯官縣人由
進士改庶吉士散館授職編修補江南道監察
御史
京察引
見奉
旨記名以道府用嘉慶貳拾伍年月貳拾叁日奉
旨浙江杭嘉湖道員缺著林則徐補欽此嘉慶貳拾
伍年柒月拾玖日到任道光元年柒月初旬偶
觸暑熱頭暈目眩兩腿受濕步履不能自如又
內熱未清精神委頓一時不能就痊懇請解任
調理行委署杭州府事嚴州府知府張青選驗

浙江巡撫帥承瀛題本　杭嘉湖道林則徐患病請解任調理
道光元年八月初二日

視屬實並無揑飾情事取具醫生甘結加具驗
視印結申送前來查杭嘉湖道林則徐守潔才
優明敏幹練見在委驗患病屬實似應准其解
任調理並准該道移送親供前來擬合詳候察
核加考會
題准其解任調理俟痊之日以起用所遺員缺
請
旨簡放合并聲明等情到臣據此臣看得定例道
府等官遇有患病詳請解任調理者飭委員驗
看如果屬實取結具題等因茲查杭嘉湖道林
則徐年叁拾柒歲係福建侯官縣人由進士改
庶吉士

浙江巡撫帥承瀛題本 杭嘉湖道林則徐患病請解任調理
道光元年八月初二日

欽派學習清書散館授職編修充
國史館纂修功臣館提調
奏辦翰林院事兼撰文貳拾壹年丙子科
欽點江西鄉試副考官貳拾貳年保送御史奉
旨記名貳拾肆年
京察一等奉
旨准其一等加一級是[illegible]月
欽點巳卯
恩科會試同考官伍月
欽點雲南鄉試正考官貳拾伍年貳月補授江南道監
察御史叁月
京察復帶引

浙江巡撫帥承瀛題本　杭嘉湖道林則徐患病請解任調理
道光元年八月初二日

見奉
旨記名以道府用又奉
旨巡視南城嘉慶貳拾伍年肆月貳拾叁日奉
旨浙江杭嘉湖道員缺著林則徐補授欽此于嘉慶貳
拾伍年柒月[illegible]玖日到任該道以道光元
年柒月初旬偶[illegible]熱[illegible]日肢兩腿痿濕步
履不能自如又[illegible]未[illegible]神委頓一時不能
就痊詳請解任調理當經[illegible]委員驗視取結
詳辦去後茲據布政使嵩孚按察使葉汝芝會
同詳稱飭委署杭州府事嚴州府知府張青選
驗視屬實並無揑飾情事取具醫生甘結加具
驗視印結申送並據該道移送親供到司查杭

浙江巡撫帥承瀛題本　杭嘉湖道林則徐患病請解任調理
道光元年八月初二日

嘉湖道林則徐守潔才優明敏幹練病痊之日
堪以起用詳請具
題等情前來臣查林則徐持躬廉正辦事勤明今
既患病委驗屬實相應照例
題請仰懇
皇上天恩准其解任[illegible]病痊[illegible]日照例起用所遺
員缺請
旨簡放再該道告病于道光元年[illegible]月貳拾伍日出
詳飭經批司飭委署杭州府張青選驗視于柒
月貳拾柒日取結送司該司等于捌月初壹日
具詳到臣並未遲延合並陳明除供結送部外
臣謹會同兼署閩浙總督臣顏檢合詞具

浙江巡撫帥承瀛題本 杭嘉湖道林則徐患病請解任調理
道光元年八月初二日

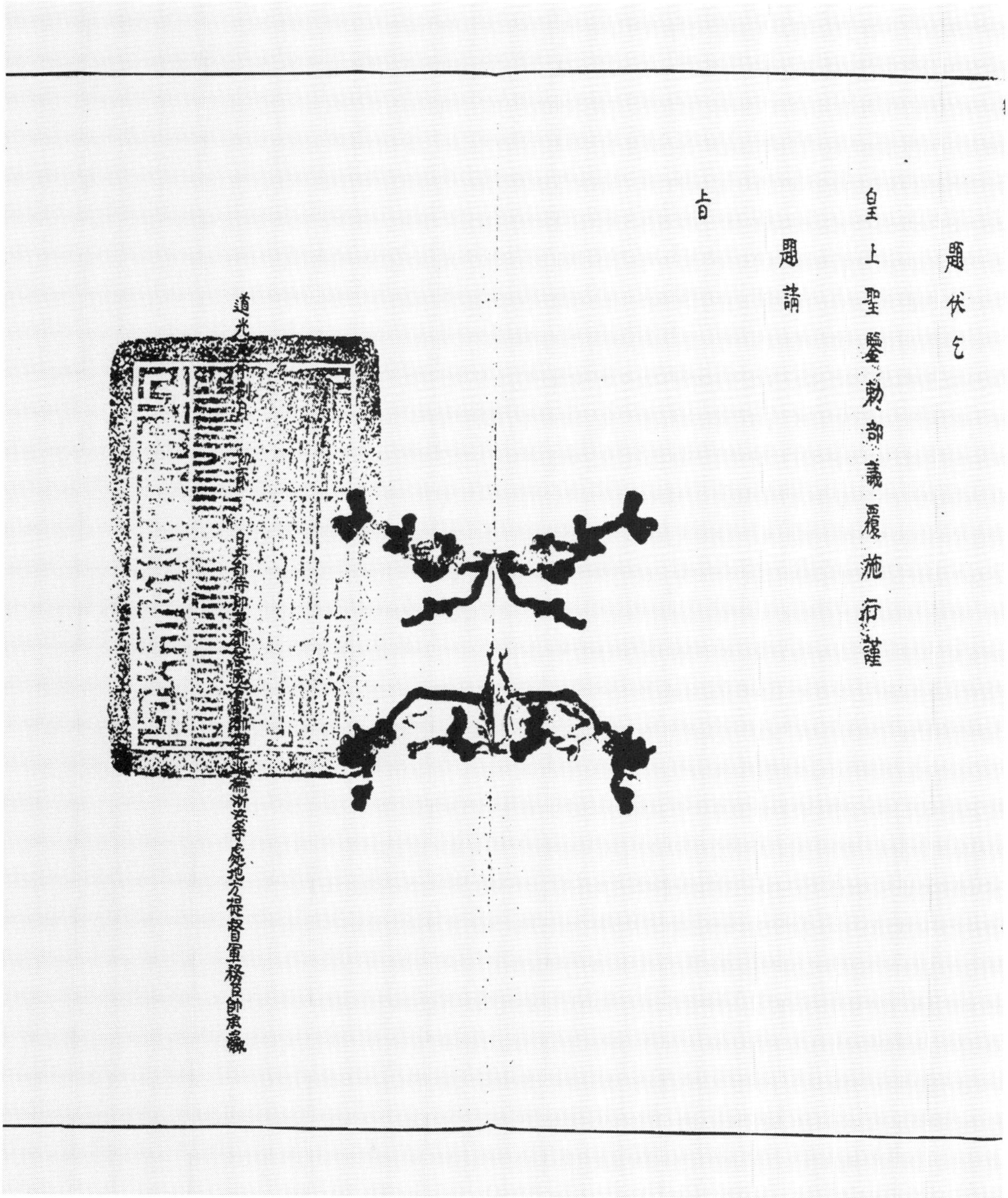
題伏乞
皇上聖鑒敕部議覆施行謹
題請
旨
道光元年八月初二日兵部侍郎兼都察院右副都御史巡撫浙江等處地方提督軍務臣帥承瀛

浙江巡撫帥承瀛題本 杭嘉湖道林則徐患病請解任調理
道光元年八月初二日

兵部侍郎兼都察院右副都御史巡撫浙江等處地方提督軍務臣帥承瀛謹
題爲病軀難以供職事。該臣看得定例道府等官
遇有患病，詳請解任調理者，飭委員驗看，如果
屬實，取結具題等因。茲查杭嘉湖道林則徐，年
叁拾柒歲，係福建侯官縣人，由進士改庶吉士，
散館授職編修，補授江南道監察御史，
京察引
見奉
旨記名，以道府用。嘉慶貳拾伍年肆月貳拾叁日奉
旨浙江杭嘉湖道員缺，著林則徐補授，欽此。于嘉慶貳
拾伍年柒月[illegible]玖日到任。今[illegible]該道以道光元
年柒月初旬，偶觸暑熱，頭暈目眩，兩腿受濕，步
履不能自如，又[illegible]熱未清，[illegible]神委頓，一時不能
就痊，詳請解任[illegible]理。當經[illegible]司委員驗視，取結
詳辦去後，茲據[illegible]政使嵩[illegible]、按察使葉汝芝會
同詳稱，飭委署[illegible]州府[illegible][illegible]嚴州府知府張青選
驗視屬實，並無捏飾情事，[illegible]結申送。查林則徐
守潔才優，明[illegible]幹練，病痊之日堪以起用，詳請
具
題等情前來。臣查林則徐持躬廉正，辦事勤明，今
旣患病，委驗屬實，相應照例
題請，仰懇
皇上天恩，准其解任調理，病痊之日照例起用。所遺
員缺，請
旨簡放。合並陳明。臣謹會
題請
旨

發往浙江候補道林則徐奏摺　**奉旨發原省以道員用謝恩**

發往浙江候補道林則徐奏摺　奉旨發原省以道員用謝恩
道光二年四月二十六日

發往浙江候補道臣林則徐跪

明白可用

奏為恭謝
天恩叩祈
訓諭事本月二十四日臣因病痊起復由吏部帶領引
見奉
旨林則徐著仍發原省以道員用欽此竊臣閩嶠庸
愚毫無知識由嘉慶九年甲子科舉人中式十
六年辛未科二甲第四名進士改庶吉士學習
清書十九年散館授職編脩
奏派翰林院辦事兼撰文充
國史館纂脩功臣館提調二十一年充江西鄉試
副考官二十二年保送御史奉

旨記名二十四年
京察一等三月充會試同考官四月充雲南鄉試
正考官二十五年二月補授江南道監察御史
巡視南城三月
京察復帶引
見奉
旨記名以道府用四月
簡放浙江杭嘉湖道在任年餘涓埃未効旋因患病回
籍調理茲報痊起復渥荷
恩綸仍發原省補用沐
隆施之逾格倍感悚以難名伏念浙江為繁要之區
道員有表率之責臣再膺重任益切冰兢惟有

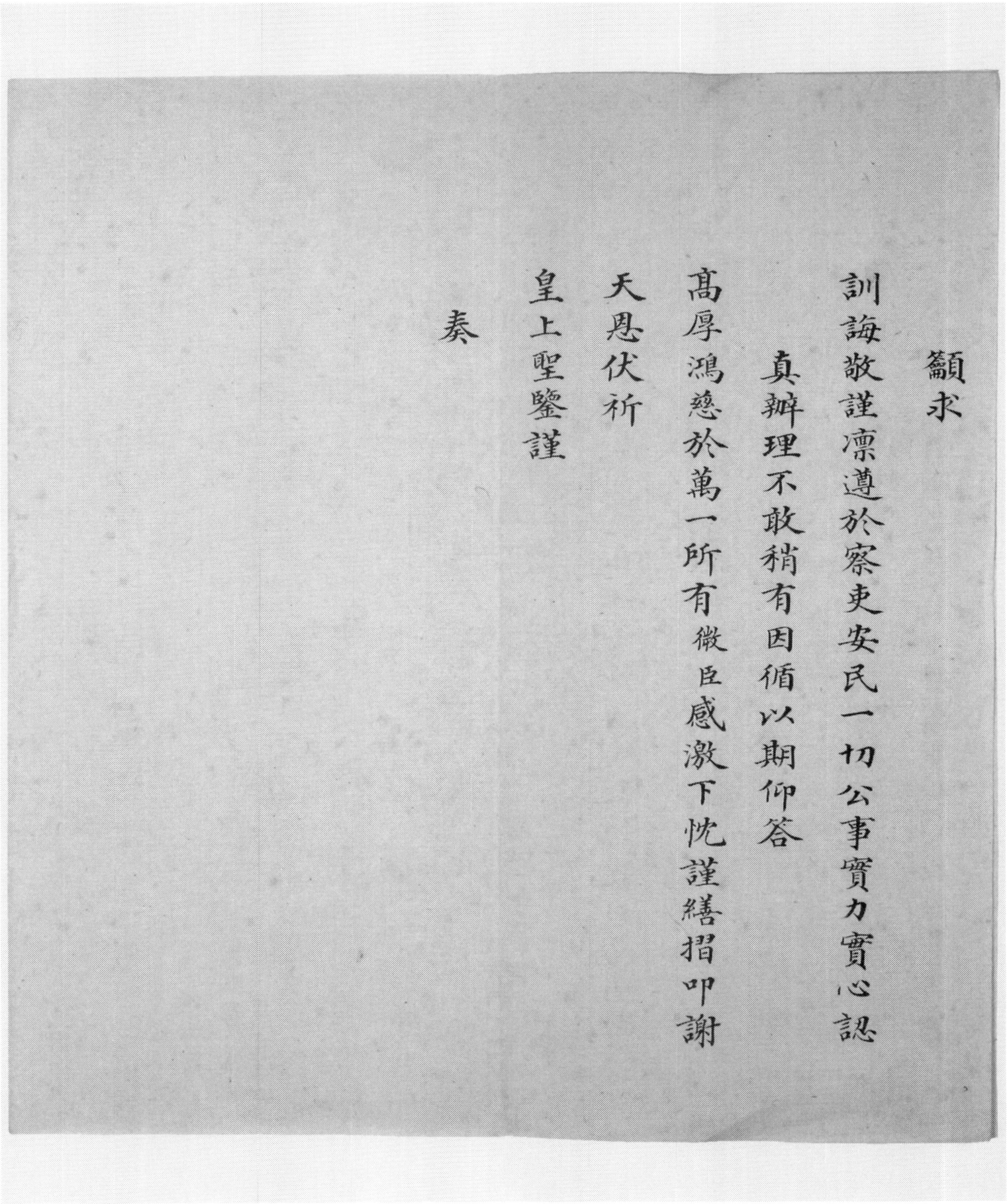
籲求
訓誨敬謹凛遵於察吏安民一切公事實力實心認
真辦理不敢稍有因循以期仰答
高厚鴻慈於萬一所有微臣感激下忱謹繕摺叩謝
天恩伏祈
皇上聖鑒謹
奏

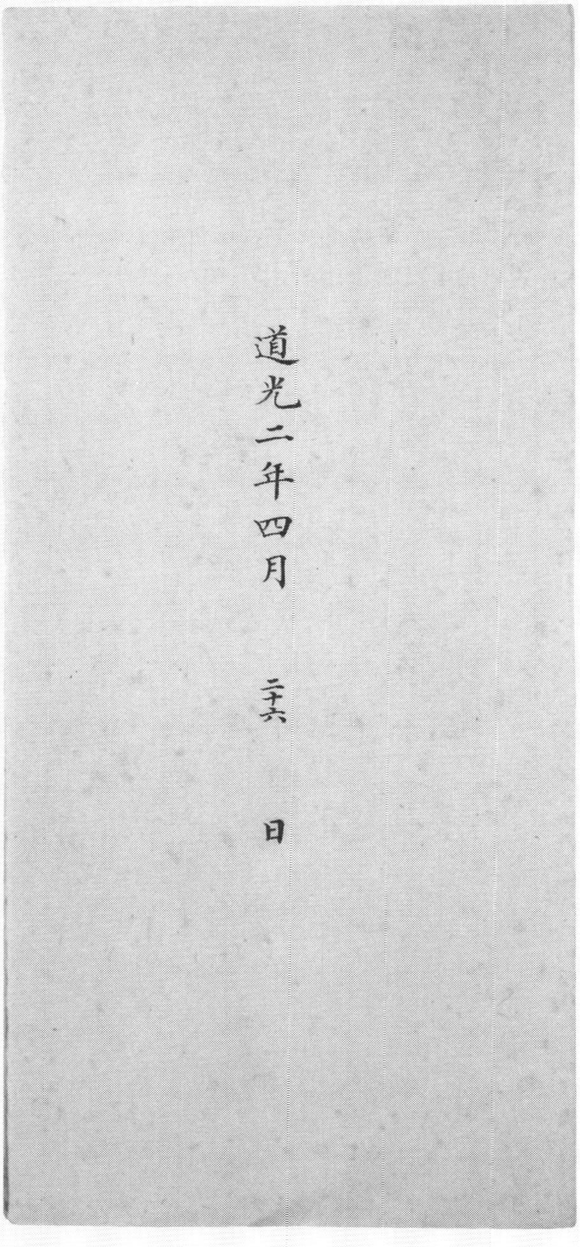
道光二年四月　二十六　日

上諭　著林則徐補授江蘇淮海道

道光二年八月初七日內閣奉

上諭本日朕恭祭

社稷壇那清安敬謹襄事禮儀嫻熟著加恩賞戴花翎

欽此

同日內閣奉

上諭江蘇淮海道員缺著林則徐補授欽此

浙江巡撫帥承瀛奏摺

請以林則徐署理兩浙鹽運使印務

浙江巡撫帥承瀛奏摺　請以林則徐署理兩浙鹽運使印務

道光二年九月初六日

浙江巡撫兼鹽政臣帥承瀛跪

奏為揀員委署運司印務恭摺奏

聞事竊照兩浙鹽運使蔡炯前於安徽安慶府任內

大計卓薦現在奉文調取赴部引

見所遺員缺應行委員接署以便蔡炯交卸領咨起

程查有候補道林則徐才識明練辦事精詳堪

以署理據藩臬兩司具詳前來臣謹恭摺具

奏伏乞

皇上聖鑒再閩浙督臣慶保現奉

諭旨進京未便會銜合併聲明謹

奏

知道了

浙江巡撫帥承瀛奏摺　請以林則徐署理兩浙鹽運使印務
道光二年九月初六日

道光二年九月初六日

浙江巡撫帥承瀛奏片　**補授江蘇淮海道林則徐因督辦工程請暫留署浙江鹽運使**

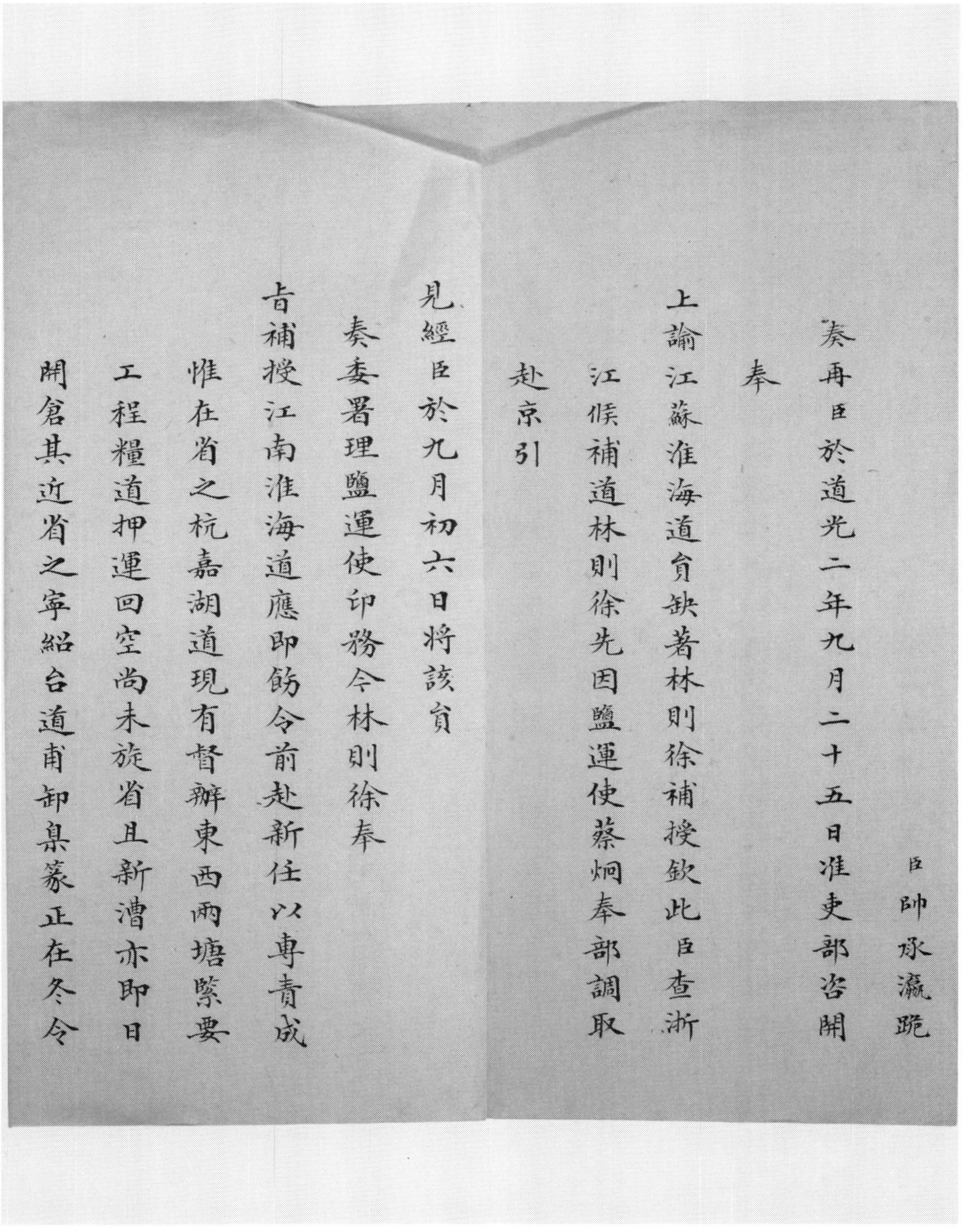
臣帥承瀛跪
奏再臣於道光二年九月二十五日准吏部咨開
奉
上諭江蘇淮海道員缺著林則徐補授欽此臣查浙
江候補道林則徐先因鹽運使蔡烔奉部調取
赴京引
見經臣於九月初六日將該員
奏委署理鹽運使印務令林則徐奉
旨補授江南淮海道應即飭令前赴新任以專責成
惟在省之杭嘉湖道現有督辦東西兩塘緊要
工程糧道押運回空尚未旋省且新漕亦即日
開倉其近省之寧紹台道甫卸臬篆正在冬令

漁汎之際應行回任督查此外金衢温處二道
俱係離省較遠一時實無堪委接署運篆之人
查本任運司蔡炯計在十一月間即可自京回
浙為期不過月餘相應
奏明仍留林則徐暫署運篆一俟蔡炯回浙即令
林則徐交代前赴淮海道新任以免輾轉委署
之煩理合附片具
奏伏乞
皇上聖鑒謹
奏
知道了

浙江巡撫帥承瀛題本　林則徐奏報道光二年份浙江鹽課項下盈餘銀一萬兩委員解部

浙江巡撫帥承瀛題本 林則徐奏報道光二年份浙江鹽課項下盈餘銀一萬兩委員解部 道光二年十一月初十日

兵部侍郎兼都察院右副都御史巡撫浙江等處地方提督軍務兼管兩浙鹽政臣帥承瀛謹

題爲欽奉

上諭事據署浙江鹽運使林則徐詳稱案蒙前任浙江

總督兼理兩浙鹽務李衛案驗内開雍正陸年

叁月初玖日准户部咨開山東清吏司案呈准

領侍衛内大臣等咨稱雍正陸年貳月初玖日

奉

旨朕因兵丁不善度日關米時賤價賣與商人不接續

時又以貴價購買總被商人得利所以交與都統等

將兵丁度日如何有益之處詳議今經兩叁月始行

具奏且所議首尾俱屬錯謬爾等若不以事爲事希

圖塞責漫不經心猶可望爾等悛改若謂已經盡心

浙江巡撫帥承瀛題本 林則徐奏報道光二年份浙江鹽課項下盈餘銀一萬兩委員解部 道光二年十一月初十日

伎倆不過如此朕不特深爲憂慮即寢寐亦不暇安
矣曾屢降諭旨教誨爾等凡有關係爾等之處朕無
不盡心爾等亦當竭力黽勉圖報朕思此事俱係爾
等職分内應辦之事朕如此指示交付爾等爾等竟
不經心草率議奏如此則國事誰當辦理且爾等内
若有二三人能用實心以議此事則亦斷不至此此
皆由穆森等狡猾之輩不以事爲事互相推諉之所
至也爾等此習若不悛改仍蹈故轍朕必將幾人正
法以爲衆人鑒戒以整飭國家之官方此議甚屬謬
妄將議此事大臣之養廉銀兩裁革從前給過銀兩
著勒限兩個月追回至來領等乃係大臣挨次辦事
之人此事伊等雖未與議其大臣意見不到不能詳

浙江巡撫帥承瀛題本 林則徐奏報道光二年份浙江鹽課項下盈餘銀一萬兩委員解部 道光二年十一月初十日

盡之處理應規勸乃以國事與已無涉竟不規勸亦
屬可惡著給過伊等之養廉銀兩亦著追回俱均勻
賞給該旗之前鋒護軍等其養廉銀兩仍著照常解
京若大臣官員等不盡心効力朕俱賞賜兵丁欽此
欽遵爲此咨呈等因前來相應移知各該旗遵
奉
旨内事理欽遵施行并知照兩浙鹽政兩淮巡鹽御史
可也等因奉此該署浙江鹽運使林則徐查得
雍正伍年叁月内奉部撥解兩浙鹽課項下盈
餘銀壹萬兩解部分給兩翼前鋒統領護軍統
領前鋒參領護軍參領前鋒護衛等官分用等
因遵經動支解部在案今道光貳年分應解盈

浙江巡撫帥承瀛題本　林則徐奏報道光二年份浙江鹽課項下盈餘銀一萬兩委員解部

道光二年十一月初十日

餘銀壹萬兩照例動支差委黄巖場大使寅亮
領解于道光貳年拾壹月初陸日給批掛號一
面將餉銀照依部頒法馬足色足數眼同解官
當堂彈兑明白驗封裝鞘即于道光貳年拾壹
月初陸日發解起行前赴户部投納伏候核
題等情到臣據此該臣查得案准部撥兩浙鹽課
項下盈餘銀壹萬兩解部分給兩翼前鋒統領
等官分用等因遵照在案今據署浙江鹽運使
林則徐將道光貳年分應解盈餘銀壹萬兩照
例動支差委黄巖場大使寅亮領解于道光貳
年拾壹月初陸日給批掛號即于是日發解起
行前赴户部投納詳請具

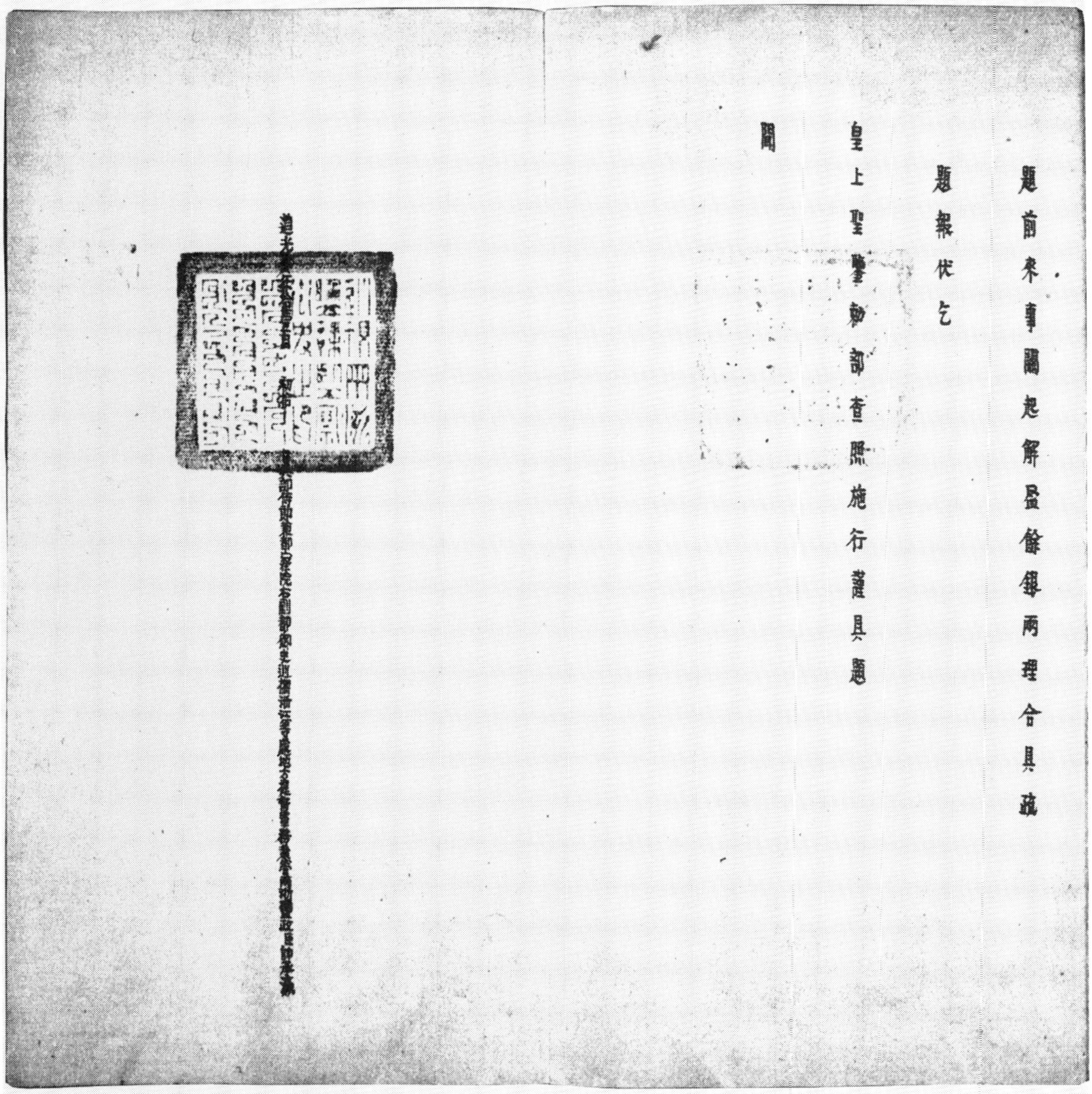
題前來事闗起解盈餘銀兩理合具疏
題報伏乞
皇上聖鑒勅部查照施行謹具題
聞

浙江巡撫帥承瀛題本　林則徐奏報道光二年份浙江鹽課項下盈餘銀一萬兩委員解部

道光二年十一月初十日

兵部侍郎兼都察院右副都御史巡撫浙江等處地方提督軍務兼管兩浙鹽政臣帥承瀛謹

題為欽奉

上諭事該臣查得案准部撥兩浙鹽課項下盈餘銀壹萬兩解部分給兩翼前鋒統領等官分用等因遵照在案今據署浙江鹽運使林則徐將道光壹年分應解盈餘銀壹萬兩照例動支差委黃巖場大使寅亮于道光貳年拾壹月初陸日給批掛號即于是日發解起行前赴戶部投納詳請具

題前來謹具題

聞

浙江巡撫帥承瀛題本

林則徐奏報浙江鹽運使蔡炯任內錢糧數目出入相符

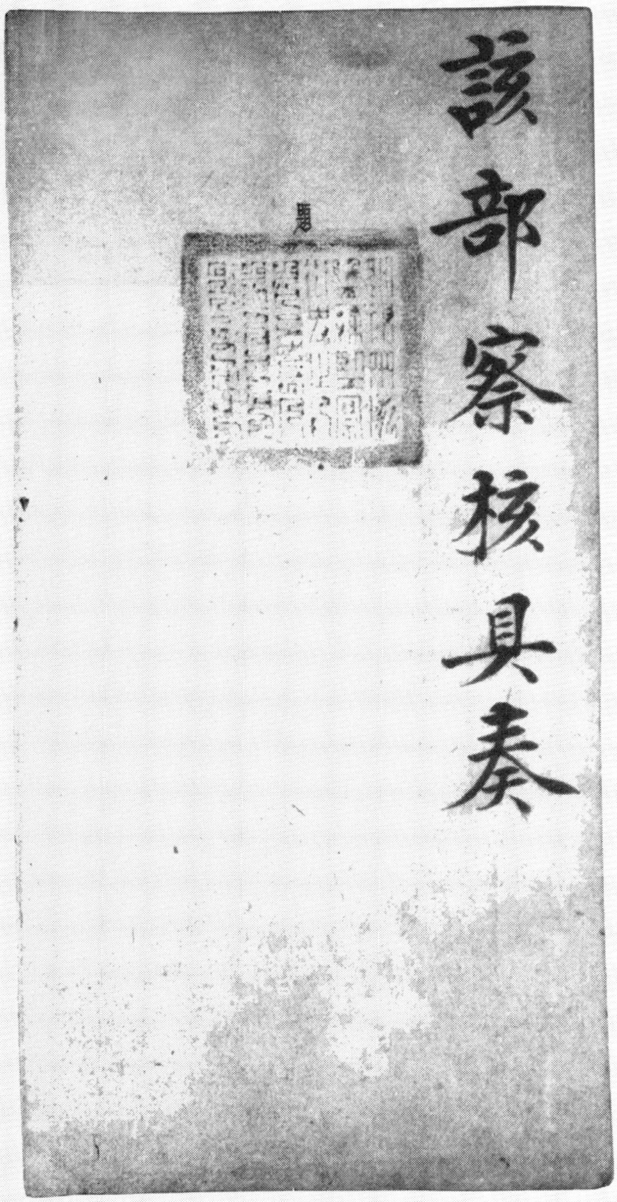
該部察核具奏

浙江巡撫帥承瀛題本 林則徐奏報浙江鹽運使蔡炯任内錢糧數目出入相符

道光二年十一月初十日

兵部侍郎兼都察院右副都御史巡撫浙江等處地方提督軍務兼管兩浙鹽政臣帥承瀛謹

題爲鹽課宜加嚴察以杜積弊以實

公帑事據署浙江鹽運使林則徐詳稱案干康熙

伍拾年叁月拾伍日蒙前任巡鹽御史顧圖㨿

奉戶部劄付內開山東清吏司案呈戶科抄出

該本部題覆協理山東道事江南道監察御史

董宏彪題前事等因康熙伍拾年正月貳拾壹

日題本月貳拾肆日奉

旨該部議奏欽此欽遵抄出到部該臣等查得監察御

史董宏彪疏稱各省地丁總歸藩司各處鹽課

統屬運司責任相同凡藩司交代必將其任內

收放錢糧交盤出結造冊呈詳道撫具題分送

部科查核但各處運使交代並無印結咨送亦
不題報所以上下之官得以彼此徇隱如原任
廣東運使陸曾原任兩浙運使李文龠俱虧空
至數拾萬職此之故臣請嗣後運使交代亦令
照藩司交代之例將舊官任内收放錢糧新官
交盤出結造具四柱清冊呈詳巡鹽御史具題
分送部科稽察如有徇隱情弊察出一體議處
追賠至運同運判有催徵錢糧者亦應照州縣
交代令御史取具冊結呈報部科庶虧空易于
覺察等因前來應如臺臣董宏彪所題嗣後運
使官員交代亦照藩司交代之例造具冊結呈
詳巡鹽御史具題到日查核如有遲延徇隱等

弊該御史照例題參交與該部照依舊籍司交
代例議處至雲南貴州四川甘肅等處未設立
運使其管鹽課錢糧官員交代之時亦應照此
例造冊呈送巡撫具題分送部科查核其運同
運判提舉等官均有催徵錢糧之責交代之時
應照州縣官交代例令該巡撫御史取具冊結
呈報部科查核俟
命下之日行文各省管鹽巡撫并巡鹽御史等遵行可
也等因康熙伍拾年貳月拾陸日題本月拾捌
日奉
旨依議欽此欽遵抄出到部爲此合劄前去遵照本部
覆奏

浙江巡撫帥承瀛題本　林則徐奏報浙江鹽運使蔡炯任內錢糧數目出入相符

道光二年十一月初十日

旨內事理欽遵施行等因遵照在案又爲道庫錢糧宜
定察盤以專責成事乾隆肆年正月貳拾貳日
蒙前任浙江巡撫兼管鹽政盧焯案驗內開乾
隆肆年正月拾肆日准戶部咨開山東司案呈
乾隆叁年拾壹月拾伍日內閣抄出浙江道庫
兼管鹽政盧焯奏稱竊惟錢糧最宜察盤以杜
虧空那移之弊蓋冊檔可以彌縫彈兌無可掩
飾法至善也查藩庫錢糧定例巡撫察盤惟鹽
法道庫無察盤之例閩省道庫亦歸專管鹽政
之總督察盤而浙省道庫爲察盤所不及緣從
前
欽差御史巡視鹽政壹年一換惟圖辦本任課引自顧

浙江巡撫帥承瀛題本 林則徐奏報浙江鹽運使蔡炯任内錢糧數目出入相符

道光二年十一月初十日

考成何暇計及道庫錢糧其額引完欠尚須鹽
道出結是以道庫並無責成臣奉
命兼管鹽政案查該道收兌正課止開卯摺陸續支用
隨時詳報零星雜亂漫無稽考且道庫存貯之
項甚多額課而外尚有餘引課費帑盈餘公
費分規兵丁生息引費雜費義倉捐積款項紛
繁收支不一向不開列彙報無從覺察見任之
鹽法道趙侗敷小心謹慎或不致于虧空但立
法不可不周稽查不可不密責成不可不專似
應將鹽法道庫錢糧照巡撫盤查藩庫之例責
令鹽政委盤如係道撫兼管鹽政即令巡撫察
盤平日停其按卯具摺所有正雜收支數目分

浙江巡撫帥承瀛題本　林則徐奏報浙江鹽運使蔡炯任內錢糧數目出入相符　道光二年十一月初十日

年分款開列四柱彙造月報每年奏銷及遇鹽
道交代之時親臨察盤款項先清絲毫不爽虧
則題參足則出結報部倘有扶同隱匿別經發
覺照例議處等因乾隆叁年拾貳月拾肆日奉
硃批著照所請行該部知道欽此欽遵到部相應行文
浙江巡撫遵奉
旨內事理辦理可也爲此合咨前去查照施行等因到
院備案行道奉此各遵照在案今該署浙江鹽
運使林則徐查得浙江鹽運使蔡炯自道光貳
年貳月拾陸日任事起至本年玖月初柒日止
前任浙江鹽運使方應綸冊開交存鹽課銀壹
百肆萬壹千伍百叁拾捌兩陸錢叁分柒釐浙

浙江巡撫帥承瀛題本　林則徐奏報浙江鹽運使蔡炯任内錢糧數目出入相符

道光二年十一月初十日

江鹽運使蔡炯任内新收銀肆拾貳萬陸千叁
百陸拾壹兩壹錢伍分以上舊管新收共銀壹
百肆拾陸萬柒千捌百玖拾玖兩柒錢捌分柒
釐内開除解過河工車脚等項共銀玖拾玖萬
壹千壹百肆拾貳兩柒錢貳分玖釐實在交盤
存庫銀肆拾柒萬陸千柒百伍拾柒兩伍分捌
釐又前任浙江鹽運使方應綸開交存陸折
溢餘餘引租價西湖租息工程平餘京協餉餘
平等款共銀壹拾伍萬捌千貳百陸拾兩貳錢
叁分伍釐浙江鹽運使蔡炯任内新收共銀貳
萬伍千玖百伍拾玖兩壹錢捌分壹釐以上舊
管新收共銀壹拾捌萬肆千貳百壹拾玖兩肆

浙江巡撫帥承瀛題本　林則徐奏報浙江鹽運使蔡炯任內錢糧數目出入相符

道光二年十一月初十日

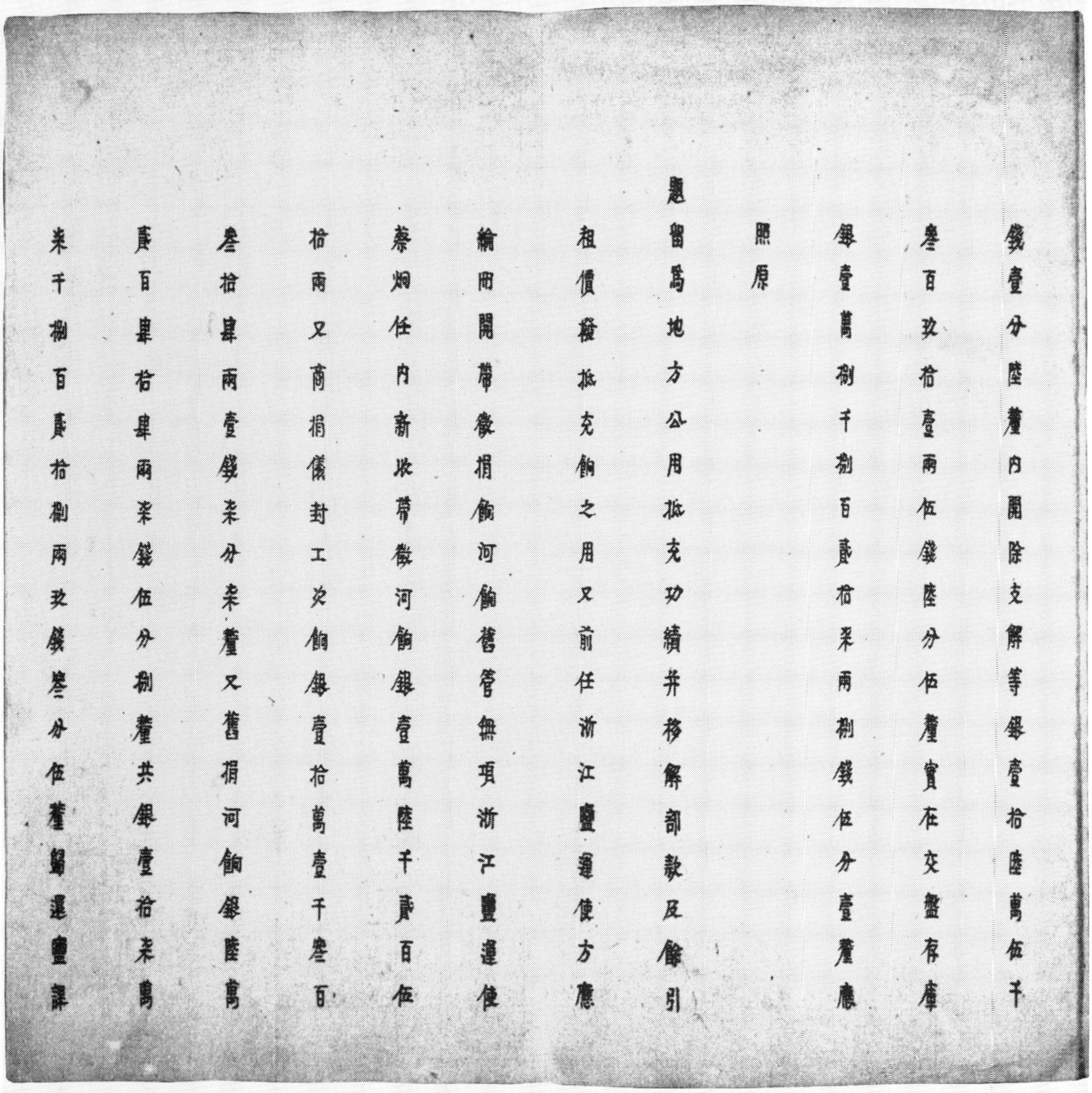

錢壹分陸釐內開除支解等銀壹拾陸萬伍千
叁百玖拾壹兩伍錢陸分伍釐實在交盤存庫
銀壹萬捌千捌百貳拾柒兩捌錢伍分壹釐應
照原
題留爲地方公用抵充功績并移解部款及餘引
租價撥抵充餉之用又前任浙江鹽運使方應
綸冊開帶徵捐餉河餉書管無項浙江鹽運使
蔡炯任內新收帶徵河餉銀壹萬陸千貳百伍
拾兩又商捐儀封工次餉銀壹拾萬壹千叁百
叁拾肆兩壹錢柒分柒釐又舊捐河餉銀陸萬
貳百肆拾肆兩柒錢伍分捌釐共銀壹拾柒萬
柒千捌百貳拾捌兩玖錢叁分伍釐歸還鹽課

浙江巡撫帥承瀛題本 林則徐奏報浙江鹽運使蔡炯任內錢糧數目出入相符

道光二年十一月初十日

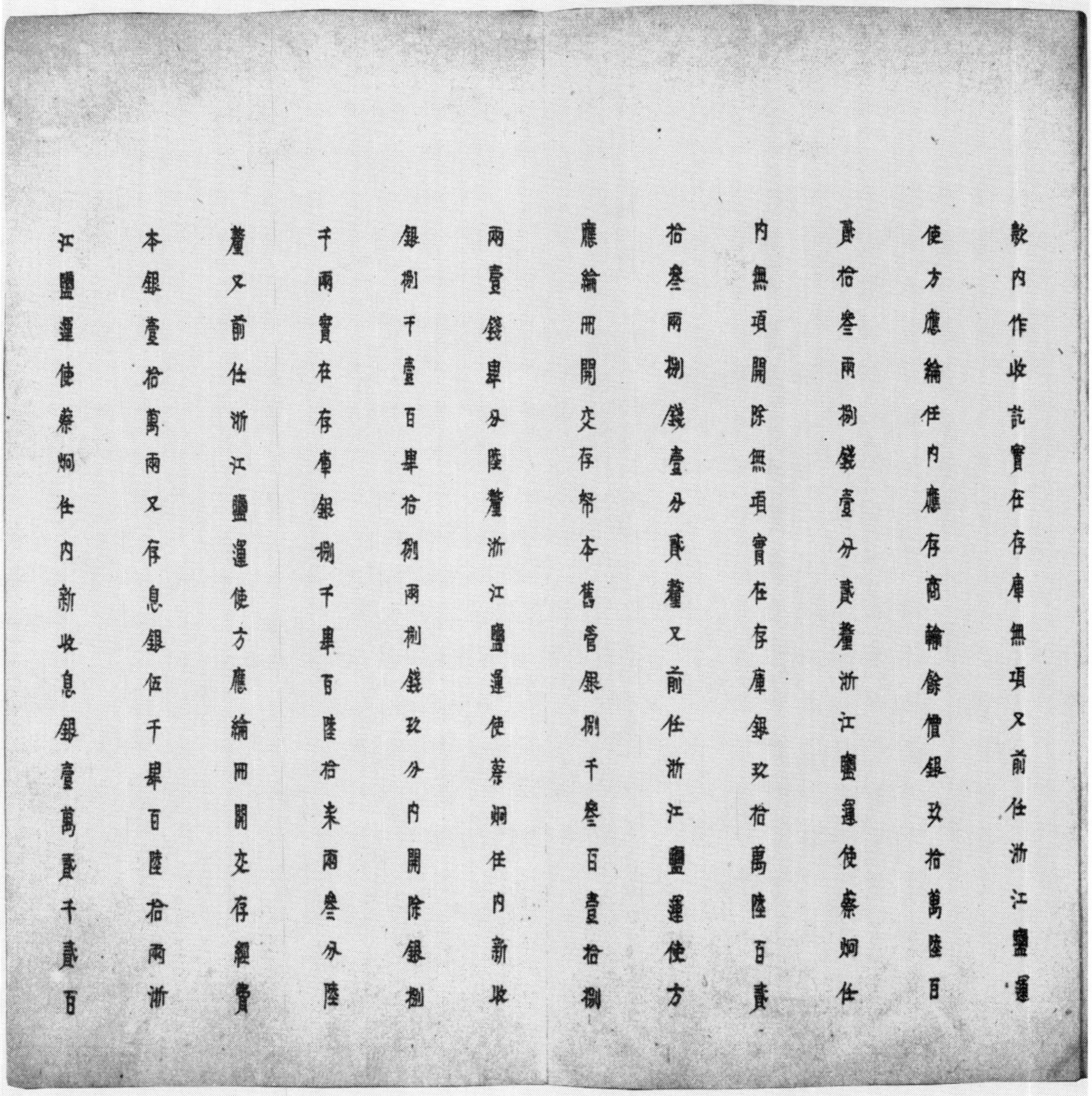
款內作收訖實在存庫無項又前任浙江鹽運
使方應綸任內應存商輸餘價銀玖拾萬陸百
貳拾叁兩捌錢壹分貳釐浙江鹽運使蔡炯任
內無項開除無項實在存庫銀玖拾萬陸百貳
拾叁兩捌錢壹分貳釐又前任浙江鹽運使方
應綸冊開交存帑本舊管銀捌千叁百壹拾捌
兩壹錢肆分陸釐浙江鹽運使蔡炯任內新收
銀捌千壹百肆拾捌兩捌錢玖分內開除銀捌
千兩實在存庫銀捌千肆百陸拾柒兩叁分陸
釐又前任浙江鹽運使方應綸冊開交存經費
本銀壹拾萬兩又存息銀伍千肆百陸拾兩浙
江鹽運使蔡炯任內新收息銀壹萬貳千貳百

浙江巡撫帥承瀛題本 林則徐奏報浙江鹽運使蔡炯任內錢糧數目出入相符 道光二年十一月初十日

伍拾貳兩壹錢玖分伍釐內開除銀壹萬伍千
兩實在交盤存息銀貳千柒百壹拾貳兩壹錢
玖分伍釐仍存各商承領本銀壹拾萬兩照例
營運生息又前任浙江鹽運使方應綸冊開交
存奏備本銀壹拾萬兩又存息銀伍千玖百捌
拾兩壹錢叁分浙江鹽運使蔡炯任內新收息
銀壹萬貳千陸百叁拾肆兩柒錢肆分伍釐內
開除銀壹萬伍千兩實在交盤存庫息銀叁千
陸百壹拾肆兩捌錢柒分伍釐仍存各商承領
本銀壹拾萬兩照例營運生息又前任浙江鹽
運使方應綸冊開交存武職鹽規運費舊管銀
壹萬伍百肆拾柒兩肆錢玖分又浙江鹽運使

浙江巡撫帥承瀛題本 林則徐奏報浙江鹽運使蔡炯任內錢糧數目出入相符
道光二年十一月初十日

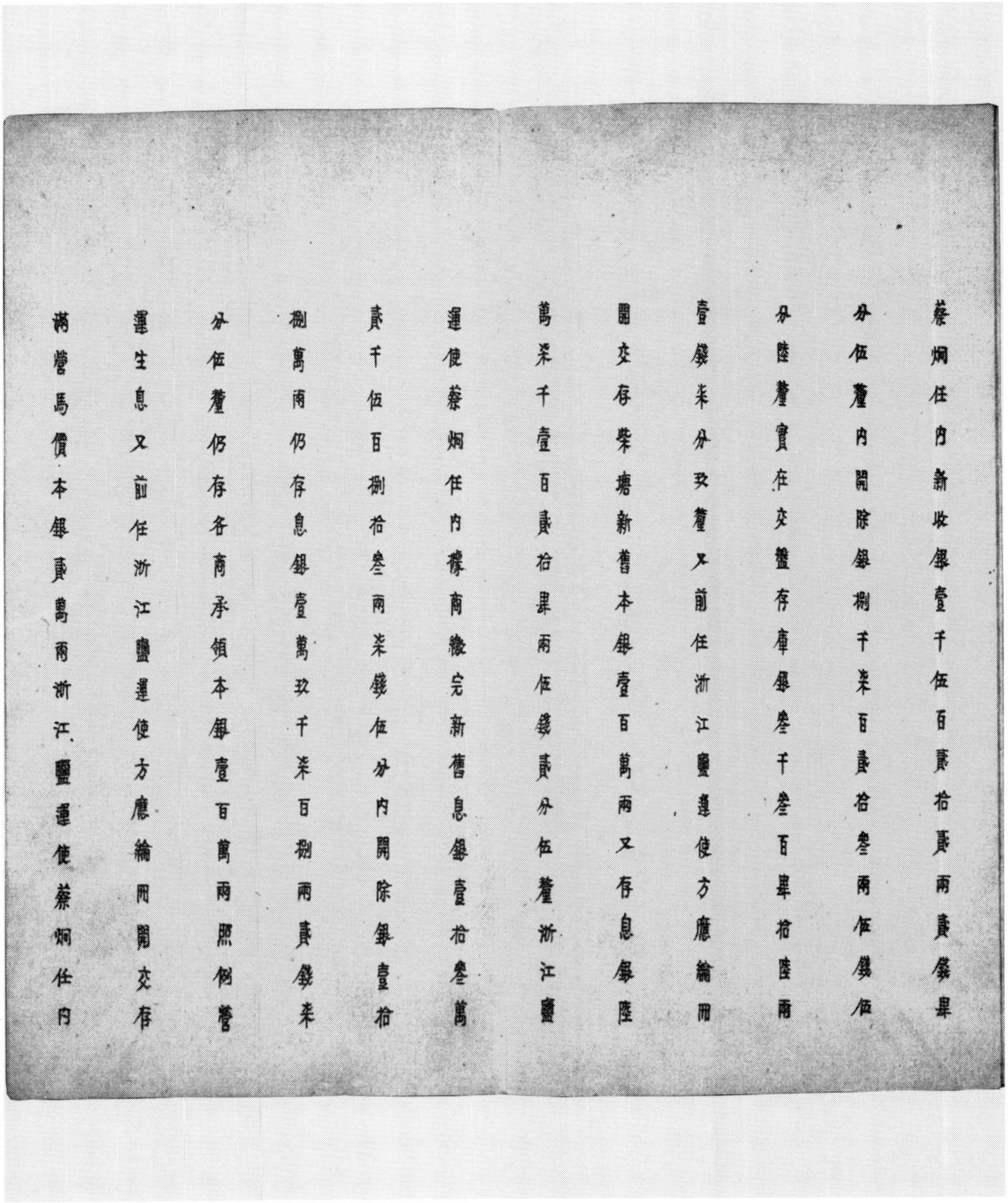
蔡炯任內新收銀壹千伍百貳拾貳兩貳錢肆
分伍釐內開除銀捌千柒百壹拾叁兩伍錢伍
分陸釐實在交盤存庫銀叁千叁百肆拾陸兩
壹錢柒分玖釐又前任浙江鹽運使方應綸册
開交存柴塘新舊本銀壹百萬兩又存息銀陸
萬柒千壹百貳拾肆兩伍錢貳分伍釐浙江鹽
運使蔡炯任內豫商繳完新舊息銀壹拾叁萬
貳千伍百捌拾叁兩柒錢伍分內開除銀壹拾
捌萬兩仍存息銀壹萬玖千柒百捌兩貳錢柒
分伍釐仍存各商承領本銀壹百萬兩照例營
運生息又前任浙江鹽運使方應綸册開交存
滿營馬價本銀貳萬兩浙江鹽運使蔡炯任內

浙江巡撫帥承瀛題本　林則徐奏報浙江鹽運使蔡炯任內錢糧數目出入相符　道光二年十一月初十日

發商繳完息銀壹千陸百兩移解將軍衙門交
納訖仍存各商承領本銀貳萬兩照例營運生
息又前任浙江鹽運使方應綸冊開交存同安
船本銀壹拾萬兩又存息銀叁百伍拾肆兩柒
錢陸分浙江鹽運使蔡炯任內新收息銀貳千
壹百貳拾叁兩柒錢柒分伍釐內開除銀貳千
貳百柒拾壹兩仍存息銀貳百柒兩伍錢叁分
伍釐仍存各商承領本銀壹拾萬兩照例營運
生息又前任浙江鹽運使方應綸冊開交存緝
匪本銀肆拾萬兩又存息銀叁千壹百柒拾兩
捌錢叁分伍釐浙江鹽運使蔡炯任內新收息
銀伍萬叁千肆百壹拾捌兩陸錢玖分內開除

浙江巡撫帥承瀛題本 林則徐奏報浙江鹽運使蔡炯任內錢糧數目出入相符

道光二年十一月初十日

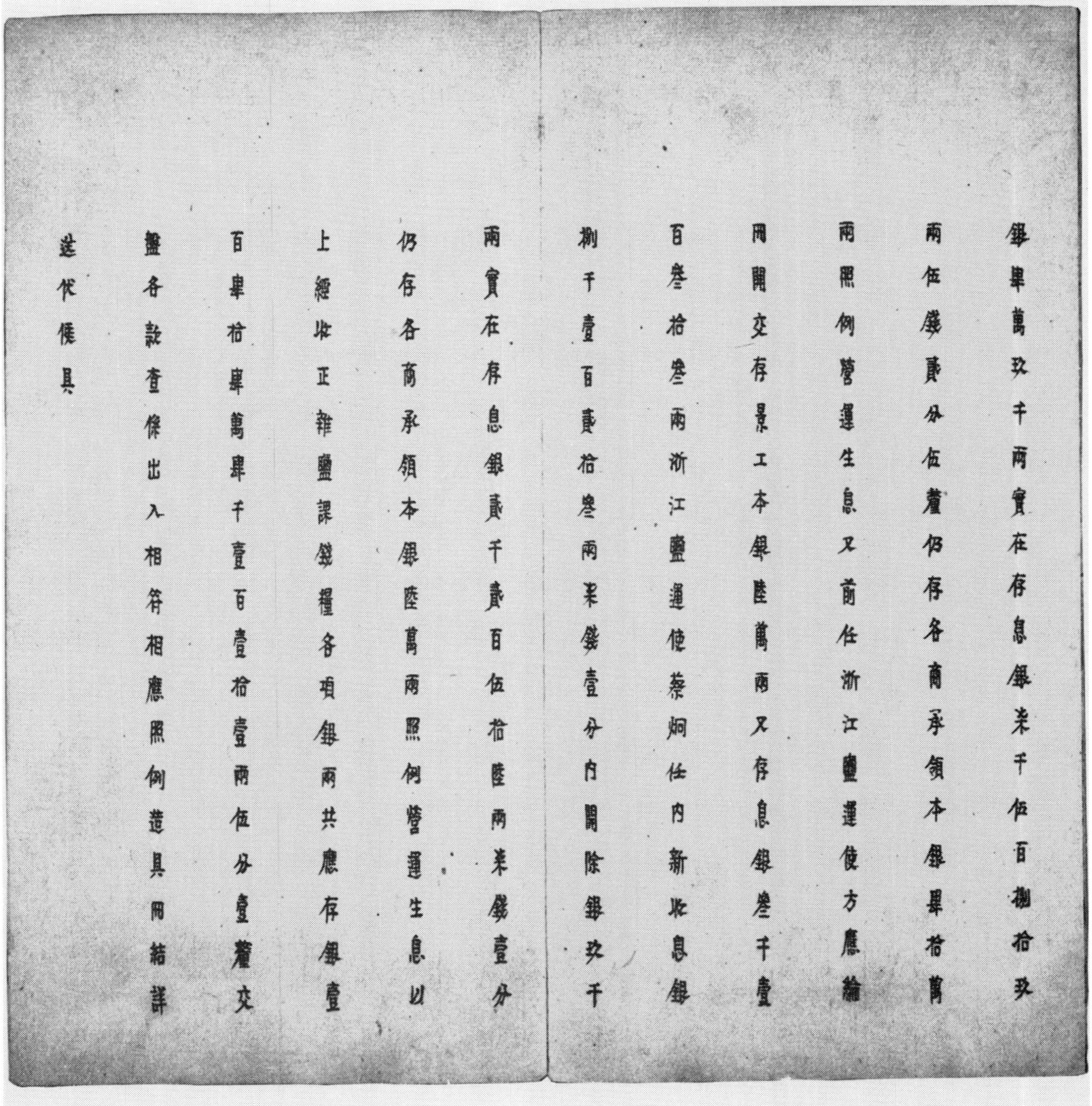
銀肆萬玖千兩實在存息銀柒千伍百捌拾玖
兩伍錢貳分伍釐仍存各商承領本銀肆拾萬
兩照例營運生息又前任浙江鹽運使方應綸
兩開交存景工本銀陸萬兩又存息銀叁千壹
百叁拾叁兩浙江鹽運使蔡炯任內新收息銀
捌千壹百貳拾叁兩柒錢壹分內開除銀玖千
兩實在存息銀貳千貳百伍拾陸兩柒錢壹分
仍存各商承領本銀陸萬兩照例營運生息以
上經收正雜鹽課錢糧各項銀兩共應存銀壹
百肆拾肆萬肆千壹百壹拾壹兩伍分壹釐交
盤各款查係出入相符相應照例造具冊結詳
送伏候具

浙江巡撫帥承瀛題本 林則徐奏報浙江鹽運使蔡炯任內錢糧數目出入相符

道光二年十一月初十日

題再查運司交代例限兩月結報今職署司于道
光貳年玖月初捌日任事加至拾壹月初柒日
届滿並未逾限合并聲明等情到臣據此該臣
看得運司交代錢糧應照藩司之例開造冊結
察覈具
題今據署浙江鹽運使林則徐詳稱浙江鹽運使
蔡炯自道光貳年貳月拾陸日任事起至本年
玖月初柒日止經收正雜鹽課錢糧各項銀兩
共應存銀壹百肆拾肆萬肆千壹百壹拾壹兩
伍分壹釐查係出入相符照例造具冊結詳送
前來臣親詣察覈無異除加具印結同送到冊
結分送部科外理合具

浙江巡撫帥承瀛題本　林則徐奏報浙江鹽運使蔡炯任内錢糧數目出入相符
道光二年十一月初十日

題伏乞

皇上聖鑒勅部查核施行謹

題請

旨

道光貳年拾壹月初拾日兵部侍郎兼都察院右副都御史巡撫浙江等處地方提督軍務兼管兩浙鹽政臣帥承瀛

浙江巡撫帥承瀛題本　林則徐奏報浙江鹽運使蔡炯任内錢糧數目出入相符

道光二年十一月初十日

兵部侍郎兼都察院右副都御史巡撫浙江等處地方提督軍務兼管兩浙鹽政臣帥承瀛謹
題爲鹽課宜加覈實以杜積弊以實
公帑事該臣看得運司交代錢糧應照藩司之例
開造冊結察盤具
題令據署浙江鹽運使林則徐詳稱浙江鹽運使
蔡炯自道光貳年貳月拾陸日任事起至本年
玖月初柒日止經收正雜鹽課錢糧各項銀兩
共應存銀壹百肆拾肆萬肆千壹百壹拾壹兩
零查係出入相符造具冊結詳送前來臣親詣
察盤無異除加具印結同送到冊結分送部科
外理合具
題謹
題請
旨

上諭 著林則徐補授江蘇按察使

道光三年正月初七日内閣奉
上諭陳廷桂著來京另候簡用林則徐著補授江蘇
按察使所遺員缺著梁章鉅補授其所遺之缺著
金宗培補授欽此

江蘇按察使林則徐奏摺　新授江蘇按察使謝恩並請覲見

林則徐謝恩並請覲由

奏○

二月初四日

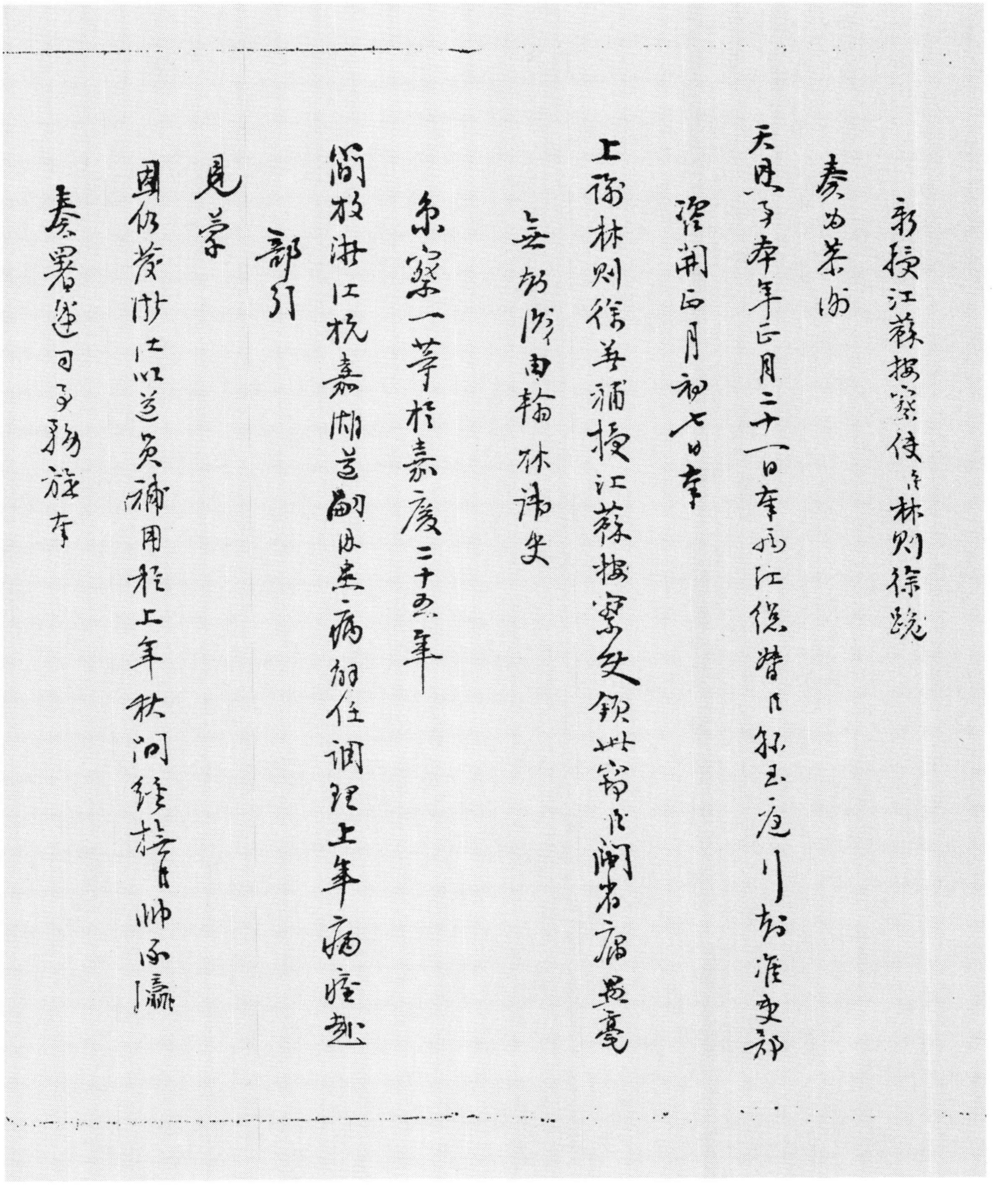
新授江蘇按察使臣林則徐跪
奏，爲恭謝
天恩事。竊臣於正月二十一日奉兩江總督臣孫玉庭行，抄准吏部
咨開：正月初七日奉
上諭：林則徐着補授江蘇按察使。欽此。竊臣聞命[illegible]無毫
無報。伏念臣由翰林御史
京察一等，於嘉慶二十五年
簡放浙江杭嘉湖道，嗣以患病解任，調理上年病痊赴
部，引
見，蒙
恩仍發浙江，以道員補用。於上年秋間經撫臣帥承瀛
奏署鹽運司事務。旋奉

江蘇按察使林則徐奏摺 新授江蘇按察使謝恩並請覲見
道光三年正月二十二日

諭旨補授江蘇淮海道，於十二月二十四日到任日期附奏。
河防形勢謹未修守，擬宜以冀勉圖報稱。茲復仰荷
恩綸，擢授臬職，
隆施之倫，格外優渥，感悚以難名。伏思臬司為刑名總匯，江蘇
地方衝要，案牘紛繁，多尤須加意整飭。臣驟膺斯任，惕
懼殊深，惟有仰懇
皇上天恩，准臣陛覲
闕廷，跪聆
聖訓，於察吏安民及地方一切公事應辦事宜，俾有遵循。
臣惟有殫竭血誠，凜遵辦理，勤廉平居力戒
因循，以期仰答
高厚鴻慈於萬一。現經交卸淮海道印務，當即啟程。謹

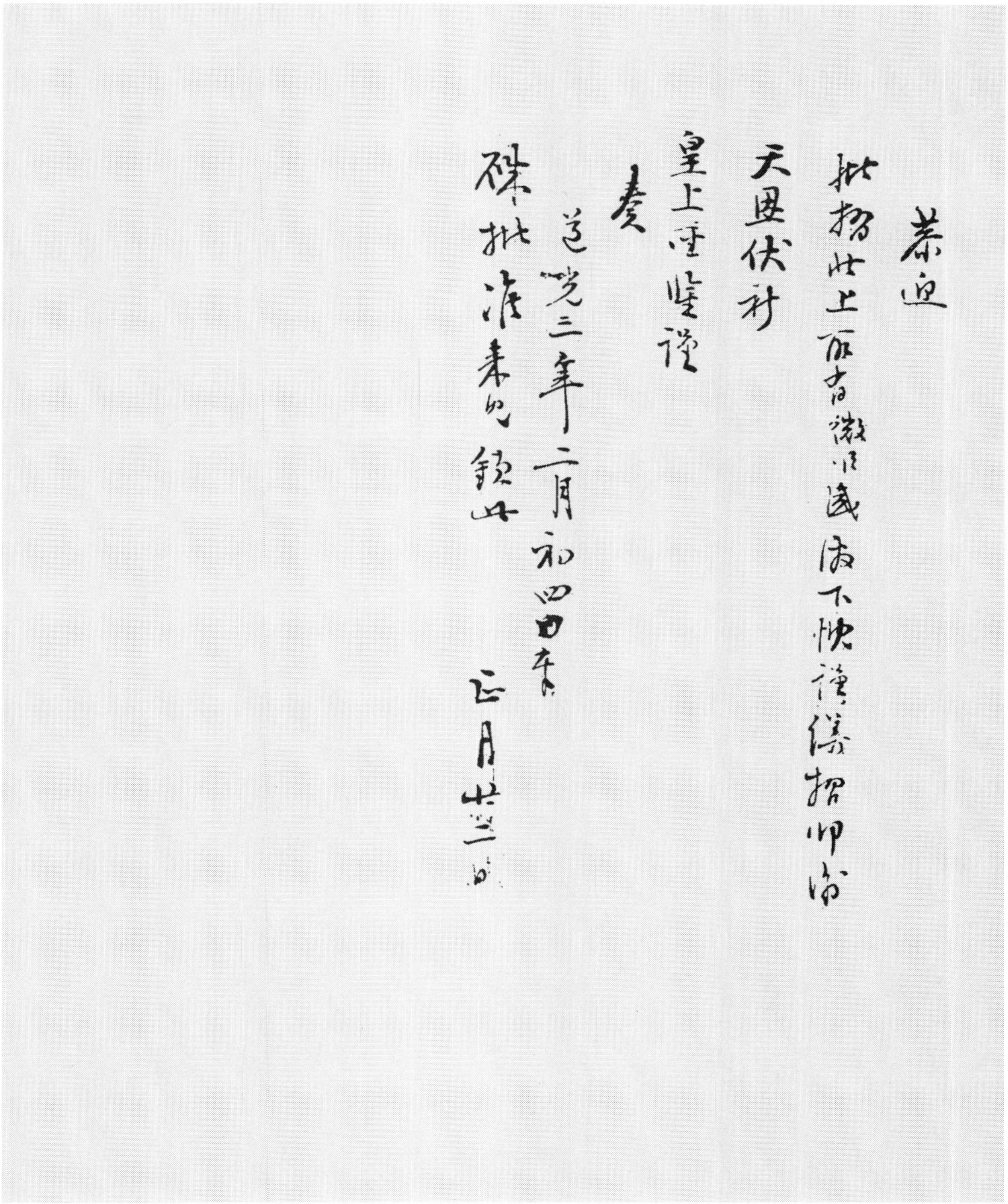
恭迎
批摺北上所有微臣感激下忱謹繕摺叩謝
天恩伏祈
皇上聖鑒謹
奏
道光三年二月初四日奉
硃批准來見欽此
正月廿二日

兩江總督孫玉庭奏片 擬令江蘇按察使林則徐秋審事畢再行陛見

再臣等接到吏部咨文内開欽奉
上諭陳廷桂著來京另候簡用林則徐著補授江蘇
按察使等因欽此伏查林則徐例應陳請
陛見陳廷桂既奉
旨進京應即委員接署臬篆以便交卸起程惟查江
蘇藩司本任事繁難以兼署其餘糧巡各道或
有承辦河工要務或催趲糧船正值喫緊之際
一時接署乏員而臬司衙門現届核辦秋審尤
為緊要林則徐係本省道員陞授擬合
奏明令其先赴臬司新任以重職守如蒙
允准
陛見容俟秋審事畢再令起程北上至新任淮海道

兩江總督孫玉庭奏片 擬令江蘇按察使林則徐秋審事畢再行陛見
道光三年正月二十八日

梁章鉅到任尚需時日所遺道篆臣等札商河
臣遴員護理另行會
奏伏乞
聖鑒謹
奏
所奏是知道了

浙江巡撫帥承瀛題本

題報署浙江鹽運使林則徐任内錢糧數目出入相符

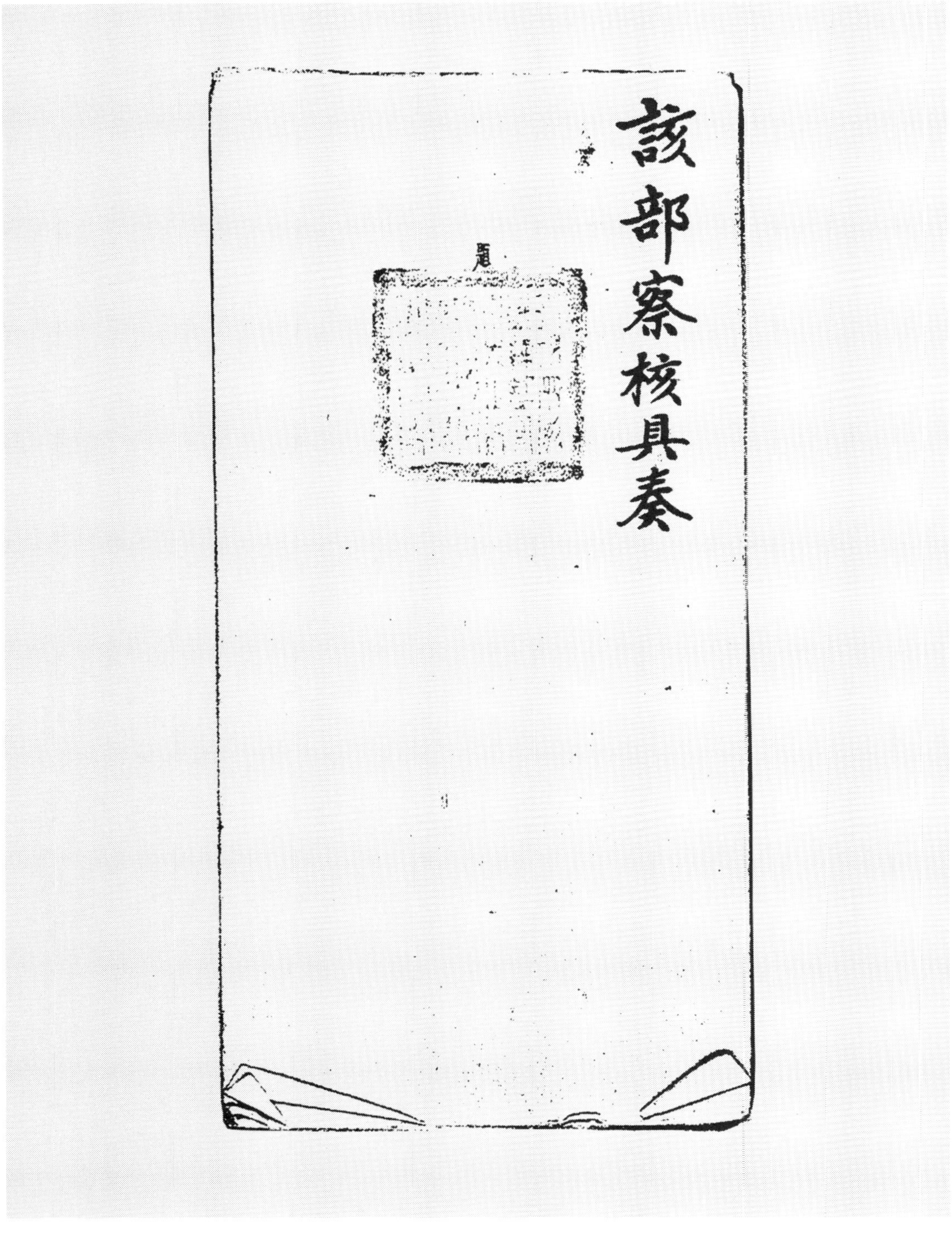

該部察核具奏

浙江巡撫帥承瀛題本　題報署浙江鹽運使林則徐任内錢糧數目出入相符

道光三年二月十三日

兵部侍郎兼都察院右副都御史巡撫浙江等處地方提督軍務兼管兩浙鹽政臣帥承瀛謹題

題爲鹽課宜加嚴察以杜積弊以實
公帑事。據浙江鹽運使蔡炯詳稱，案于康熙伍拾
年叁月拾伍日蒙前任巡鹽御史顧圖發奉户
部劄付内開：山東清吏司案呈，户科抄出該本
部題覆協理山東道事江南道監察御史董宏
彪題前事等因。康熙伍拾年正月貳拾壹日題，
本月貳拾肆日奉
旨：該部議奏。欽此。欽遵抄出到部。該臣等查得，監察御
史董宏彪疏稱：各省地丁總歸藩司，各處鹽課
統屬運司，責任相同。凡藩司交代，必將其任内
收放錢糧交盤，出結造册，呈詳巡撫具題，分送

部科查核但各處運使交代並無印結咨送亦
不題報所以上下之官得以彼此徇隱如原任
廣東運使陸曾原任兩浙運使李文藻俱虧空
至數拾萬職此之故臣請嗣後運使交代亦令
照藩司交代之例將舊官任内收放錢糧新官
交盤出結造具四柱清冊呈詳巡鹽御史具題
分送部科稽察如有徇隱情弊察出一體議處
追賠至運同運判有催徵錢糧者亦應照州縣
交代令御史取具冊結呈報部科庶虧空易于
覺察等因前來應如臺臣董宏彪所題嗣後運
使官員交代亦照藩司交代之例造具冊結呈
詳巡鹽御史具題到日查核如有遲延徇隱等

弊該御史照例題參交與該部照依舊藩司交
代例議處至雲南貴州四川甘肅等處未設文
運使其管鹽課錢糧官員交代之時亦應照此
例造册呈送巡撫具題分送部科查核其運同
運判提舉等官均有催徵錢糧之責交代之時
應照州縣官交代例令該巡撫御史取具册結
呈報部科查核俟
命下之日行文各省管鹽巡撫并巡鹽御史等遵行可
也等因康熙伍拾年貳月拾陸日題本月拾捌
日奉
旨依議欽此欽遵抄出到部爲此合劄前去遵照本部
覆奉

旨內事理欽遵施行等因遵照在案又爲道庫錢糧宜
定察盤以專責成事乾隆肆年正月貳拾貳日
奉前任浙江巡撫兼管鹽政盧焯案驗內開乾
隆肆年正月拾肆日准戶部咨開山東司案呈
乾隆叁年拾貳月拾伍日內閣抄出浙江巡撫
兼管鹽政盧焯奏稱竊惟錢糧最宜察盤以杜
虧空那移之弊蓋冊檔可以彌縫彈兌無可掩
飾法至善也查藩庫錢糧定例巡撫察盤惟鹽
法道庫無察盤之例閩省道庫亦歸專管鹽政
之總督察盤而浙省道庫爲察盤所不及嗣後
前
欽差御史巡視鹽政壹年一換惟留辦本任課引自願

浙江巡撫帥承瀛題本　題報署浙江鹽運使林則徐任内錢糧數目出入相符

道光三年二月十三日

考成何暇計及道庫錢糧其額引完欠尚須鹽
道出結是以道庫並無責成臣奉
命兼管鹽政案查該道收兌正課止開卯稽歷釐支用
隨時詳報零星雜亂漫無稽考且道庫存貯之
項甚多額課而外尚有餘引課費帑鹽盈餘公
費分規兵丁生息引費雜費義倉捐積款項紛
繁收支不一向不開列彙報無從覈察見任之
鹽法道趙佃數小心謹慎或不致于虧空但立
法不可不周稽查不可不密責成不可不專似
應將鹽法道庫錢糧照巡撫盤查藩庫之例責
令鹽政奏盤如係巡撫兼管鹽政即令巡撫奏
盤平日仍其按卯具摺所有正雜收支數目分

年分款開列四柱彙造月報每年奏銷及遇鹽
道交代之時親臨察盤款項先清絲毫不爽庶
則題參足則出結報部倘有扶同隱匿別經發
覺照例議處等因乾隆叁年拾貳月拾肆日奉
硃批着照所請行該部知道欽此欽遵到部相應行文
浙江巡撫遵奉
旨内事理辦理可也爲此合咨前去查照施行等因到
院備案行道奉此各遵照在案今該浙江鹽運
使蔡炯查得署理浙江鹽運使林則徐自道光
叁年玖月初捌日署事起至本年拾壹月叁拾
日止浙江鹽運使蔡炯四關交存鹽課銀肆拾
柒萬陸千柒百伍拾柒兩伍分捌釐署理浙江

鹽運使林則徐任内新收銀柒拾伍萬貳千壹百叁拾伍兩叁錢玖分貳釐以上舊管新收共銀壹百貳拾貳萬捌千捌百玖拾貳兩肆錢伍分内開除解過鹽餘公費正餘引紙硃河工等項共銀壹萬柒千玖百肆拾陸兩壹錢捌分捌釐實在交盤存庫銀壹百貳拾壹萬玖百肆拾陸兩貳錢陸分貳釐又浙江鹽運使蔡炯冊開交存陸折溢餘餘引租價西湖租息工程平餘京協餉餘平等款共銀壹萬捌千捌百貳拾柒兩捌錢伍分壹釐署理浙江鹽運使林則徐任内新收共銀貳千玖百伍拾叁兩貳錢捌分貳釐以上舊管新收共銀貳萬壹千柒百捌拾壹

兩壹錢叁分叁釐內開除支解銀陸千玖百柒
拾兩伍錢玖分壹釐實在交盤存庫銀壹萬肆
千捌百壹拾兩伍錢肆分貳釐應照原
題留爲地方公用抵充功績并移解部款及餘引
租價撥抵充餉之用又浙江鹽運使蔡炯册開
帶徵捐餉河餉舊管無項署理浙江鹽運使林
則徐任內新收帶徵河餉銀肆萬捌千柒百伍
拾兩又商捐儀封工次餉銀壹拾肆萬捌千陸
百陸拾伍兩捌錢貳分叁釐又舊捐河餉銀玖
萬貳千叁百叁拾兩貳錢肆分貳釐共銀貳拾
捌萬玖千柒百肆拾陸兩陸分伍釐歸還鹽課
款內作收訖實在存庫無項又浙江鹽運使蔡

浙江巡撫帥承瀛題本　題報署浙江鹽運使林則徐任内錢糧數目出入相符
道光三年二月十三日

炯任内應存商輸餘價銀玖拾萬陸百貳拾叁
兩捌錢壹分貳釐署理浙江鹽運使林則徐任
内無項開除無項計該應存銀玖拾萬陸百貳
拾叁兩捌錢壹分貳釐内除緩撥銀柒拾叁萬
壹千陸拾叁兩叁錢陸釐外實存銀壹拾陸萬
玖千伍百陸拾兩伍錢陸釐又輸墊項下歸還
辛巳綱緩撥餘價銀壹拾肆萬陸千貳百壹拾
貳兩陸錢陸分壹釐共實存銀叁拾壹萬伍千
柒百柒拾叁兩壹錢陸分柒釐仍未歸還銀伍
拾捌萬肆千捌百伍拾兩陸錢肆分伍釐又浙
江鹽運使蔡炯任内開支存帑本舊管銀捌千肆
百陸拾柒兩叁分陸釐署理浙江鹽運使林則

徐任内新收銀肆千捌百肆拾貳兩柒錢伍分
内開除銀肆千兩實在存庫銀玖千叁百玖兩
柒錢捌分陸釐又浙江鹽運使蔡炯田開交存
經費本銀壹拾萬兩又存息銀貳千柒百壹拾
貳兩壹錢玖分伍釐署理浙江鹽運使林則徐
任内新收息銀陸千肆百陸兩叁錢肆分貳釐
内開除銀伍千兩實在交盤存息銀肆千壹百
壹拾捌兩伍錢叁分柒釐仍存各商承領本銀
壹拾萬兩照例營運生息又浙江鹽運使蔡炯
田開交存奏備本銀壹拾萬兩又存息銀叁千
陸百壹拾肆兩捌錢柒分伍釐署理浙江鹽運
使林則徐任内新收息銀伍千陸百叁拾貳兩

浙江巡撫帥承瀛題本　題報署浙江鹽運使林則徐任內錢糧數目出入相符

道光三年二月十三日

柒錢壹分內開除銀貳千伍百兩實在交盤存
庫息銀陸千柒百肆拾柒兩伍錢捌分伍釐仍
存各商承領本銀壹拾萬兩照例營運生息又
浙江鹽運使蔡炯冊開交存武聯鹽規並費舊
管銀叁千叁百肆拾陸兩壹錢柒分玖釐署理
浙江鹽運使林則徐任內無項開除無項實在
交盤存庫銀叁千叁百肆拾陸兩壹錢柒分玖
釐又浙江鹽運使蔡炯冊開交存柒塘新舊本
銀壹百萬兩又存息銀壹萬玖千柒百捌兩貳
錢柒分伍釐署理浙江鹽運使林則徐任內據
商繳完新舊息銀玖萬柒千柒百肆拾叁兩玖
錢肆分玖釐內開除銀陸萬陸百壹拾柒兩柒

錢陸分仍存息銀伍萬陸千捌百叁拾肆兩肆
錢陸分肆釐仍存各商承領本銀壹百萬兩照
例營運生息又浙江鹽運使蔡炯甫開交存滿
營馬價本銀貳萬兩署理浙江鹽運使林則徐
任内據商繳完息銀陸百兩移解將軍衙門交
納訖仍存各商承領本銀貳萬兩照例營運生
息又浙江鹽運使蔡炯甫開交存同安船本銀
壹拾萬兩又存息銀貳百柒兩伍錢叁分伍釐
署理浙江鹽運使林則徐任内新收息銀伍千
玖百壹拾肆兩玖錢捌分伍釐内開除銀伍千
兩仍存息銀壹千壹百貳拾貳兩伍錢貳分仍
存各商承領本銀壹拾萬兩照例營運生息又

一

浙江巡撫帥承瀛題本　題報署浙江鹽運使林則徐任內錢糧數目出入相符

道光三年二月十三日

浙江鹽運使蔡炯冊開交存鹽匣本銀肆拾萬
兩又存息銀柒千伍百捌拾玖兩伍錢貳分伍
釐署理浙江鹽運使林則徐任內新收息銀貳
萬玖千壹百壹拾柒兩貳錢玖分伍釐內開除
銀壹萬貳千兩實在存息銀貳萬肆千柒百陸
兩捌錢貳分仍存各商承領本銀肆拾萬兩照
例營運生息又浙江鹽運使蔡炯冊開交存景
工本銀陸萬兩又存息銀貳千貳百伍拾陸兩
柒錢壹分署理浙江鹽運使林則徐任內新收
息銀伍千柒拾陸兩貳分伍釐內開除銀叁千
兩實在存息銀肆千叁百叁拾貳兩柒錢叁分
伍釐仍存各商承領本銀陸萬兩照例營運生

息又浙江鹽運使蔡炯任內交存塘工本銀壹
拾萬兩署理浙江鹽運使林則徐任內給發杭
嘉紹松四所各州縣商人承領塘本銀壹拾萬
兩新收商輸息銀陸百捌拾貳兩伍錢貳分開
除無項實在存息銀陸百捌拾貳兩伍錢貳分
仍存本銀壹拾萬兩照例營運生息以上經收
正雜鹽課錢糧各項銀兩共應存銀壹百陸拾
伍萬貳千柒百叁拾壹兩壹錢壹分柒釐交盤
各款查係出入相符相應照例造具四柱詳送
伏候具
題再查運司交代例限兩月銜報今職司于道光
貳年拾貳月初壹日任事扣至道光叁年正月

浙江巡撫帥承瀛題本 題報署浙江鹽運使林則徐任内錢糧數目出入相符

道光三年二月十三日

叁拾日届滿並未逾限合并聲明等情到臣據
此該臣看得運司交代錢糧應照藩司之例開
造冊結彙盤具
題今據浙江鹽運使蔡炯詳稱署浙江鹽運使林
則徐自道光貳年玖月初捌日署事起至本年
拾壹月叁拾日止經收正雜鹽課錢糧各項銀
兩共應存銀壹百陸拾伍萬貳千柒百叁拾壹
兩壹錢壹分柒釐查係出入相符照例造具冊
結詳送前來臣親詣察盤無異除加具印結同
送到冊結分送部科外理合具
題伏乞
皇上聖鑒勅部查核施行謹

浙江巡撫帥承瀛題本 題報署浙江鹽運使林則徐任內錢糧數目出入相符

道光三年二月十三日

題請

旨

浙江巡撫帥承瀛題本 題報署浙江鹽運使林則徐任内錢糧數目出入相符

道光三年二月十三日

兵部侍郎兼都察院右副都御史巡撫浙江等處地方提督軍務兼管兩浙鹽政臣帥承瀛謹
題爲鹽課宜加嚴察以杜積弊以實
公帑事。該臣看得運司交代錢糧應照藩司之例
開造四柱察盤具
題。今據浙江鹽運使蔡炯詳稱：署浙江鹽運使林
則徐自道光貳年玖月初捌日署事起至本年
拾壹月叁拾日止，經收正雜鹽課錢糧各項銀
兩共實存銀壹百陸拾伍萬貳千柒百叁拾壹
兩零，查係出入相符，造具四柱詳送前來。臣覆
詣察盤無異，除加具印結同送到四柱分送部
科外，理合具
題，謹
題請
旨。

江蘇按察使林則徐奏摺　奏報接任江蘇臬司日期

林則徐

到任日期

三月初六日

〇

奏

江蘇按察使林則徐奏摺 奏報接任江蘇臬司日期
道光三年二月十五日

江蘇按察使臣林則徐跪
奏爲恭報微臣到任日期叩謝
天恩事竊臣仰蒙
恩命擢授江蘇臬司當經恭摺
奏謝
天恩懇請
陛見隨于正月二十五日交卸淮海道印務正在恭迎
批摺北上間接奉督臣孫玉庭撫臣韓文綺札飭以現
當核辦秋審之時業已會
奏令臣先赴新任以資
允准
陛見俟秋審事畢再令啟程北上等因伏思臣請

江蘇按察使林則徐奏摺　奏報接任江蘇臬司日期
道光三年二月十五日

覲一摺雖未奉到
硃批但既經暫於〃因秋審緊要
奏明令〃先〃赴任〃不敢拘泥前奏謹即馳赴蘇
州省城于二月十三日准前任臬司陳廷桂將
敕書印信文卷勘合並件移交前來〃當即恭設香
案望
闕叩頭恭謝
天恩祗領任事現在檢查移交未結案件暨因否要犯
赶緊審辦應〃提審者立即飭提訊勘其應入
秋審人犯即悉心核擬分別實緩牢遞詳於〃改
核辦理務期獄無枉縱案無稽延以仰副
聖主明慎用刑至意所有微臣先赴新任緣由理合恭摺

具
奏叩謝
天恩伏乞
皇上聖鑒謹
奏
道光三年二月初六日
硃批知道了實心實力毋負委任欽此
二月十五日

兩江總督孫玉庭奏片

江蘇按察使林則徐承審各案未完請緩陛見（污損）

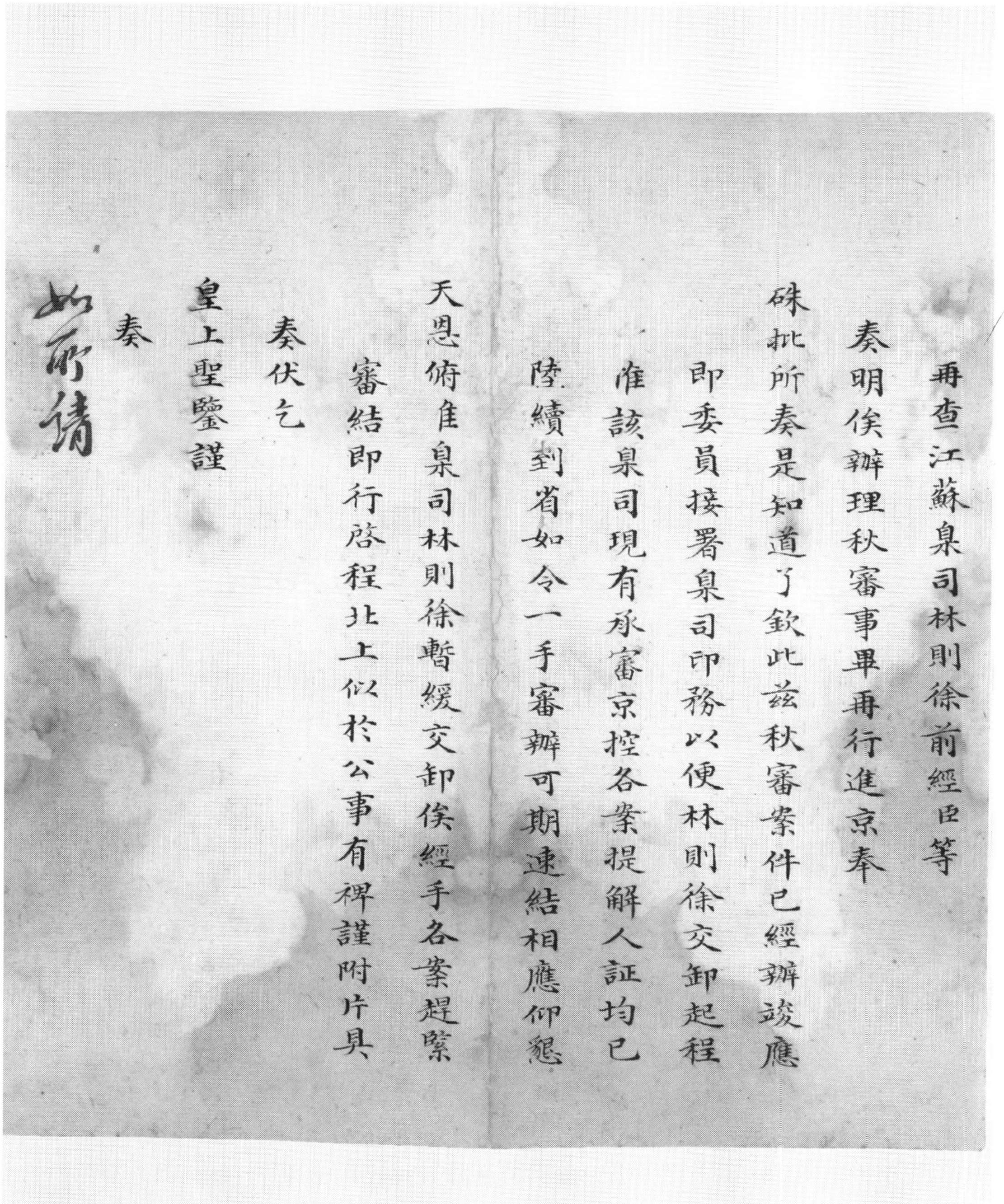
再查江蘇臬司林則徐前經臣等
奏明俟辦理秋審事畢再行進京奉
硃批所奏是知道了欽此茲秋審案件已經辦竣應
即委員接署臬司印務以便林則徐交卸起程
惟該臬司現有承審京控各案提解人証均已
陸續到省如令一手審辦可期速結相應仰懇
天恩俯准臬司林則徐暫緩交卸俟經手各案趕緊
審結即行啓程北上似於公事有裨謹附片具
奏伏乞
皇上聖鑒謹
奏
如所請

兩江總督孫玉庭等奏摺 **蘇州布政使玉輅病假一月暫委林則徐署理**

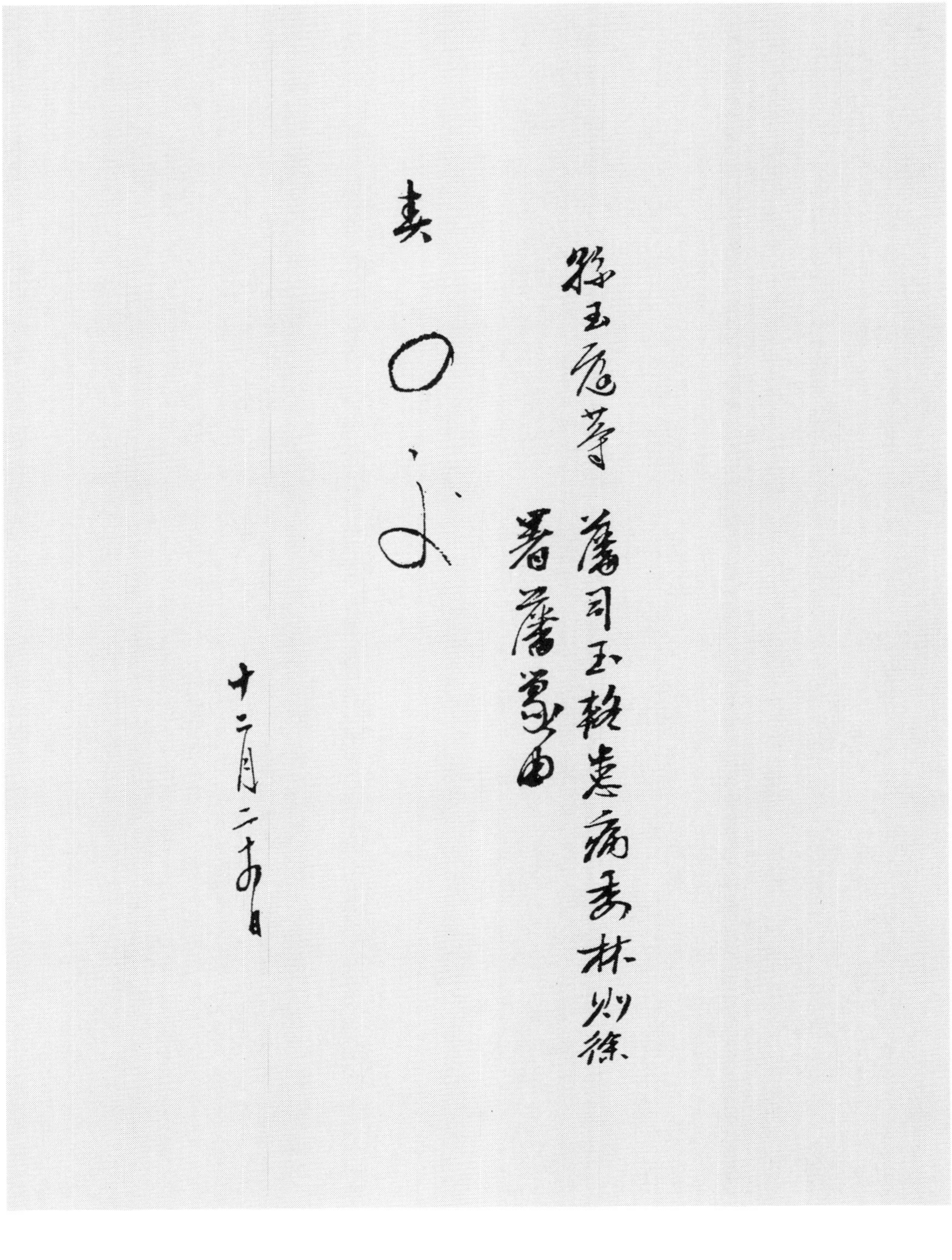
孫玉庭等 藩司玉輅患病委林則徐
署藩篆由
奏
十二月二十日

兩江總督孫玉庭等奏摺　蘇州布政使王輅病假一月暫委林則徐署理
道光三年十二月初十日

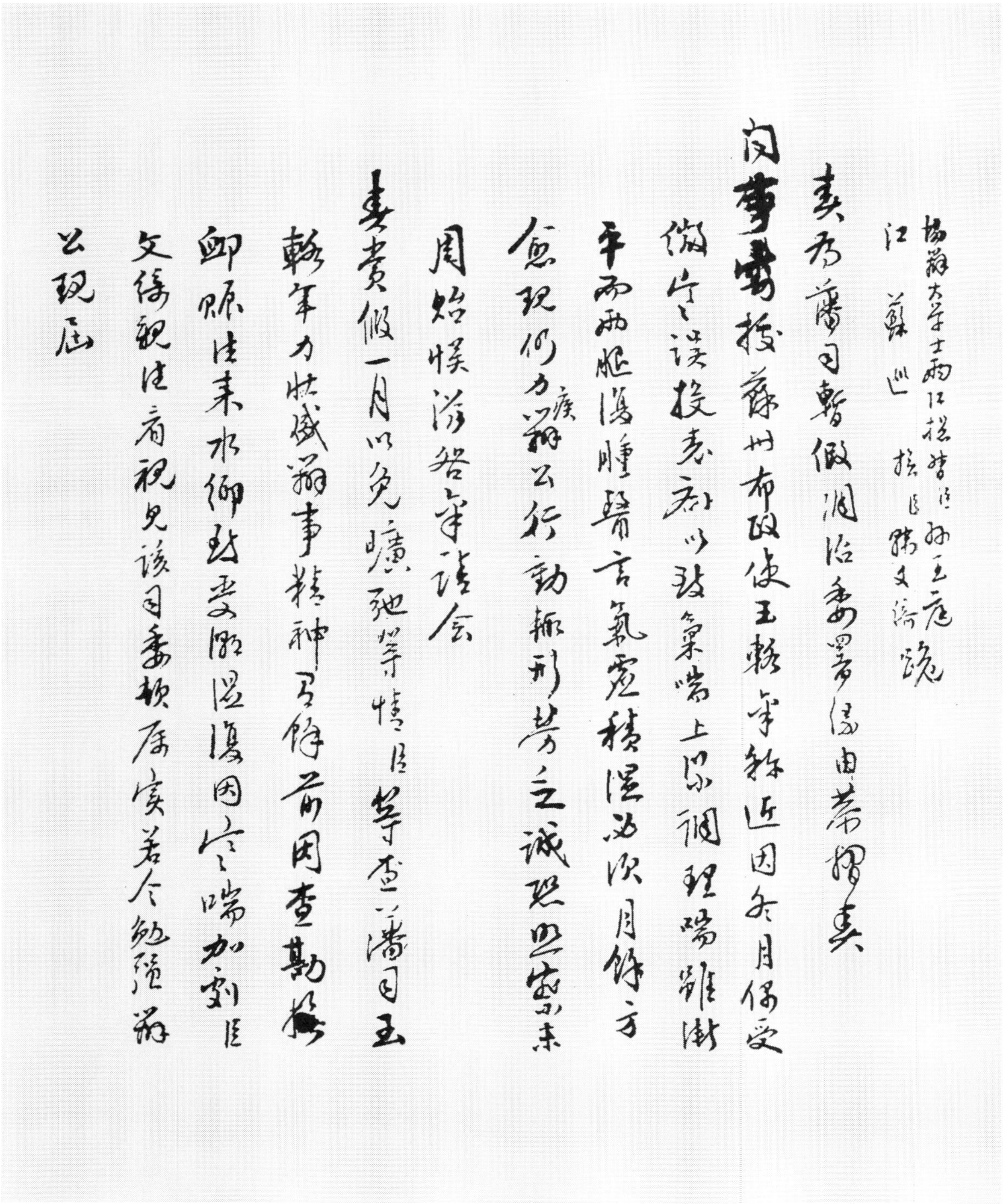
協辦大學士兩江總督臣孫玉庭
江蘇巡撫臣韓文綺跪
奏爲藩司暫假調治委署得人恭摺奏
聞事竊據蘇州布政使王輅等稱近因冬月偶受
微傷誤投表劑以致氣喘上阻調理難痊
平兩腿浮腫聲音氣虛積濕必須月餘方
愈現仍力疾辦公行動稍形勞乏誠恐因循未
周始慎請給假等語會
奏請假一月以免曠弛等情臣等查該藩司王
輅年力壯盛辦事精神可靠前因查勘撫
卹賑往來水鄉跋涉受濕復因受寒喘加劇臣
文綺親往看視見該司委頓屬實若令勉強辦
公現屆

兩江總督孫玉庭等奏摺 蘇州布政使王轄病假一月暫委林則徐署理
道光三年十二月初十日

計典考察大計抽查之際，在在皆係該司專責，非將
以昭慎重，而二條卸布庭奏懇
恩准准假一月，俾安心調理，冀得速痊。所遺藩
司印務，查臬司林則徐進京
陛見，早晚計可回到蘇，到日即委署理。其林則徐未抵省
以前，應日委錢應令署臬司王廣言暫行兼署，一俟
王轄調養全愈，仍飭即回本任。理合恭摺會
奏伏乞
皇上聖鑒。謹
奏。
道光三年十二月二十四日奉
硃批：知道了。欽此。

十二月初十日

上諭 著林則徐銷去加一級免其降調

道光三年十二月十八日奉
旨陳中孚著加恩改為降二級留任李澐著加恩改
為降三級留任蘇成額蘇明阿玉輅俱著降一級
留任卯樹棠著照所降之級留任福綿韓文綺林
則徐著各銷去加一級俱免其降調蔣攸銛廉敬
著各銷去軍功加一級仍給還軍功紀録二次孫
玉庭陸言著各銷去加一級伊里布著銷去紀録
四次俱免其降級餘依議欽此

江蘇按察使林則徐奏摺　**奏報接署蘇州藩篆日期**

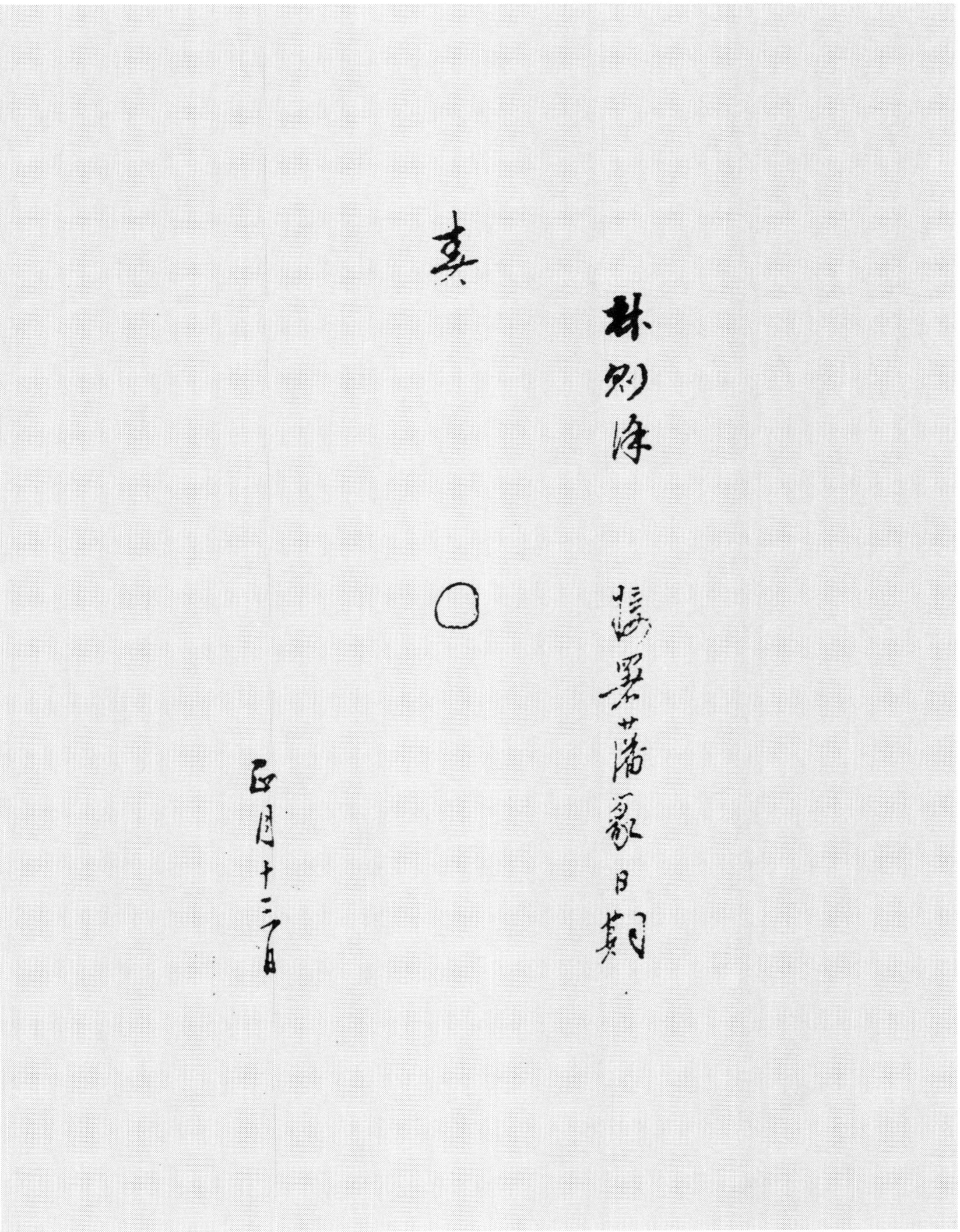
林則徐　接署藩篆日期
奏
○
正月十二日

江蘇按察使林則徐奏摺 奏報接署蘇州藩篆日期

道光三年十二月二十一日

署江蘇布政使按察使臣林則徐跪

奏為恭報微臣接署藩篆日期叩謝

天恩仰祈

聖鑒事竊臣於十月間趨詣

闕廷瞻覲

召見跪聆

訓誨諄切周詳凡立身持己之方折獄明刑之要仰荷

聖慈之指示俾愚蒙以遵循淬切服膺感深刻骨自

陛辭後於十二月十五日行抵蘇城奉督臣孫玉庭接

臣韓文綺檄行以江蘇藩司王轂患病請假一月調

理所有藩司印務

奏明先委署臬司王廣言暫行兼署俟臣回蘇即

奏接署等因，旋准王廣言將王蘇移交藩司印信並文卷等項轉交前來，臣隨於是日恭設香案望

闕叩頭，祗領任事。伏念藩司爲錢糧總滙，江蘇財賦重地，政務殷繁，現當歲底核銷之時，尤關緊要。臣才識庸淺，署理斯職，兢惕彌深，惟有殫竭血誠，矢勤矢慎，於稽查倉務及理財察吏一切公事，認真經理，不敢以暫時權篆稍涉因循，以仰答

高厚鴻慈於萬一。所有微臣回蘇接署藩司緣由，理合恭摺叩謝

天恩，伏乞

皇上聖鑒謹

奏

道光四年正月十二日奉

硃批知道了欽此

十二月二十一日

江蘇按察使林則徐奏摺　恭請聖安

江蘇按察使臣林則徐跪

請

皇上聖躬萬安

似可

浙江巡撫帥承瀛題本

盤查署理浙江鹽運使林則徐等任內交代銀兩數目（尾缺）

該部察核具奏

浙江巡撫帥承瀛題本　盤查署理浙江鹽運使林則徐等任内交代銀兩數目

道光三年

兵部侍郎兼都察院右副都御史巡撫浙江等處地方提督軍務兼管兩浙鹽政臣帥承瀛謹
題爲鹽課宜加嚴察以杜積弊以實
公帑事。據浙江鹽運使宋如林詳稱：案于康熙伍
拾年叁月拾伍日蒙前任巡鹽御史羅圖牒奉
户部劄付内開：山東清吏司案呈户科抄出該
本部題覆協理山東道事江南道監察御史董
宏彪題前事等因，康熙伍拾年正月壹拾壹日
題，本月貳拾肆日奉
旨：該部議奏。欽此。欽遵抄出到部。該臣等查得監察御
史董宏彪疏稱：各省地丁總歸藩司，各處鹽課
統歸運使，責任相同。凡藩司交代，必將其任内
收放錢糧交盤出結，造册呈詳巡撫具題，分送

部科查核但各處運使交代並無申結咨送亦不題報所以上下之官得以從此徇隱如原任廣東運使陸曾原任兩浙運使李文庚俱虧空至數拾萬職此之故臣請嗣後運使交代亦令照藩司交代之例將舊官任内收放錢糧新官交盤出結造具四柱清冊呈詳巡鹽御史具題分送部科稽察如有徇隱情弊察出一體議處追賠至運同運判有催徵錢糧者亦應照州縣交代令御史取具冊結呈報部科庶虧空易于覺察等因前來應如臺臣董宏彪所題嗣後運使官員交代亦照藩司交代之例造具冊結呈詳巡鹽御史具題到日查核如有遲延徇隱等

浙江巡撫帥承瀛題本 盤查署理浙江鹽運使林則徐等任内交代銀兩數目 道光三年

繫該御史照例題參交與該部照依舊藩司交代例議處至雲南貴州四川甘肅等處未設立運使其管鹽課錢糧官員交代之時亦應照此例造冊呈送巡撫具題分送部科查核其運同運判提舉等官均有催徵錢糧之責交代之時應照州縣官交代例令該巡鹽御史取具冊結呈報部科查核候

命下之日行文各省管鹽巡撫并巡鹽御史等遵行可也等因康熙伍拾年叁月拾陸日題本月拾捌日奉

旨依議欽此欽遵抄出到部爲此合劄前去遵照本部覆奉

浙江巡撫帥承瀛題本 盤查署理浙江鹽運使林則徐等任内交代銀兩數目

道光三年

旨內事理粂遵施行等因遵照在案又爲道庫錢糧宜
定案盤以專責成事乾隆肆年正月貳拾貳日
奉前任浙江巡撫兼管鹽政盧焯案驗內開乾
隆肆年正月拾肆日准户部咨開山東司案呈
乾隆叁年拾貳月拾伍日內閣抄出浙江巡撫
兼管鹽政盧焯奏稱竊惟錢糧最宜察盤以杜
虧空那移之弊蓋冊檔可以彌縫彈兌無可掩
飾法至善也查藩庫錢糧定例巡撫察盤惟鹽
法道庫無察盤之例閩省道庫亦歸專管鹽政
之總督察盤而浙省道庫爲察盤所不及緣從
前
欽差御史巡視鹽政壹年一換惟銷辦本任課引自顧

考成何暇計及道庫錢糧其額引完欠尚須鹽
道出結是以道庫並無責成臣奉
命兼管鹽政案查該道收兑正課止開卯摺陸續支用
隨時詳報零星雜亂漫無稽考且道庫存貯之
項甚多類課而外尚有餘引課費帑鹽盈餘公
費分撥兵丁生息引費雜費義倉捐積款項紛
繁收支不一向不開列彙報無從覺察見任之
鹽法道趙佩敭小心謹慎或不致于虧空但立
法不可不周稽查不可不密責成不可不專似
應將鹽法道庫錢糧照巡撫盤查藩庫之例責
令鹽政察盤如係巡撫兼管鹽政即令巡撫察
盤平日停其按卯具摺所有正雜收支數目分

年分款開列四柱彙造月報每年奏銷及遇鹽
道交代之時親臨察盤款項先清絲毫不爽儻
則題參足則出結報部倘有扶同隱匿別經發
覺照例議處等因乾隆叁年拾貳月拾肆日奉
硃批着照所請行該部知道欽此欽遵到部相應行文
浙江巡撫遵奉
旨內事理辦理可也為此合咨前去查照施行等因到
院備案行道奉此各遵照在案今該浙江鹽運
使宋如林查得陞任浙江鹽運使蔡炯自道光
貳年拾貳月初壹日任事起至道光叁年貳月
初伍日止署理浙江鹽運使林則徐冊開交存
鹽課銀壹百貳拾壹萬玖百肆拾陸兩貳錢陸

分貳釐陸任浙江鹽運使孫嗣任內新收銀伍
萬壹百玖拾陸兩叁錢伍釐以上舊管新收共
銀壹百貳拾陸萬壹千壹百肆拾貳兩伍錢陸
分柒釐內開除解過京餉車腳等項共銀肆拾
萬壹千玖百玖拾貳兩柒錢貳釐實在交盤存
庫銀捌拾伍萬玖千壹百肆拾玖兩捌錢陸分
柒釐又署理浙江鹽運使林則徐冊開交存陸
折溢餘餘引租價西湖租息工程平餘京協餉
餘平等款共銀壹萬肆千捌百壹拾兩伍錢肆
分貳釐陸任浙江鹽運使孫嗣任內新收共銀
貳百叁拾壹兩捌錢捌分貳釐以上舊管新收
共銀壹萬伍千肆拾貳兩肆錢貳分肆釐內開

除支解銀肆拾貳兩玖錢柒分陸釐實在交盤
存庫銀壹萬肆千玖百玖拾玖兩肆錢肆分捌
釐應照原
題留爲地方公用抵充功績并移解部款及餘引
租價撥抵充餉之用又署理浙江鹽運使林則
徐冊開帶徵捐餉河餉舊管冊項陸任浙江鹽
運使蔡炯任内新收冊項開除冊項實在存庫
冊項又署理浙江鹽運使林則徐任内應存商
輸餘價銀玖拾萬陸百貳拾叁兩捌錢壹分貳
釐内除
奏請覆准暫緩徵銀柒拾叁萬壹千陸拾叁兩叁
錢陸釐外實存銀壹拾陸萬玖千伍百陸拾兩

伍錢陸釐又收存輸墊項下辛巳綱歸補綫款
餘價銀壹拾肆萬陸千貳百壹拾貳兩陸錢陸
分壹釐仍未歸還銀伍拾捌萬肆千捌百伍拾
兩陸錢肆分伍釐共存銀叁拾壹萬伍千柒百
柒拾叁兩壹錢陸分柒釐陞任浙江鹽運使蔡
炯任内新收無項開除解過銀貳拾萬兩實在
存庫銀壹拾壹萬伍千柒百柒拾叁兩壹錢陸
分柒釐又署理浙江鹽運使林則徐冊開交存
帑本舊管銀玖千叁百玖兩柒錢捌分陸釐陞
任浙江鹽運使蔡炯任内新收銀壹萬貳千柒
百柒拾貳兩伍錢陸分肆釐内開除銀壹萬伍
千伍百捌兩捌錢陸分柒釐實在存庫銀陸千

浙江巡撫帥承瀛題本 盤查署理浙江鹽運使林則徐等任內交代銀兩數目

道光三年

伍百柒拾叁兩肆錢捌分叁釐又署理浙江鹽
運使林則徐用開交存經費本銀壹拾萬兩又
存息銀肆千壹百壹拾捌兩伍錢叁分柒釐陸
任浙江鹽運使蔡炯任內新收息銀壹千柒百
叁拾貳兩貳錢叁分開除無項實在交盤存庫
息銀伍千捌百伍拾兩柒錢陸分柒釐仍存各
商承領本銀壹拾萬兩照例營運生息又署理
浙江鹽運使林則徐用開交存奏備本銀壹拾
萬兩又存息銀陸千柒百肆拾柒兩伍錢捌分
伍釐陸任浙江鹽運使蔡炯任內新收息銀壹
千貳拾陸兩開除無項實在交盤存庫息銀柒
千柒百柒拾叁兩伍錢捌分伍釐仍存各商承

領本銀壹拾萬兩照例營運生息又署理浙江
鹽運使林則徐冊開交存武職鹽規巡費舊管
銀叁千叁百肆拾陸兩壹錢柒分玖釐陸任浙
江鹽運使蔡炯任内新收銀貳千伍百壹兩内
開除銀壹百陸拾玖兩肆錢伍分壹釐實在交
盤存庫銀伍千陸百柒拾柒兩柒錢貳分捌釐
又署理浙江鹽運使林則徐冊開交存柴塘新
舊本銀壹百萬兩又存息銀伍萬陸千捌百叁
拾肆兩肆錢陸分肆釐陸任浙江鹽運使蔡炯
任内據商繳完新舊息銀貳萬壹千玖百柒拾
肆兩開除無項仍存息銀柒萬捌千捌百捌兩
肆錢陸分肆釐仍存各商承領本銀壹百萬兩

照例營運生息又署理浙江鹽運使林則徐冊
開交存滿營馬價本銀貳萬兩陞任浙江鹽運
使蔡炯任內據商繳完息銀肆百兩移解將軍
衙門交納訖仍存各商承領本銀貳萬兩照例
營運生息又署理浙江鹽運使林則徐冊開交
存同安船本銀壹拾萬兩又存息銀壹千壹百
貳拾貳兩伍錢貳分陞任浙江鹽運使蔡炯任
內新收息銀肆千壹百壹拾柒兩內開除銀玖
千兩仍存息銀貳百叁拾玖兩伍錢貳分仍存
各商承領本銀壹拾萬兩照例營運生息又署
理浙江鹽運使林則徐冊開交存深匯本銀壹
拾萬兩又存息銀貳萬肆千柒百陸兩捌錢貳

署理蘇州布政使林則徐奏片　**奏報回任沿途雪澤情形**

林則徐片

再，臣自出京後，於十月十九日在直隸地方遇見
大雪，嗣經過山東一帶，連日陰沛祥霙，高下田
疇均已積至盈尺。江蘇省各州縣稟報於十月二
十一、二、十九、三十及十二月初二、三、初五、六等日先後
得雪，自四五六寸至盈尺不等。現當二麥出土之
際，得此渥澤優霑，實可預致豐穰，南北民情均
極安帖，足以仰慰
聖懷。理合附片奏
聞，伏祈
聖鑒。謹
奏。

署理蘇州布政使林則徐奏片 奏報回任沿途雪澤情形
道光四年正月十三日

道光四年正月十三日奉
硃批覽欽此

江蘇巡撫韓文綺奏摺 蘇州布政使玉輅病故委令林則徐接署並請簡放

江蘇巡撫韓文綺奏摺　蘇州布政使玉輅病故委令林則徐接署並請簡放
道光四年正月十九日

江蘇巡撫臣韓文綺跪
奏為奏
聞事竊照蘇州布政使玉輅前因積勞成疾氣喘腿
腫具稟請假經臣會同督臣孫玉庭奏懇
聖恩賞假一月調理其藩司印務聲請委令臬司林
則徐接署等因於本年正月初十日奉到
硃批知道了欽此該司玉輅自交卸以後安心調養
似有起色臣與司道等屢往看視玉輅感激
恩慈焦急悚惶時形辭色惟病久體虛精神漸就委
頓臣於本月十六日因徒陽運河挑工據報完
竣前往驗工啓壩茲於途次接據署藩司林則
徐稟報玉輅於十七日早喘發不止即於是日

江蘇巡撫韓文綺奏摺　蘇州布政使玉輅病故委令林則徐接署並請簡放
道光四年正月十九日

辰刻病故查藩司印務及庫貯錢糧先經委令
林則徐接署經管仍飭照舊辦理伏乞
皇上迅賜簡員補放以專責成謹會同協辦大學士
兩江總督臣孫玉庭恭摺具
奏仰祈
聖鑒訓示謹
奏
另有旨

江蘇巡撫韓文綺奏摺 蘇州布政使玉輅病故委令林則徐接署並請簡放

道光四年正月十九日

道光四年正月 十九 日

江蘇巡撫韓文綺題本　**署蘇州布政使林則徐奏報玉輅等任内錢糧數目盤查無異**

該部察核具奏
題

江蘇巡撫韓文綺題本　署蘇州布政使林則徐奏報玉輅等任内錢糧數目盤查無異
道光四年三月初二日

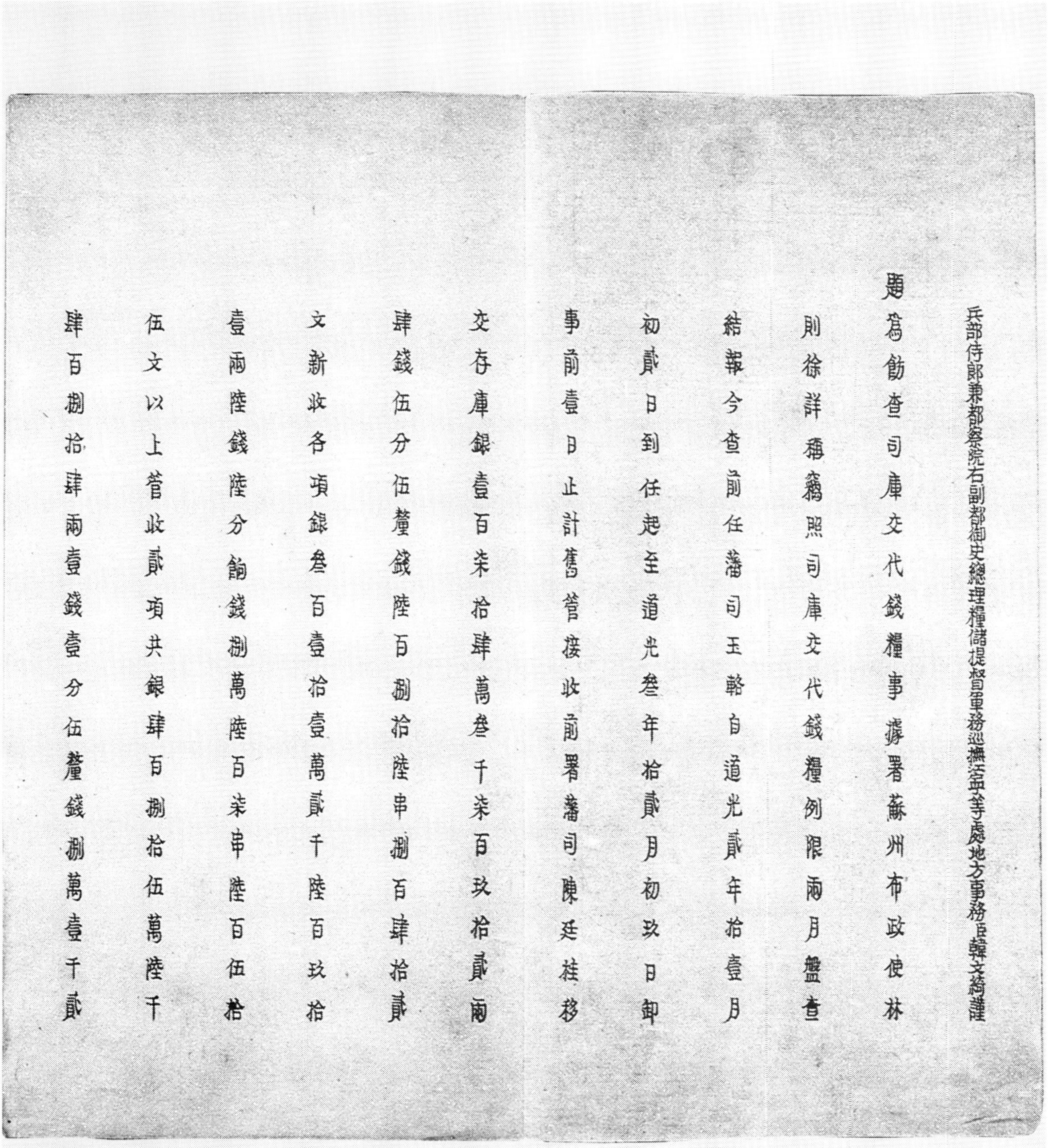

兵部侍郎兼都察院右副都御史總理糧儲提督軍務巡撫江寧等處地方事務臣韓文綺謹
題爲飭查司庫交代錢糧事據署蘇州布政使林
則徐詳稱竊照司庫交代錢糧例限兩月盤查
結報今查前任藩司玉輅自道光貳年拾壹月
初貳日到任起至道光叁年拾貳月初玖日卸
事前壹日止計舊管接收前署藩司陳廷桂移
交存庫銀壹百柒拾肆萬叁千柒百玖拾貳兩
肆錢伍分伍釐錢陸百捌拾陸串捌百肆拾貳
文新收各項銀叁百壹拾壹萬貳千陸百玖拾
壹兩陸錢陸分餉錢捌萬陸百柒串陸百伍拾
伍文以上管收貳項共銀肆百捌拾伍萬陸千
肆百捌拾肆兩壹錢壹分伍釐錢捌萬壹千貳

江蘇巡撫韓文綺題本　署蘇州布政使林則徐奏報玉輅等任內錢糧數目盤查無異
道光四年三月初二日

百玖拾肆串肆百玖拾柒文開除共解放過銀
肆百伍萬玖千捌拾伍兩貳錢叁分捌釐飭錢
捌萬陸百柒串陸百伍拾伍文實在存庫銀柒
拾玖萬柒千叁百玖拾捌兩捌錢柒分柒釐錢
陸百捌拾陸串捌百肆拾貳文又署任藩司王
賡言自道光叁年拾貳月初玖日署事起至拾
貳月拾伍日卸事前壹日止計舊管接收前任
藩司玉輅交代冊開移交存庫銀柒拾玖萬柒
千叁百玖拾捌兩捌錢柒分柒釐錢陸百捌拾
陸串捌百肆拾貳文新收各項銀壹萬叁千柒
百玖拾兩伍錢伍分柒釐飭錢壹千叁百捌拾
柒串陸百叁拾肆文以上舊收貳項共銀捌拾

壹萬壹千壹百捌拾玖兩肆錢叁分肆釐錢貳
千柒拾肆串肆百柒拾陸文開除共解放過銀
壹拾萬陸千貳百捌拾壹兩壹錢貳分捌釐節
錢壹千叁百捌拾柒串陸百叁拾肆文實在存
庫銀柒拾萬肆千玖百捌兩叁錢陸釐錢陸百
捌拾陸串捌百肆拾貳文又前任藩司玉輅經
管寶蘇局計舊管接收前署藩司陳廷桂交代
冊開實在存貯局庫正項銅鉛錫斤共壹百壹
拾萬捌百玖拾捌斤壹拾兩貳分玖釐新收正
項銅鉛伍拾捌萬貳千捌百陸拾捌斤以上管
收貳項正項銅鉛錫斤共壹百陸拾捌萬叁千
柒百陸拾陸斤壹拾兩貳分玖釐開除共放正

江蘇巡撫韓文綺題本　署蘇州布政使林則徐奏報玉輅等任内錢糧數目盤查無異
道光四年三月初二日

項銅鉛玖拾陸萬肆千玖百柒拾斤柒兩玖錢
叁分陸釐實在應存局庫正項銅鉛錫斤共柒
拾壹萬捌千柒百玖拾陸斤貳兩玖分叁釐又
舊管接收前署藩司陳廷桂交代冊開實在存
貯局庫部頒乾隆嘉慶道光制樣母錢各壹文
共玖文舖錢叁萬柒千壹百貳拾捌串陸百玖
拾玖文餘平銅鉛改鑄制錢叁千陸百叁拾伍
串伍百柒拾玖文新收共錢壹拾壹萬肆千壹
百壹拾壹串貳百陸拾肆文以上舊收貳項部
頒乾隆嘉慶道光制樣母錢各壹文共玖文舖
錢壹拾伍萬壹千貳百叁拾玖串玖百陸拾叁
文餘平銅鉛改鑄制錢叁千陸百叁拾伍串伍

江蘇巡撫韓文綺題本　署蘇州布政使林則徐奏報玉輅等任內錢糧數目盤查無異

道光四年三月初二日

百柒拾玖文開除共放給錢玖萬柒千貳百伍
拾壹串柒百伍拾壹文實在應存局庫部頒乾
隆嘉慶道光制樣母錢各壹文共玖文銅錢伍
萬叁千玖百捌拾捌串貳百壹拾貳文餘平銅
鉛改鑄制錢叁千陸百叁拾伍串伍百柒拾玖
文又署任藩司王賡言計舊管接收前任藩司
玉輅交代冊開實在存貯局庫正項銅鉛錫斤
共柒拾壹萬捌千柒百玖拾陸斤貳兩玖分叁
釐新收無項開除無項實在應存局庫正項銅
鉛錫斤共柒拾壹萬捌千柒百玖拾陸斤貳兩
玖分叁釐又舊管接收前任藩司玉輅交代冊
開實在存貯局庫部頒乾隆嘉慶道光制樣母

江蘇巡撫韓文綺題本 署蘇州布政使林則徐奏報玉輅等任內錢糧數目盤查無異

道光四年三月初二日

錢各壹文共玖文餉錢伍萬叁千玖百捌拾捌
串貳百壹拾貳文餘平銅鉛改鑄制錢叁千陸
百叁拾伍串伍百柒拾玖文新收無項開除共
放錢壹千叁百捌拾柒串陸百叁拾肆文實在
應存局庫部頒乾隆嘉慶道光制樣母錢各壹
文共玖文餉錢伍萬貳千陸百串伍百柒拾捌
文餘平銅鉛改鑄制錢叁千陸百叁拾伍串伍
百柒拾玖文俱經盤兌清楚並無虧缺理合轉
造交盤四柱冊結詳送加結保
題再此案交代應自署任藩司林則徐於道光叁
年拾貳月拾伍日到任之日起扣至道光肆年
貳月拾肆日兩箇月限滿今於限內查清造冊

江蘇巡撫韓文綺題本　署蘇州布政使林則徐奏報玉輅等任内錢糧數目盤查無異

道光四年三月初二日

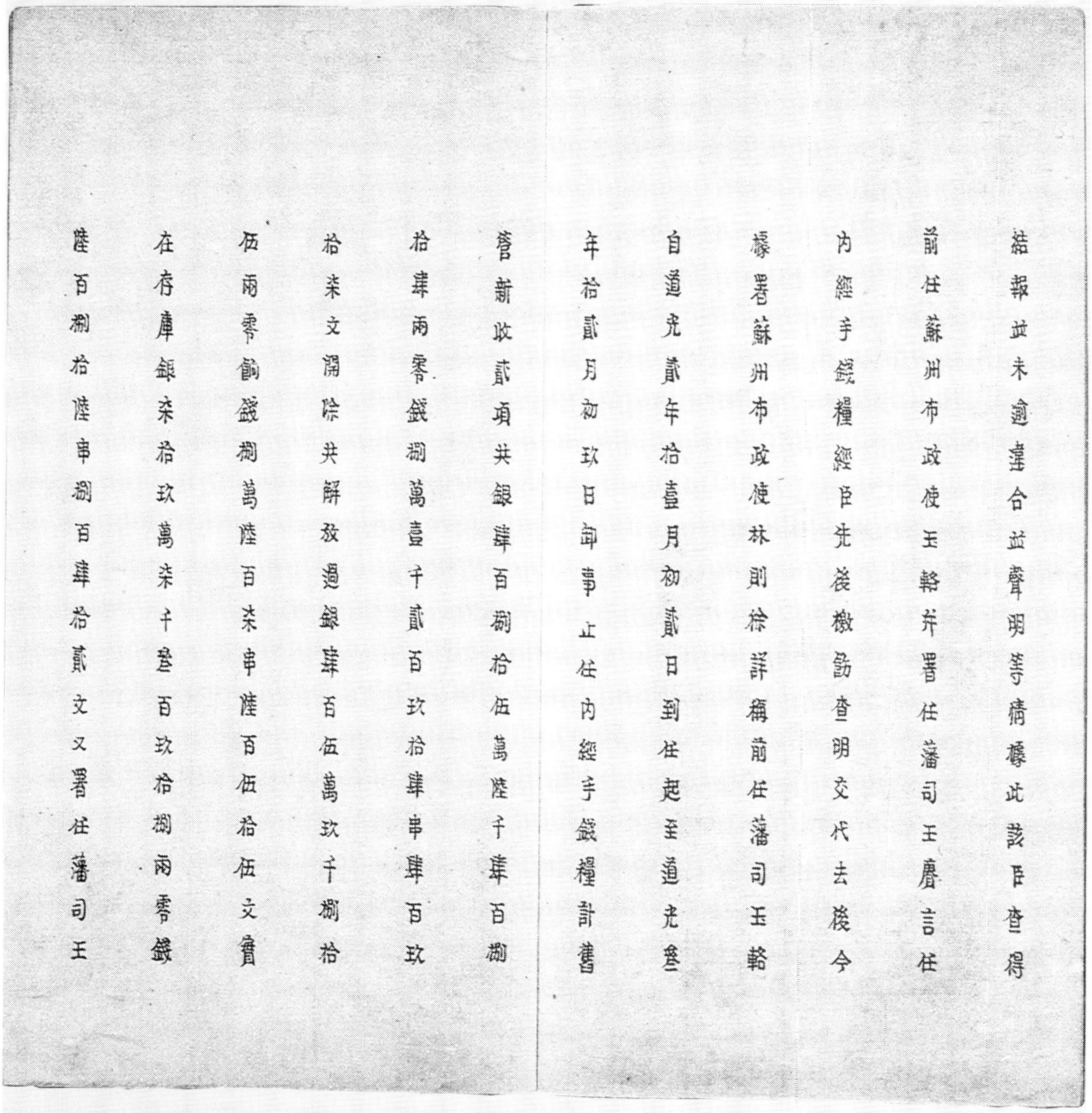

結報並未逾違合並聲明等情據此該臣查得
前任蘇州布政使玉輅并署任藩司王膺言任
内經手錢糧經臣先後檄飭查明交代去後今
據署蘇州布政使林則徐詳稱前任藩司玉輅
自道光貳年拾壹月初貳日到任起至道光叁
年拾貳月初玖日卸事止任内經手錢糧計舊
管新收貳項共銀肆百捌拾伍萬陸千肆百捌
拾肆兩零錢捌萬壹千貳百玖拾肆串肆百玖
拾柒文開除共解放過銀肆百伍萬玖千捌拾
伍兩零銅錢捌萬陸百柒串陸百伍拾伍文實
在存庫銀柒拾玖萬柒千叁百玖拾捌兩零錢
陸百捌拾陸串捌百肆拾貳文又署任藩司王

江蘇巡撫韓文綺題本 署蘇州布政使林則徐奏報玉輅等任內錢糧數目盤查無異

道光四年三月初二日

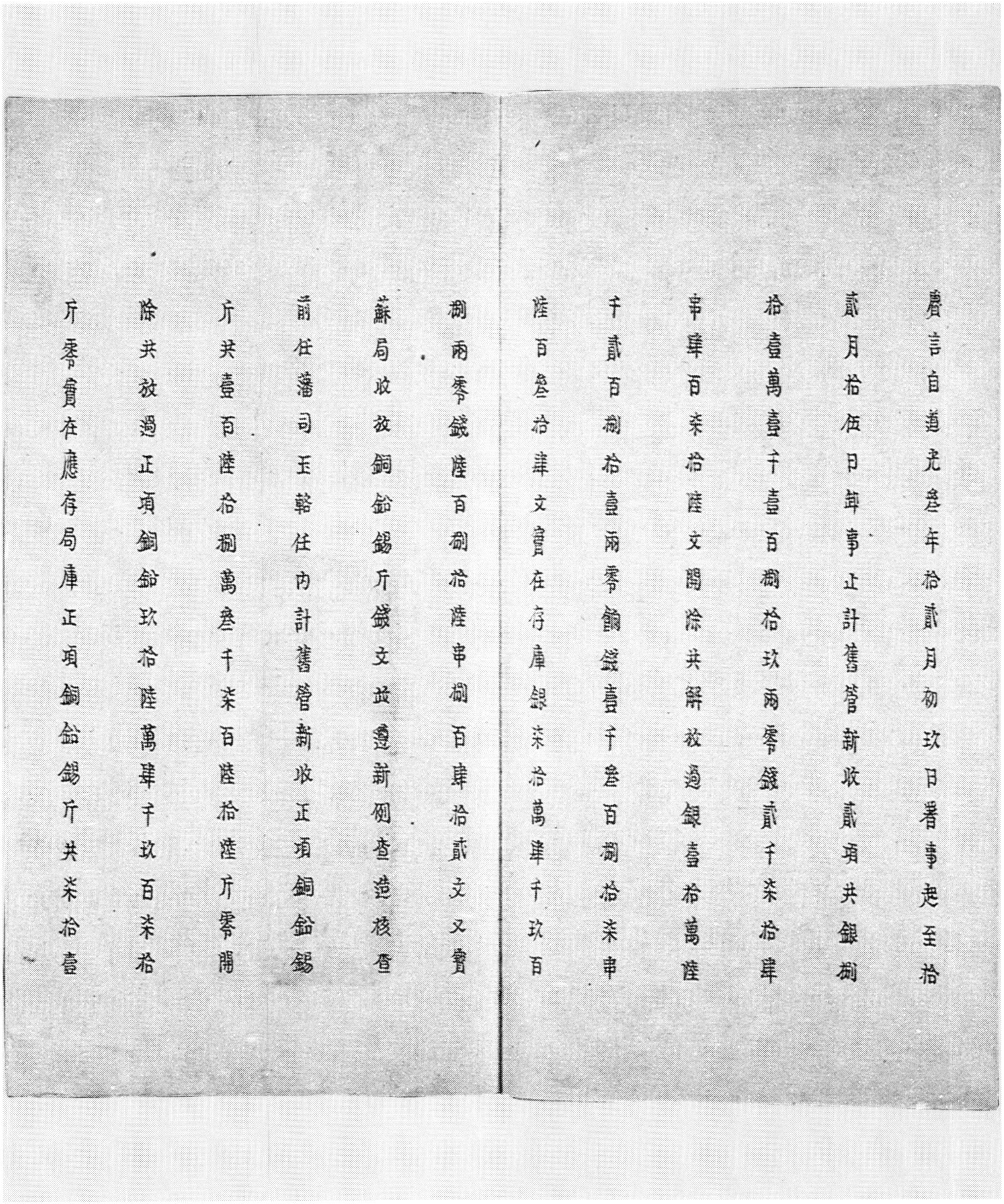
覆言自道光叁年拾貳月初玖日署事起至拾
貳月拾伍日卸事止計舊管新收貳項共銀捌
拾壹萬壹千壹百捌拾玖兩零錢貳千柒拾肆
串肆百柒拾陸文開除共解放過銀壹拾萬陸
千貳百捌拾壹兩零餉錢壹千叁百捌拾柒串
陸百叁拾肆文實在存庫銀柒拾萬肆千玖百
捌兩零錢陸百捌拾陸串捌百肆拾貳文又實
蘇局收放銅鉛錫斤錢文並遵新例查造核查
前任藩司玉輅任內計舊管新收正項銅鉛錫
斤共壹百陸拾捌萬叁千柒百陸拾陸斤零開
除共放過正項銅鉛玖拾陸萬肆千玖百柒拾
斤零實在應存局庫正項銅鉛錫斤共柒拾壹

江蘇巡撫韓文綺題本 署蘇州布政使林則徐奏報玉輅等任內錢糧數目盤查無異

道光四年三月初二日

萬捌千柒百玖拾陸斤零又舊管新收部頒乾隆嘉慶道光制樣母錢各壹文共玖文錀錢壹拾伍萬壹千貳百叁拾玖串玖百陸拾叁文餘平銅鉛改鑄制錢叁千陸百叁拾伍串伍百柒拾玖文開除共放給錢玖萬柒千貳百伍拾壹串柒百伍拾壹文實在應存局庫部頒乾隆嘉慶道光制樣母錢各壹文共玖文錀錢伍萬叁千玖百捌拾捌串貳百壹拾貳文餘平銅鉛改鑄制錢叁千陸百叁拾伍串伍百柒拾玖文又署任藩司王賡言任內計舊管新收正項銅鉛錫斤共柒拾壹萬捌千柒百玖拾陸斤零開除無項實在應存局庫正項銅鉛錫斤共柒拾壹

江蘇巡撫韓文綺題本　署蘇州布政使林則徐奏報玉輅等任內錢糧數目盤查無異

道光四年三月初二日

萬捌千柒百玖拾陸斤零又舊管新收部頒乾
隆嘉慶道光制樣毋錢各壹文共玖文餘錢伍
萬叁千玖百捌拾捌串貳百壹拾貳文餘平銅
鉛改鑄制錢叁千陸百叁拾伍串伍百柒拾玖
文開除共放給錢壹千叁百捌拾柒串陸百叁
拾肆文實在應存局庫部頒乾隆嘉慶道光制
樣毋錢各壹文共玖文餘錢伍萬貳千陸百串
伍百柒拾捌文餘平銅鉛改鑄制錢叁千陸百
叁拾伍串伍百柒拾玖文理合轉造交盤四柱
冊結詳送保
題并聲明此案交代於限內造報等情前來臣親
往盤查無異除加結同送到交代冊結分送部

江蘇巡撫韓文綺題本　署蘇州布政使林則徐奏報玉輅等任内錢糧數目盤查無異
道光四年三月初二日

科查核外相應具

題伏乞

皇上聖鑒勅部核覆施行謹題請

旨

江蘇巡撫韓文綺題本 署蘇州布政使林則徐奏報玉輅等任内錢糧數目盤查無異

道光四年三月初二日

兵部侍郎兼都察院右副都御史總理糧儲提督軍務巡撫江寧等處地方事務臣韓文綺謹
題爲飭查司庫交代錢糧事該臣查得前任蘇州
布政使玉輅并署任藩司王賡言任内經手錢
糧經臣先後檄飭查明交代去後今據署蘇州
布政使林則徐詳稱前任藩司玉輅又署任藩
司王賡言任内實在存庫銀柒拾萬肆千玖百
捌兩零錢陸百捌拾陸串捌百肆拾貳文又寶
蘇局正項銅鉛錫斤共柒拾壹萬捌千柒百玖
拾陸斤零又存庫部頒乾隆嘉慶道光制樣母
錢各壹文共玖文餉錢伍萬貳千陸百串伍百
柒拾捌文餘平銅鉛改鑄制錢叁千陸百叁拾
伍串伍百柒拾玖文轉造冊結詳送保
題前來臣親往盤查無異除加結同送到交代冊
結分送部科外謹題請
旨

兩江總督孫玉庭等奏片 江蘇藩庫虧空令林則徐等釐清詳報

孫玉庭等片

再江蘇省三次清查上年經前署該屬限于五
月十六日奏到
諭旨須其再展一年等因欽此遵即咨明兩藩司
迅款清釐飭將積案迅溯從前致虧之由核
準現今實虧之數務期纖毫無漏須數舀平
查江寧藩庫該司張志緒一手經理現已憑册明
核蘇州藩庫先經該前司玉輅核造未交旋由
署司林則徐接辦單年以來認真釐剔前款
近陸續核出款目分明循係不容正在詳
問新任署藩司誠端到任以誠端係本任專責
令與林則徐按數交代俾數結井然更爲結實一

俟核收全詳到日，再加復核妥議，追補章程，
分別籌辦，依限奏請
訓示，以重
國帑而符奏案。理合附片陳明，謹
奏。
道光四年五月初八日奉
硃批：知道了。欽此。

兩江總督 初八（五月）

兩江總督孫玉庭等奏摺　**請以江蘇按察使林則徐綜辦江浙水利**

兩江總督孫玉庭等奏摺　請以江蘇按察使林則徐綜辦江浙水利

道光四年閏七月十六日

江蘇巡撫臣韓文綺
協辦大學士兩江總督臣孫玉庭
浙江巡撫臣帥承瀛 跪

奏為修濬江浙兩省水道請
旨專派大員綜司其事以冀一律周妥仰祈
聖訓事竊照江南省之蘇州松江常州三府太倉一
州與浙江省之杭州嘉興湖州三府均係水鄉
境地毗連全在各處河道通行無滯以資利益
農桑邇來河身多有墊淤海口未能暢達兼以
塘閘損廢蓄洩乖方偶遇霪霖異漲不免泛溢
是虞臣等體察情形亟宜設法修濬因即彼此
札商各將本境來源去委先行派員分別查勘
業經臣孫玉庭臣韓文綺將三吳水利酌分先
後緩急恭摺奏

聞其浙西三府水道及先修太湖漊港之各塘閘亦
經護理浙江撫臣黄鳴傑查明具
奏在案嗣臣孫玉庭等承准
廷寄欽奉
上諭御史程邦憲奏太湖滙全吴之水全賴入水之
口與出水之口一律疏暢若致力於海口而不去
太湖淤墊雨水過多横決四出蘇松嘉湖諸郡均
受其害若專治湖州漊港又挾天目諸山之水奔
注東來吴江一帶要口仍任淤墊入海不能迅速
則蘇松之患滋甚是專治上游專治下游均未見
有利益事關兩省水道農田自宜合兩省形勢通
盤籌畫為一勞永逸之計著孫玉庭韓文綺迅派

兩江總督孫玉庭等奏摺 請以江蘇按察使林則徐綜辦江浙水利

道光四年閏七月十六日

幹練大員會同浙省確實查勘擇要疏挑等因欽
此仰見我
皇上軫念民依
智周慮遠跪誦之下欽服難名隨經恭録咨移升派
原任淮海道沈惇彝馳赴浙省會同杭嘉湖道
陳鍾麟將水道形勢逐一勘明會稟前來臣等
伏查蘇杭等六府一州惟杭州一府地勢最高
嘉興湖州常州次之蘇州松江太倉為最下杭
湖二府地多層山峻嶺且近連宣歙諸山其水
源甚衆皆滙注太湖分歸江省之黄浦吴淞婁
江三路入海嘉興一府大半無山故水源亦少
其各路河水自杭州流入者十之八自湖州分

入者十之二皆從江省泖澱二湖歸黃浦江入
海而太湖袤延五百餘里蘇常湖三府皆環居
其濱其大泖圓泖長泖坐臨松江上接嘉興又
有首擊尾應之勢是疆域雖分兩省而源委實
共一流若浙省專治上游江省專治下游則地
勢各有所便脉絡不能相通即令上下皆治而
中間仍多隔閡是非綜攬全局由源竟委必不
能使上下游一氣呵成本年四月間臣帥承瀛
自浙進京路過蘇州及清江浦地方會遇臣孫
玉庭臣韓文綺將此事詳細面商以同條共貫
之水本屬無分畛域須得一公正明達之大員
綜司其事較之兩省委員分辦更可一律周妥

當查江浙各司道中非本籍隸居兩省即於兩
省情形未及盡知惟江蘇臬司林則徐器識遠
大處事精詳曾任浙江杭嘉湖道及江南淮海
道其於浙西三府地方均為熟悉而水利諸事
亦夙所究心以之綜辦兩省修濬事宜實堪勝
任臣等再三商酌意見相同臣帥承瀛在京
陛見時將會商緣由奏蒙
聖明俯允
諭令會同臣孫玉庭等具摺陳
奏茲臣等復又往返札商相應會摺恭懇
即朕特派非伊而誰所請甚是
皇上天恩准以江蘇臬司林則徐綜辦江浙水利實
於兩省均有裨益惟查歷次挑濬河道施工皆

在秋冬迨春漲之後即應停止請將林則徐仍
留江蘇臬司本任無庸開缺如遇秋冬之際常
川在工不能兼顧暫將臬司印務另行委員署
理俟停工時仍令回任其工次移行文牘未便
帶用臬司印信查蘇松太道向委兼理關務本
有道關兩印其道印堪以借用工停仍即給還
至該司往來江浙兩省履勘督辦在在均需費
用現既暫卸本任例只支食半廉該司以職分
較大不敢另行請給公費惟大小委員盤纏薪
水及隨帶書役飯食紙張不得不酌量籌給應
請於
奏明經費内核實支發務使撙節用度不稍浮濫

第兩省應用經費亦復多寡不同俟該司統勘
明確分段核估議定章程另行詳悉奏
聞由各本省動款分别給辦似此責有專屬事無兩
歧彼此絶推諉之私高下有貫通之益自見全
河順軌蓄洩咸宜數郡生民共臻樂利益沐
聖主恩施於無既矣臣等謹合詞恭摺具
奏伏乞
皇上聖鑒訓示謹
奏

另有旨

道光四年閏七月　十六　日

福建巡撫孫爾準題本 **題明江蘇按察使林則徐親母在籍病故例應丁憂**

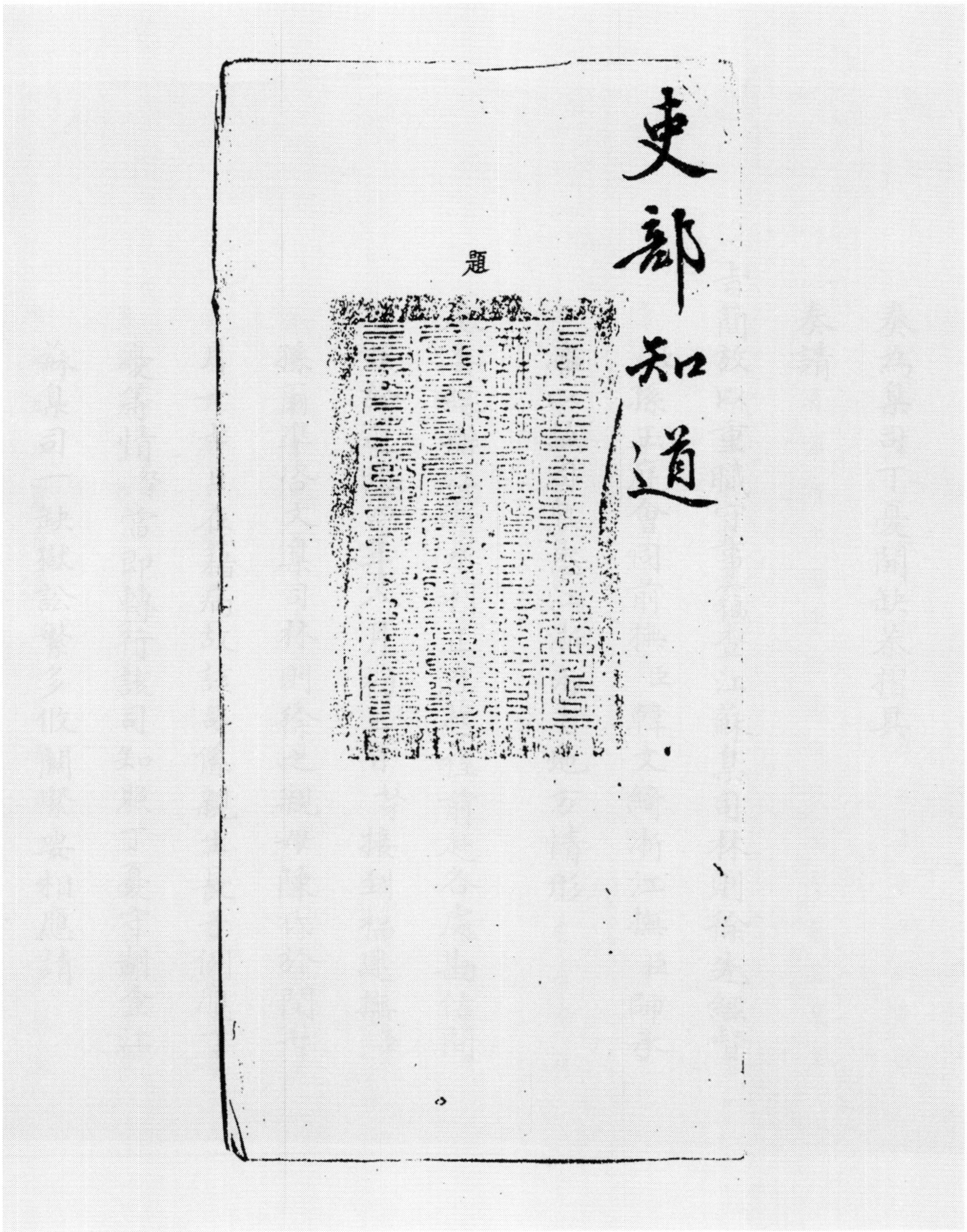

福建巡撫孫爾準題本 題明江蘇按察使林則徐親母在籍病故例應丁憂 道光四年閏七月二十三日

兵部侍郎兼都察院右副都御史巡撫福建等處地方提督軍務臣孫爾準謹
題爲報明丁憂事據福建布政使惠顯呈詳道光
肆年閏柒月拾玖日據侯官縣知縣袁鴻申稱
道光肆年閏柒月拾捌日據家人陳炎稟稱竊
家主現任江蘇按察使林則徐本生親母陳氏
現年柒拾貳歲於道光肆年閏柒月拾柒日在
籍病故家主係親生長子例應丁憂除一面馳
信江蘇報知外合情稟乞轉報等情到縣據此
理合具文通報等由到司據此除照例飭取族
鄰甘結另詳補咨外合就具文詳請察核具
題并賜移揭江蘇巡撫查照就近取具聞訃丁母
憂親供送部并移閩省備案仍飭令回籍守制

等情到臣。據此，該臣查得現任官員父母在籍病故，例應
題報。又外任道府州縣等官丁憂，如親在籍病故者，由原籍督撫具題開缺各等因。茲據福建布政使惠顯呈詳：現任江蘇按察使林則徐，係福建福州府侯官縣人，本生親母陳氏於道光肆年閏柒月拾柒日在籍病故。林則徐係伊母親生長子，例應丁憂，除照例飭取族鄰甘結另詳補咨外，詳請具
題等由前來。臣覆查無異，除咨移江蘇撫臣轉飭林則徐知照，就近取具闔訃丁母憂親供送部，
飭令回籍守制，外所有江蘇按察使員缺應請

福建巡撫孫爾準題本　題明江蘇按察使林則徐親母在籍病故例應丁憂
道光四年閏七月二十三日

開缺

簡員補放臣謹恭疏具

題伏祈

皇上聖鑒勅部查照施行爲此具本謹題請

旨

道光四年閏七月二十三日兵部右侍郎兼都察院右副都御史巡撫福建等處地方提督軍務臣孫爾準

福建巡撫孫爾準題本 題明江蘇按察使林則徐親母在籍病故例應丁憂

道光四年閏七月二十三日

兵部侍郎兼都察院右副都御史巡撫福建等處地方提督軍務臣孫爾準謹
題爲報明丁憂事。該臣查得現任官員父母在籍
病故例應
題報，又外任道府州縣等官丁憂如親在籍病故
者，由原籍督撫具題開缺各等因。兹據福建布
政使惠顯呈詳：現任江蘇按察使林則徐係福
建福州府侯官縣人，本生親母陳氏於道光肆
年閏柒月拾柒日在籍病故。林則徐係伊母親
生長子，例應丁憂，除照例飭取族鄰甘結另詳
補咨外，詳請具
題等由前來。臣覆查無異，除咨移江蘇撫臣轉飭
林則徐知照，就近取具聞訃丁母憂親供送部，
飭令回籍守制外，所有江蘇按察使員缺應請
開缺，
簡員補放。謹題請
旨。

上諭 著江蘇按察使林則徐綜辦江浙水利無庸開缺

道光四年八月初二日内閣奉

上諭孫玉庭等奏修濬江浙水道請專派大員一摺江南省蘇州松江常州三府太倉一州與浙江省杭州嘉興湖州三府均係水鄉近来各處河道多有墊淤海口未能暢達兼以塘閘損廢偶遇異漲時有泛溢經該督等會同勘明水道形勢彊域雖分兩省源委實共一流自應專任大員綜攬全局以期一律周妥著照所請即派江蘇臬司林則徐綜辦浙江水利無庸開缺如遇秋冬常川在工著將臬司印務暫行委員署理停工時仍令回任其工次移行文牘准其借用蘇松太道印工停給還至該司履勘督辦在在均需費用且往来兩省為

上諭　著江蘇按察使林則徐綜辦江浙水利無庸開缺
道光四年八月初二日

時較久除支食半廣外仍著孫玉庭等酌給公費
以資辦理其大小委員及隨帶書役應給薪水等
項俱准其在經費內撙節支發毋稍浮濫俟該司
統勘明確分段核估後著該督等議定章程由各
本省動款分別給辦欽此

護理江蘇巡撫誠端奏摺

江蘇按察使林則徐丁憂開缺請旨簡放

護理江蘇巡撫誠端奏摺　江蘇按察使林則徐丁憂開缺請旨簡放
道光四年八月初三日

護理江蘇巡撫署江蘇布政使臣誠端跪
奏為臬司丁憂開缺恭摺具
奏請
旨簡放以重職守事竊查江蘇臬司林則徐先經督
臣孫玉庭會同前撫臣韓文綺浙江撫臣帥承
瀛以該司熟悉江浙兩省地方情形
奏委綜辦江浙水利正在起程前赴各處勘估間
茲於道光四年八月初三日臣接到福建撫臣
孫爾準咨文臬司林則徐之親母陳氏於閏七
月十七日在籍病故該司係親生長子例應丁
憂等情臣當即轉行該司知照丁憂守制查江
蘇臬司一缺獄訟繁多攸關緊要相應請

旨簡放以資治理所有臬司篆務前經
奏委常鎮道王賡言署理惟江浙兩省水利應須
另行委員接辦現在正屆勘估緊要之時業已
稟請督臣孫玉庭會同浙江撫臣帥承瀛迅速
遴員委辦具
奏請
旨遵行所有江蘇臬司丁憂開缺緣由謹會同大學
士兩江總督臣孫玉庭合詞具
奏伏乞
皇上聖鑒謹
奏
另有旨

護理江蘇巡撫誠端奏摺 江蘇按察使林則徐丁憂開缺請旨簡放
道光四年八月初三日

道光四年八月 初三 日

上諭　林則徐丁憂著孫玉庭等保舉人員接辦江浙水利

軍機大臣　字寄
大學士兩江總督孫　江蘇巡撫張　浙江巡
撫帥　道光四年八月二十日奉
上諭江蘇臬司林則徐現在丁憂所有江浙兩省水
利正屆勘估緊要之時必須另行委員接辦着孫
玉庭張師誠帥承瀛於江浙兩省人員内會同迅
速保舉一員具奏飭委辦理以專責成將此各諭
令知之欽此遵
旨寄信前來

上諭 林則徐丁憂所遺員缺著葉紹本等補授

道光四年八月二十日内閣奉
上諭林則徐現在丁憂江蘇按察使著葉紹本補授
所遺兩淮鹽運使員缺著楊本昌補授欽此

兩江總督魏元煜等奏摺　**南河要工並舉請調林則徐等以供差委**

兩江總督魏元煜等奏摺　南河要工並舉請調林則徐等以供差委
道光五年正月初二日

臣魏元煜、臣嚴烺跪
奏為要工並舉監催乏員謹會同遴選請
旨飭調事竊照南河濟運衛民緊急要工業經臣等
會同
欽差尚書臣文孚等妥為籌議另摺具
奏查重運不日經臨運口及禦黃壩内外疏築各
工必須速竣以資濟送而修復堰盱湖隄長至
一萬一千餘丈既應迅速以禦汛漲尤必堅實
以期垂久所有承辦各員雖經飭道慎重遴派
但工段既多人員較衆必得公正大員專任總
催其驗料查工必須諳練勤幹之員分投監視
方免草率延誤臣等會同籌商本省河工地方

各員非派辦要工即現居要缺一時實難其選
惟查有原任江蘇臬司林則徐公正廉明實心
任事原任河北道鄒錫淳練達有為結實可靠
該二員舊係河工出色道員屬吏無不畏服督
催可期得力雖林則徐現在丁艱回閩未便奪
情而督工之與居官究屬有間鄒錫淳現回本
籍鎮江先經直隸督臣以辦理水利奏調差委
現在南河工程較直省尤為緊急合無仰懇
天恩准令飭調來工俾臣等得資勷助實於要工有
裨又原任徐州府丁憂知府俞穎達才識兼優
辦事老練現任浙江玉環同知王鳳生精細安
詳實心任事於工程水利皆能認真講求臣魏

元煜知之最深原任蘇州府總捕同知候補直
隷州知州倉斯升明白工程人亦勤幹向在南
河著有勞績現任東河下北河同知鄭炳文熟
諳工程任勞任怨原任淮安府外南丁憂同知
王貽象久任南河老成歷練向年於禦黃壩啟
閉機宜籌催重運尤為熟悉臣嚴烺素所稔知
以上五員堪以分任監催又原任安徽宣城縣
知縣楊德墳揀發東河知縣借補陽封縣丞張
泰青為人端謹辦事精詳現在工程錢糧可以
責成稽核並懇
聖慈准臣等檄調來工內鄒錫淳楊德墳二員籍隷
江蘇工竣另容核辦其現任同知王鳳生鄭炳

文知縣借補縣丞張泰青及服闋例應赴選直
隸州知州倉斯升四員應請留於南河差委補
用丁艱之林則徐俞穎達王貽象三員工竣仍
令回籍終制臣等為慎重要工起見謹合詞恭
摺具
奏伏乞
皇上聖鑒訓示謹
奏

另有旨

兩江總督魏元煜等奏摺　南河要工並舉請調林則徐等以供差委
道光五年正月初二日

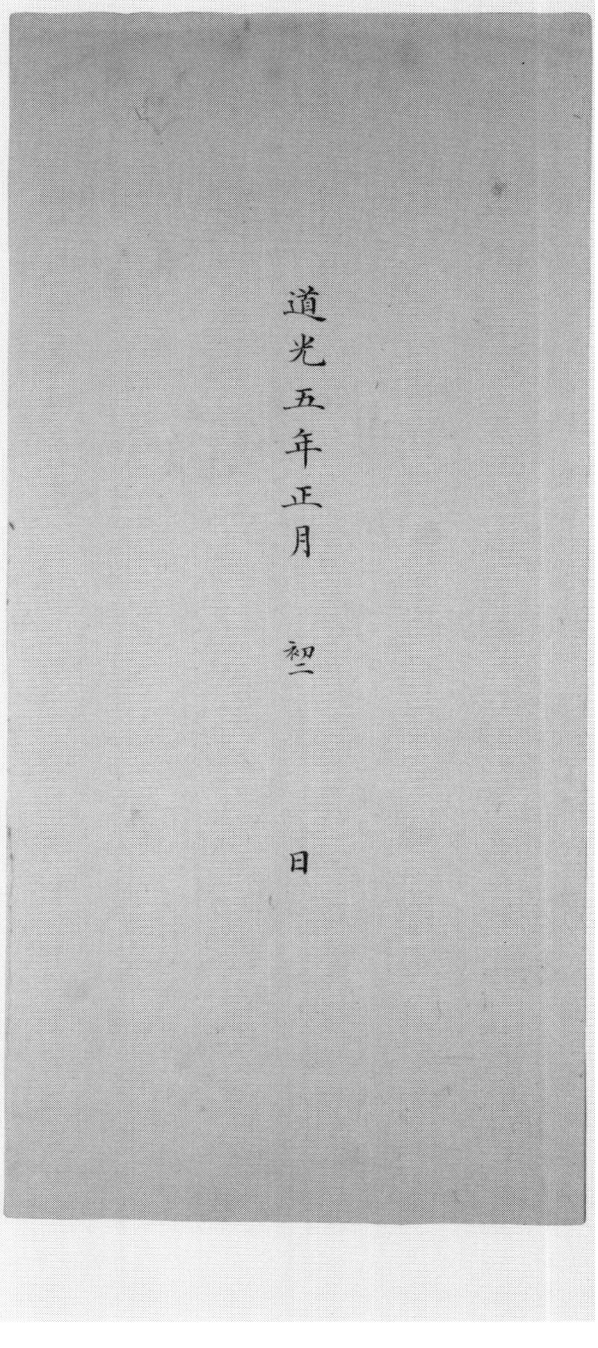
道光五年正月　初二　日

上諭 著丁憂回籍之林則徐等員速赴南河差委

道光五年正月十二日內閣奉
上諭魏元煜等奏要工並舉請飭調監催各員一摺
南河運口及禦黃壩內外疏築各工並修復堰盱
湖隄工段既多必得公正大員及諳練勤幹各員
分投監催以期妥速蔵事著照所請原任江蘇按
察使丁憂回籍之林則徐降調河北道現賞同知
銜發往直隸差遣之鄒錫淳俱著准其飭調來工
專任督催原任徐州府丁憂知府俞穎達現任浙
江玉環同知王鳳生原任蘇州府總捕同知候補
直隸州知州倉斯升現任東河下北河同知鄭炳
文原任淮安府外南丁憂同知王貽象俱著准其
檄調來工分任監催原任安徽宣城縣知縣楊德

埍捒發東河知縣借補陽封縣丞張泰青俱著准
其調工稽核工程錢糧該督等即檄催各該員等
迅速赴工認真妥爲經理除籍隸江蘇之鄒錫淳
楊德埍工竣再行具奏外現任同知王鳳生鄭炳
文知縣借補縣丞張泰青及服闋例應赴選直隸
州知州倉斯升均著留於南河差委補用其林則
徐俞頫達王貽象三員工竣仍著回籍終制該部
知道欽此

兩江總督魏元煜等奏片 擬令林則徐等專住堰盱督催石工

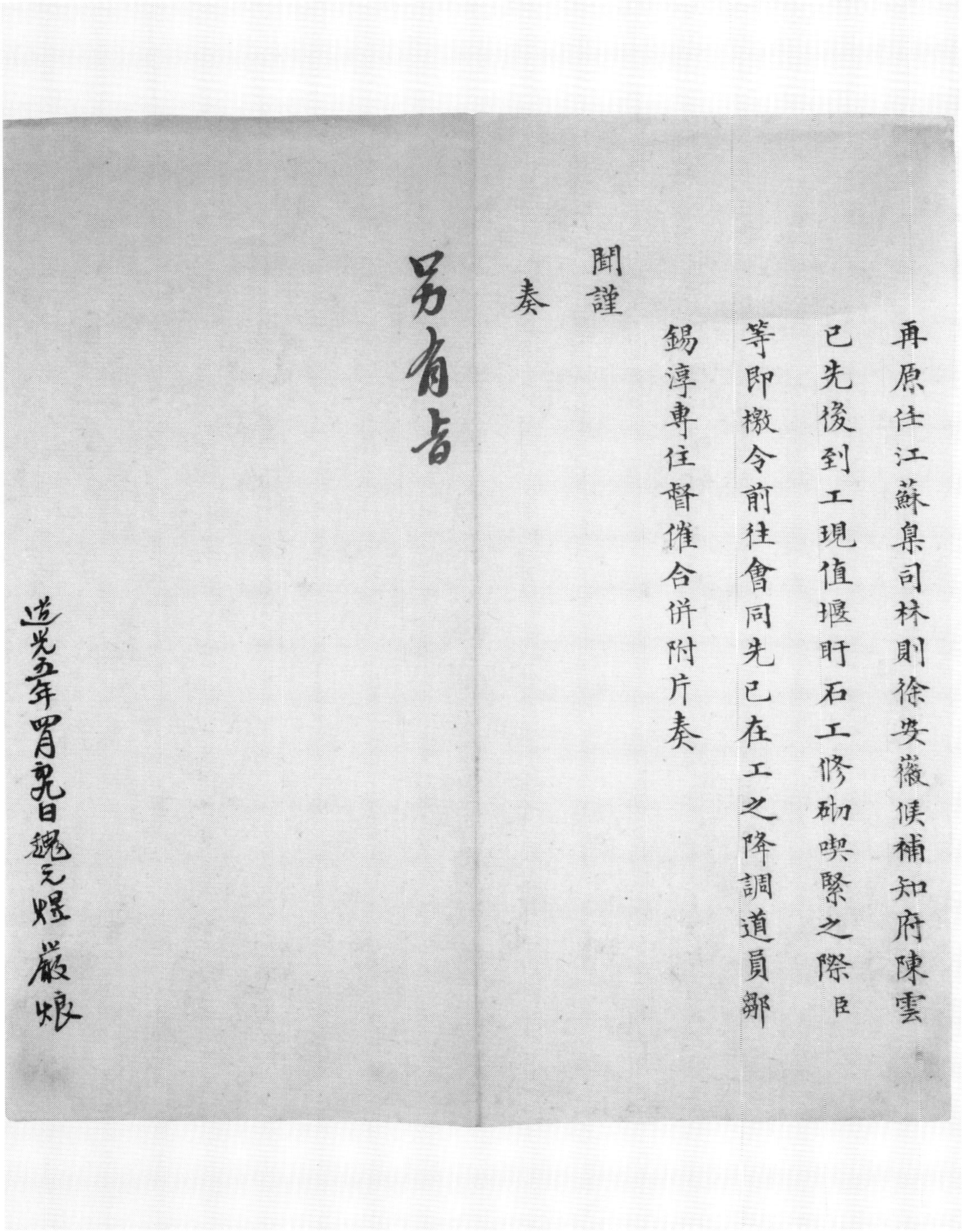
再原任江蘇臬司林則徐安徽候補知府陳雲
已先後到工現值堰盱石工修砌喫緊之際臣
等即檄令前往會同先已在工之降調道員鄒
錫淳專住督催合併附片奏
聞謹
奏
另有旨
道光五年四月初九日魏元煜 嚴烺

兩江總督魏元煜等奏片 擬令林則徐等專住堰盱督催石工
道光五年四月初九日

上諭　著責成林則徐等分段督修堰盱工程

道光五年四月十五日内閣奉

上諭魏元煜等奏修砌堰盱石工派員專任督催等語高堰山盱二廳湖隄石工及石後補築隄堰土工爲收蓄湖水抵禦盛漲最要工段據該督等稱採辦磚石各料漸可到工夏至汛水未漲以前砌足十層之外再趕砌一二層更資高穩所辦甚是現在檄調来工之原任江蘇臬司林則徐等均已先後到工著即責成林則徐陳雲鄒錫淳三員分段督修認真辦理務於大汛以前如式完竣俾修砌益臻鞏固工程獲保無虞以資捍禦而衛民生

欽此

兩江總督琦善奏片

堰盱工竣請暫令林則徐等前赴上海督辦海運

再海運一事並無成例可循所有雇覓商船及裝運兌交各事宜皆屬創始頭緒繁多措置或有未周即為叢弊之藪非得公正明幹大員督同地方官預為計畫妥定規條必致臨時掣肘貽誤江省海船俱在上海收泊現任上海縣知縣武念祖才識疏庸於辦理海運不甚相宜業經奴才劄飭藩司將該員撤回另行揀員接署至於督辦之大員查藩司有本任應辦事件不能常川駐彼前任蘇松太道龔麗正已奉

旨送部引

見新任道員潘恭常尚未到省並恐其甫膺外任情形未能熟悉一時頗難其選且江省官吏中材

兩江總督琦善奏片　堰盱工竣請暫令林則徐等前赴上海督辦海運
道光五年六月二十二日

居多又係疲散成風罔知振作遇有工作輒思
負恩誤國
可恨之至
情求倖進而於公事則茫然無措吏治之壞似
較奴才初到山東時為尤甚海運事關重大必期
經理得人奴才察看通工人員惟有前任江蘇臬
所見不差
司林則徐降調河南河北道鄒錫淳二員經前
督臣魏元煜等
奏准調赴南河督催堰盱石工奴才到任後接見數
次林則徐細密精詳鄒錫淳極任勞怨以之籌
辦海運事宜可期妥協得力刻下堰盱石工已
砌至七分以上計在八月中旬總當完竣可否
仰懇
天恩於石工估竣時暫令該二員前赴上海督同該

兩江總督琦善奏片 堰盱工竣請暫令林則徐等前赴上海督辦海運
道光五年六月二十二日

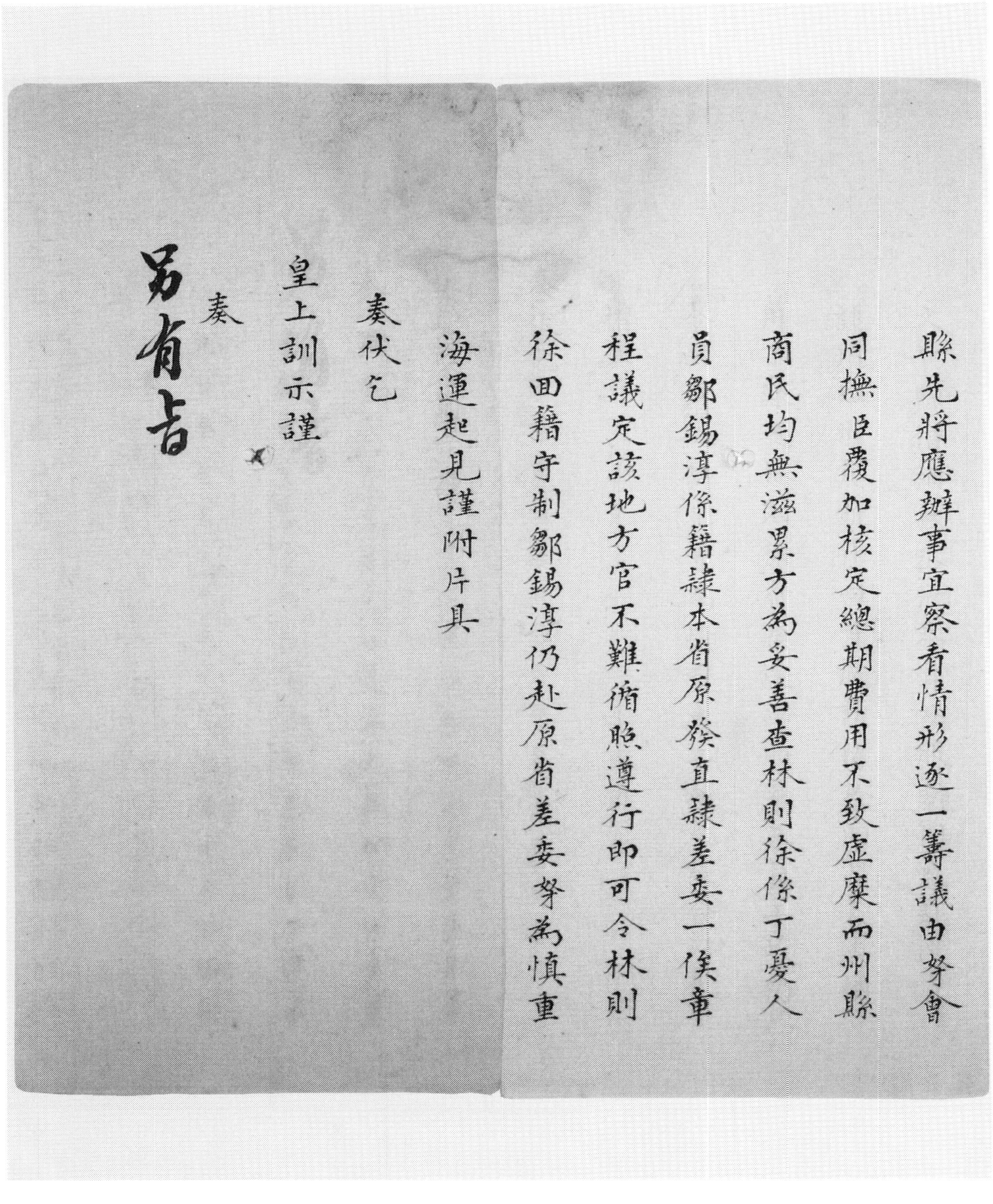
縣先將應辦事宜察看情形逐一籌議由奴才會
同撫臣覆加核定總期費用不致虛糜而州縣
商民均無滋累方為妥善查林則徐係丁憂人
員鄒錫淳係籍隸本省原發直隸差委一俟章
程議定該地方官不難循照遵行即可令林則
徐回籍守制鄒錫淳仍赴原省差委奴才為慎重
海運起見謹附片具
奏伏乞
皇上訓示謹
奏
另有旨

上諭 堰盱工竣著林則徐等前赴上海籌辦海運

道光五年六月二十八日内閣奉

上諭琦善奏請派林則徐等赴上海籌議應辦事宜等語現在堰盱石工已砌至七分以上林則徐鄒錫淳著於石工届竣時前赴上海督同該縣將應辦事宜逐一籌議該督撫等查明覈定具奏章程既定飭交該地方官循照妥辦林則徐即飭令回籍守制鄒錫淳著仍赴直隸差委欽此

兩江總督琦善奏片

林則徐患病難以趨公請令回籍守制調理

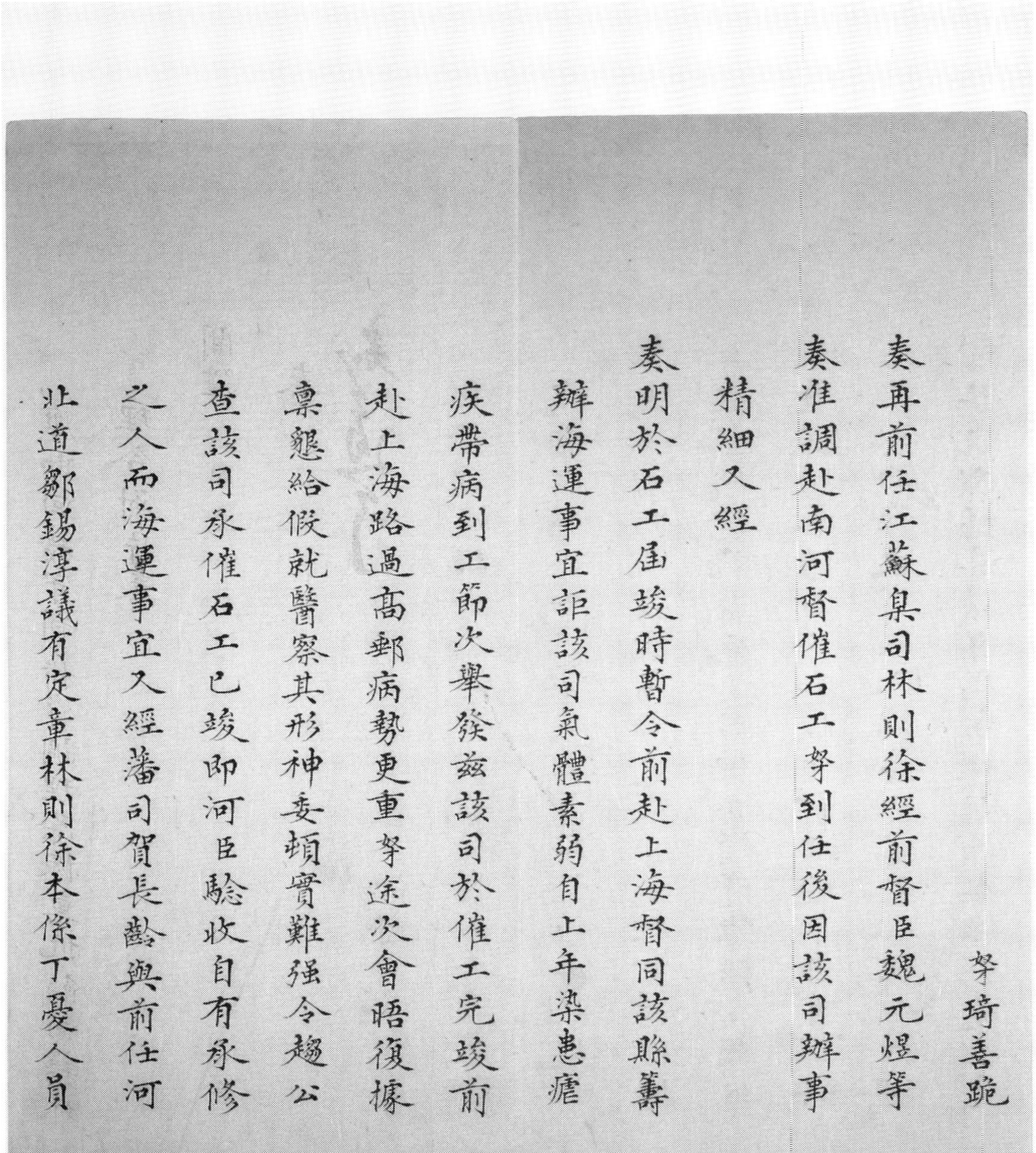
奴才琦善跪

奏再前任江蘇臬司林則徐經前督臣魏元煜等

奏准調赴南河督催石工奴才到任後因該司辦事

精細又經

奏明於石工届竣時暫令前赴上海督同該縣籌

辦海運事宜詎該司氣體素弱自上年染患瘧

疾帶病到工節次舉發茲該司於催工完竣前

赴上海路過高郵病勢更重奴才途次會晤復據

稟懇給假就醫察其形神委頓實難強令趨公

查該司承催石工已竣即河臣驗收自有承修

之人而海運事宜又經藩司賀長齡與前任河

北道鄒錫淳議有定章林則徐本係丁憂人員

應即回籍守制籍資調理除據稟批飭回籍外
理合附片奏
聞謹
奏
知道了

奏片　應否照林則徐等例特旨簡放淮揚淮海道請旨

臣等查淮揚淮海道俱係衝繁難管河要缺，例
應在外題補。近年沈學康、林則徐、梁章鉅、羅琦
俱係奉
特旨簡放。現在潘錫恩升任副總河，所遺淮揚道一
缺，應否照例由該督等在外題補，恭候
欽定。謹
奏。

三月二十九日

上諭　著林則徐以三品卿銜署理兩淮鹽政

道光六年四月十九日內閣奉

上諭現屆兩淮鹽政更換之期著林則徐以三品卿銜署理兩淮鹽政曾燠俟林則徐到任交代後再行來京欽此

兩淮鹽政曾燠奏摺　**遵旨俟新任兩淮鹽政林則徐到任交代後進京謝恩**

奏

兩淮鹽政曾燠奏摺 遵旨俟新任兩淮鹽政林則徐到任交代後進京謝恩

道光六年五月初六日

兩淮鹽政臣曾燠跪
奏為欽奉
諭旨恭摺叩謝
天恩仰祈
聖鑒事竊臣接准吏部劄開道光六年四月十九日
奉
上諭現届兩淮鹽政更換之期着林則徐以三品卿
銜署理兩淮鹽政曾燠俟林則徐到任交代後再
行來京欽此欽遵劄行前來臣當即恭設香案望
闕叩頭謝
恩伏念臣一介庸愚仰蒙
特簡兩淮鹽政復邀留任三年任重才踈氷淵是凛

一切仰賴
聖明指示疊沛
恩膏得使庫貯清釐科則勻減商運漸臻踴躍惟因
積疲之後未能全復舊規循省滋慚而計自
陛辭至今已閱四載屆茲報滿之際益切戀
主之心欽奉
恩命還京欣感莫能名狀查新任鹽臣林則徐原籍
閩省計程到揚尚需時日臣照常實力辦事率
同鹽運使上緊督運催徵萬不敢存卸肩之見
稍任延悞除遵奉
諭旨俟林則徐到任交代後起程進京祗聆
聖訓外所有欣感下忱理合恭摺具

奏叩謝
天恩伏乞
皇上聖鑒謹
奏
覽

道光六年五月　　契　　日

閩浙總督孫爾準奏摺　**代奏林則徐病瘧未痊兩淮鹽政請另賜簡放**

閩浙總督孫爾準奏摺 代奏林則徐病瘧未痊兩淮鹽政請另賜簡放

道光六年五月十一日

閩浙總督兼署福建巡撫臣孫爾準跪

奏為懇

恩簡放之兩淮鹽政在籍患病未痊籲懇據情代

奏仰祈

聖鑒事竊臣承准吏部咨道光六年四月十九日奉

上諭現屆兩淮鹽政更換之期著林則徐以三品卿

銜署理兩淮鹽政曾燠俟林則徐到任交代後再

行來京欽此當經移行欽遵并催迅速起程去後

隨據呈稱則徐仰蒙

皇上豢養生成由編修用至江蘇臬司涓埃未効因

丁母憂回籍守制適南河要工並舉奉

旨派令催工遵即馳赴工次督催事竣染患瘧疾

閩浙總督孫爾準奏摺　代奏林則徐病瘧未痊兩淮鹽政請另賜簡放
道光六年五月十一日

兩江督臣琦善奏蒙
恩准回籍調理迄今數月未能即痊兼緣昨冬辦理
葬事住宿墳山以致積受風寒交春加劇精神
倍形委頓茲承
恩命以三品卿銜署兩淮鹽政自顧何人得蒙格外
鴻施畀茲重任且於未經起復之際
特沛恩綸尤為夢想所不到雖捐摩頂踵無以仰答
高深理應即日起身趨詣
闕廷叩謝
天恩跪求
聖訓乃因病瘧日久寒熱往來身體軟弱不能振作
據醫生云係屬陰瘧非旦夕所能醫痊伏念

閩浙總督孫爾準奏摺 代奏林則徐病瘧未痊兩淮鹽政請另賜簡放
道光六年五月十一日

聖恩逾格何敢以犬馬之疾稍事因循惟是鹽政責
任重大現居更換之期若延緩誤公益滋咎戾
再四思維不得不據實具呈伏乞據情代
奏籲懇
皇上天恩將兩淮鹽政另
賜簡放以重職守俾得趕緊醫治稍見痊可即趲程
進京泥首
宮門求
賞差使以冀勉竭駑駘仰酬
栟載鴻慈於萬一等情臣隨親詣其家看視據稱
聖恩高厚實非意料所及感激涕零急欲欽遵就道
而患瘧日久氣力不任莫名悚惕臣察看林則

徐甫逾强仕正在壯年唯因久病未痊體羸氣
弱未能即日起程洵係實在情形所有兩淮鹽
政一缺應否另
賜簡放以重職守之處伏候
聖裁臣仍諄囑其加意趕緊醫痊俟一有起色即行
進京叩謝
天恩理合恭摺據情代
奏伏乞
皇上聖鑒訓示謹
奏
另有旨

閩浙總督孫爾準奏摺　代奏林則徐病瘧未痊兩淮鹽政請另賜簡放
道光六年五月十一日

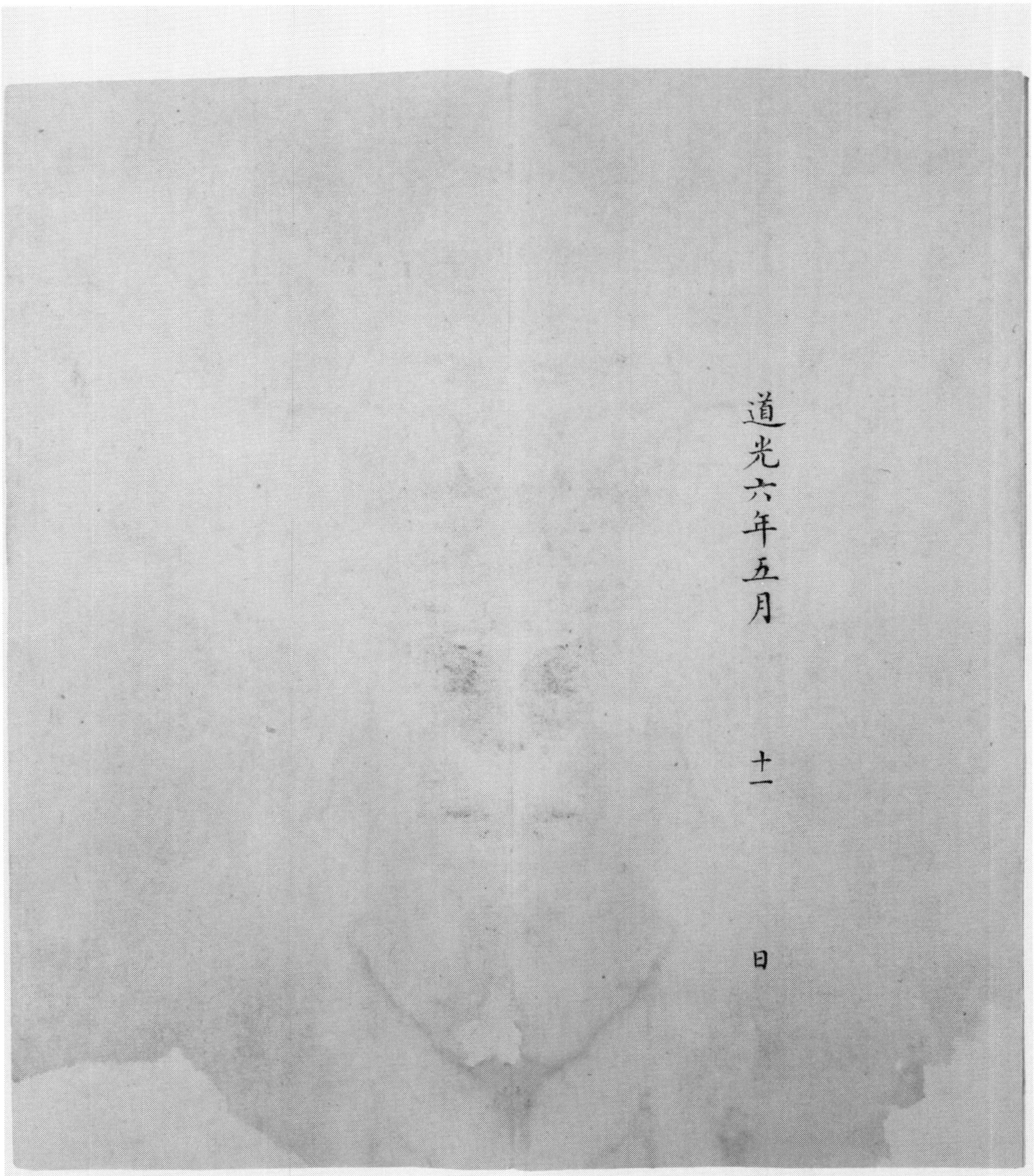
道光六年五月　十一　日

上諭　林則徐患病未痊著張青選補授兩淮鹽政

道光六年六月十八日内閣奉

上諭孫爾準奏新授兩淮鹽政在籍患病據情代奏

一摺林則徐現在患病未痊著張青選以三品卿

銜補授兩淮鹽政翟錦觀著補授福建按察使所

遺廣東鹽運使員缺著耿維祜補授欽此

上諭 著林則徐補授陝西按察使署理布政使事務

道光七年五月初一日内閣奉
上諭顏伯燾著補授甘肅布政使林則徐著補授陝西按察使署理布政使事務顏伯燾俟林則徐到任後即赴新任無庸來京請訓欽此

陝西按察使林則徐奏摺　**奉旨補授陝西按察使謝恩**

陝西按察使林則徐奏摺 奉旨補授陝西按察使謝恩
道光七年五月初二日

新授陝西按察使署理布政使臣林則徐跪
奏為恭謝
天恩事本月初一日内閣奉
上諭林則徐著補授陝西按察使署理布政使事務
欽此竊臣閩南下士知識庸愚由編修御史洊
歷道員仰荷
天恩擢授江蘇按察使旋署布政使丁母憂回籍道光
五年因南河要工並舉奉
旨派令赴工督催嗣因督工事竣染患瘫疾經兩江督
臣琦善奏准回籍調理上年復蒙
寵命以三品卿銜署理兩淮鹽政因病瘫未痊呈請閩
浙督臣孫爾準奏蒙

恩准將兩淮鹽政另
賜簡放本年甫經痊愈薫值服闋屆期當即儆裝馳詣
闕廷荷蒙
召見仰承
垂詢周詳無微不至臣自顧何人歷膺重任且於未
經起復之際疊被
鴻施尤為夢想所不到撫躬循省無以仰答
高深迺復
特沛温綸補授陝西按察使署理布政使事務聞
命之下尤切悚惶伏念陝西政務殷繁察吏安民在
在均關緊要材輇任鉅彌凜冰淵惟有籲求
訓誨敬謹遵循於一切公事矢慎矢勤財賦則實力

鈎稽獄訟必虚心研鞫以期稍酬
高厚鴻慈於萬一所有微臣感激下忱謹繕摺叩謝
天恩伏祈
皇上聖鑒謹
奏

道光七年五月初二日

上諭　著林則徐等各補授江寧布政使等員缺

道光七年五月二十四日内閣奉

上諭山西布政使員缺著張志緒調補來京請訓再赴新任林則徐著補授江寧布政使方載豫著補授陝西按察使林則徐俟方載豫到任後來京請訓再赴新任林則徐未到任以前江寧布政使印務著該督撫派員暫行署理欽此

護理陝西巡撫徐炘奏片　**擬令署布政使林則徐往勘略陽縣城坍塌被災情形**

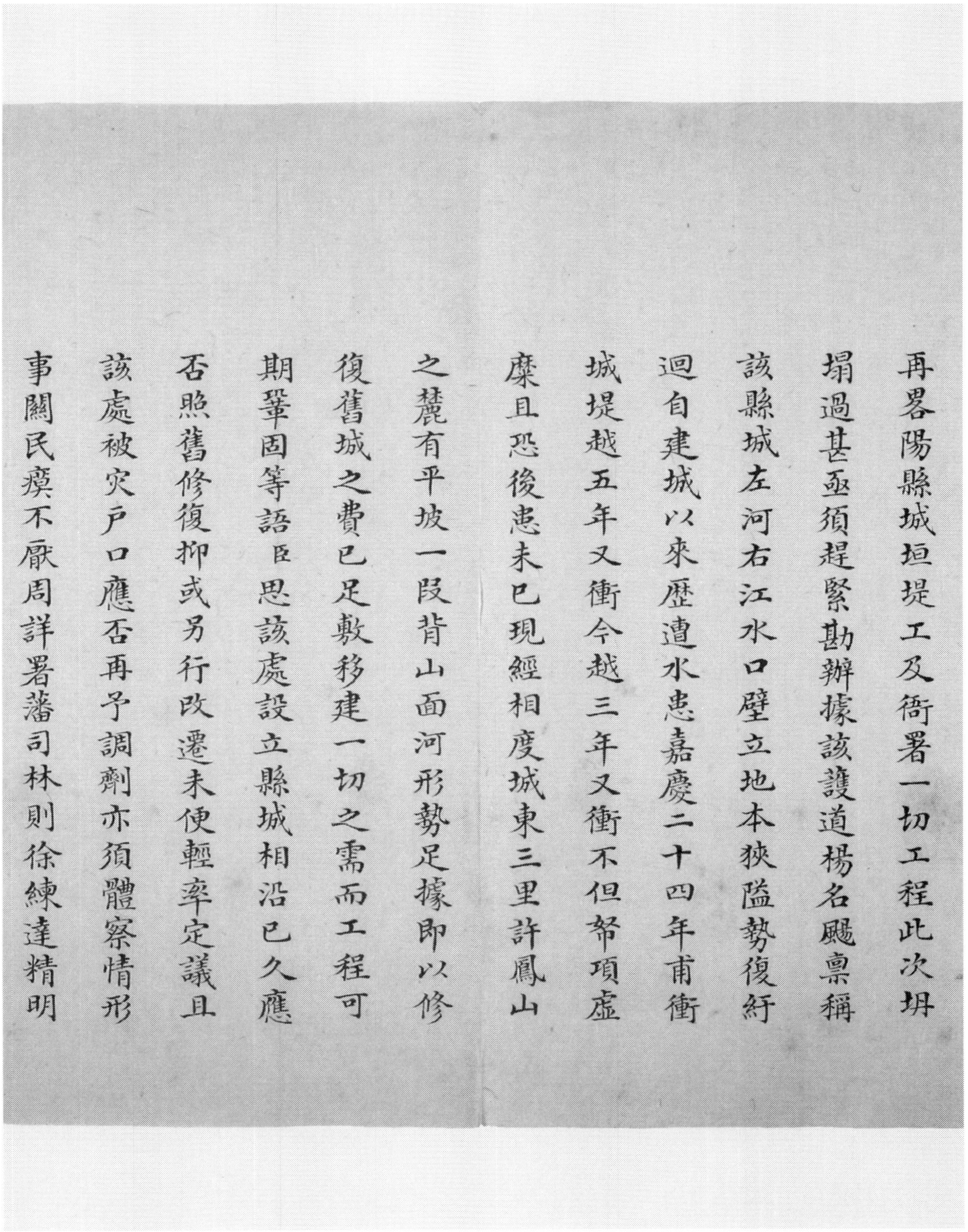

再畧陽縣城垣堤工及衙署一切工程此次坍
塌過甚亟須趕緊勘辦據該護道楊名颺稟稱
該縣城左河右江水口壁立地本狹隘勢復紆
迴自建城以來歷遭水患嘉慶二十四年甫衝
城堤越五年又衝今越三年又衝不但帑項虛
糜且恐後患未已現經相度城東三里許鳳山
之麓有平坡一段背山面河形勢足據即以修
復舊城之費已足敷移建一切之需而工程可
期鞏固等語臣思該處設立縣城相沿已久應
否照舊修復抑或另行改遷未便輕率定議且
該處被灾戶口應否再予調劑亦須體察情形
事關民瘼不厭周詳署藩司林則徐練達精明

盡心公事現在臬司方載豫尚未據報自托克
遜啓程來陝林則徐交卸尚需時日臣商令該
藩司親往周歷確勘再行定議具
奏以昭慎重而期妥善理合附片奏
聞謹
奏

另有旨

上諭 著林則徐查勘略陽縣城應否移建災户應否調劑

道光七年八月初四日内閣奉

上諭徐炘奏查明略陽縣被水情形現辦撫恤一摺陝西略陽縣因雨後江河水漲淹及城垣衙署並居民廬舍經該護撫委員携帶司庫銀兩隨同該護道詳查撫恤現已查明城内關廂並沿江一帶之白水江等十二村實在乏食貧民一千五百五十五户照例給予撫恤一月折色口粮及淹損人口衝坍房間例給修掩等費共需銀三千七百三十餘兩業經該護道督同委員妥為散放其該縣西南鄉續報被水處所亦已就近勘辦應如何撫恤着一併妥速散放覈實報銷又據另片奏略陽縣城左河右江水口壁立頻遭水患據該護道楊

名飏稟請移建已委署藩司林則徐親往確勘著
即飭該署藩司查明是否應行移建詳勘定議並
將該縣被災地方户口應否再予調劑之處體察
情形奏明辦理該部知道欽此

署理陝甘總督鄂山奏片　**已委署布政使林則徐往勘籌辦略陽縣被水災情**

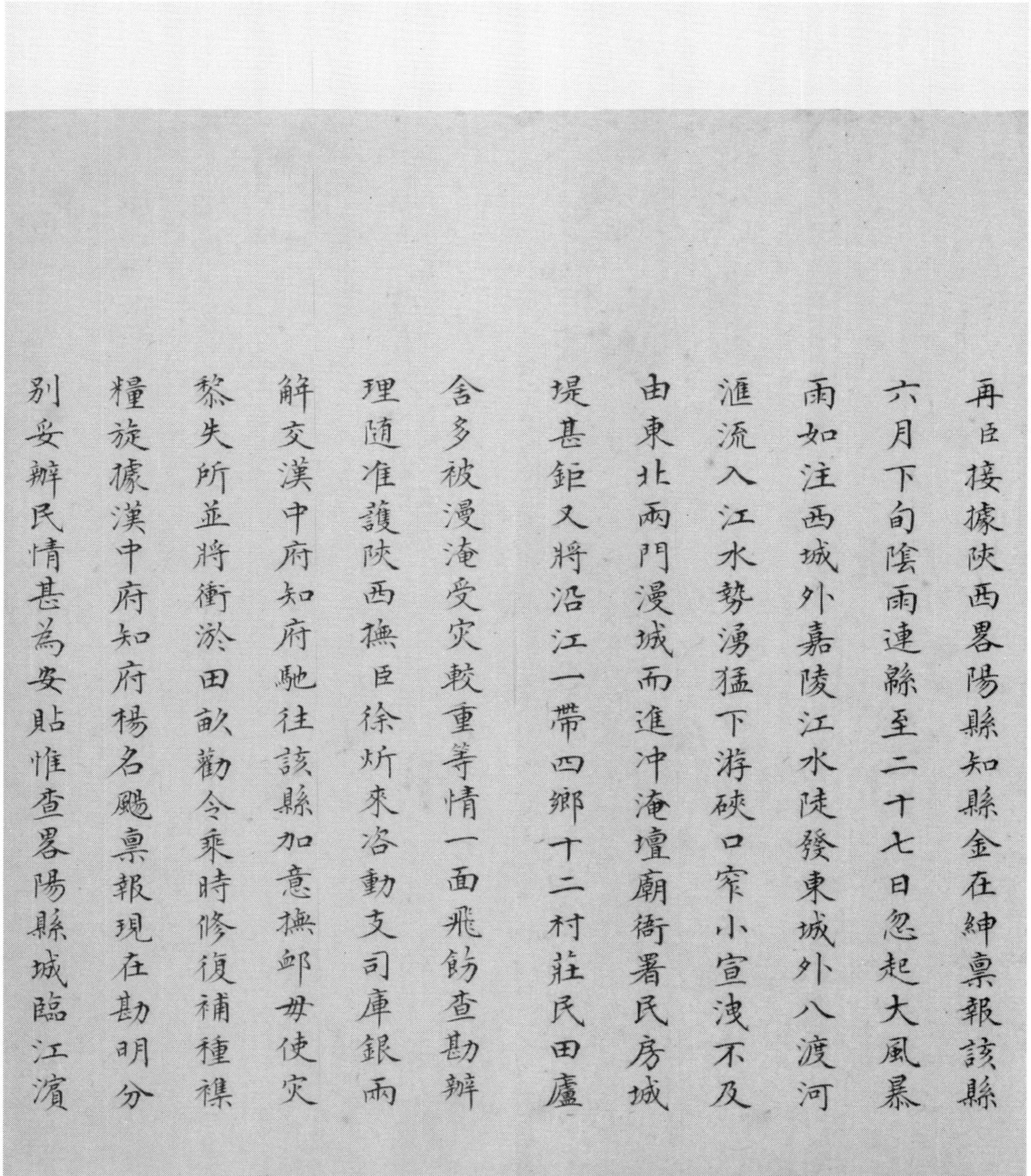
再臣接據陝西畧陽縣知縣金在紳稟報該縣
六月下旬陰雨連緜至二十七日忽起大風暴
雨如注西城外嘉陵江水陡發東城外八渡河
滙流入江水勢湧猛下游硤口窄小宣洩不及
由東北兩門漫城而進冲淹壇廟衙署民房城
堤甚鉅又將沿江一帶四鄉十二村莊民田廬
舍多被漫淹受災較重等情一面飛飭查勘辦
理隨准護陝西撫臣徐炘來咨動支司庫銀兩
解交漢中府知府馳往該縣加意撫卹毋使災
黎失所並將衝淤田畝勸令乘時修復補種襍
糧旋據漢中府知府楊名颺稟報現在勘明分
别妥辦民情甚為安貼惟查畧陽縣城臨江濱

河地勢低窪歷年俱有水患現經徐炘飭委署
藩司林則徐前往履勘審度形勢妥為籌辦其
甘省與畧陽連界地方並無被淹之處堪慰
聖懷理合附片奏
聞謹
奏

知道了

署理浙江巡撫劉彬士奏摺　**奏報江寧布政使林則徐親父在衢州病故**

署理浙江巡撫劉彬士奏摺 奏報江寧布政使林則徐親父在衢州病故

道光七年十月初五日

署浙江巡撫臣劉彬士跪

奏為江寧藩司親父在途病故恭摺奏

聞事竊據衢州府屬西安縣知縣戴蓀瑩稟報本年

九月二十七日據江寧藩司林則徐家屬梁貴

稟稱家主奉

旨補授江寧布政使老家主林賓日係家主親父現

因迎養赴任由原籍福建侯官縣起程途次患

病於九月二十七日在衢州府城寓所病故稟

請轉報等情據此查林則徐現在陝西除照例

移咨並咨會兩江督臣閩浙督臣知照外所有

該藩司林則徐丁憂緣由理合恭摺由驛馳

奏伏乞

署理浙江巡撫劉彬士奏摺　奏報江寧布政使林則徐親父在衢州病故
道光七年十月初五日

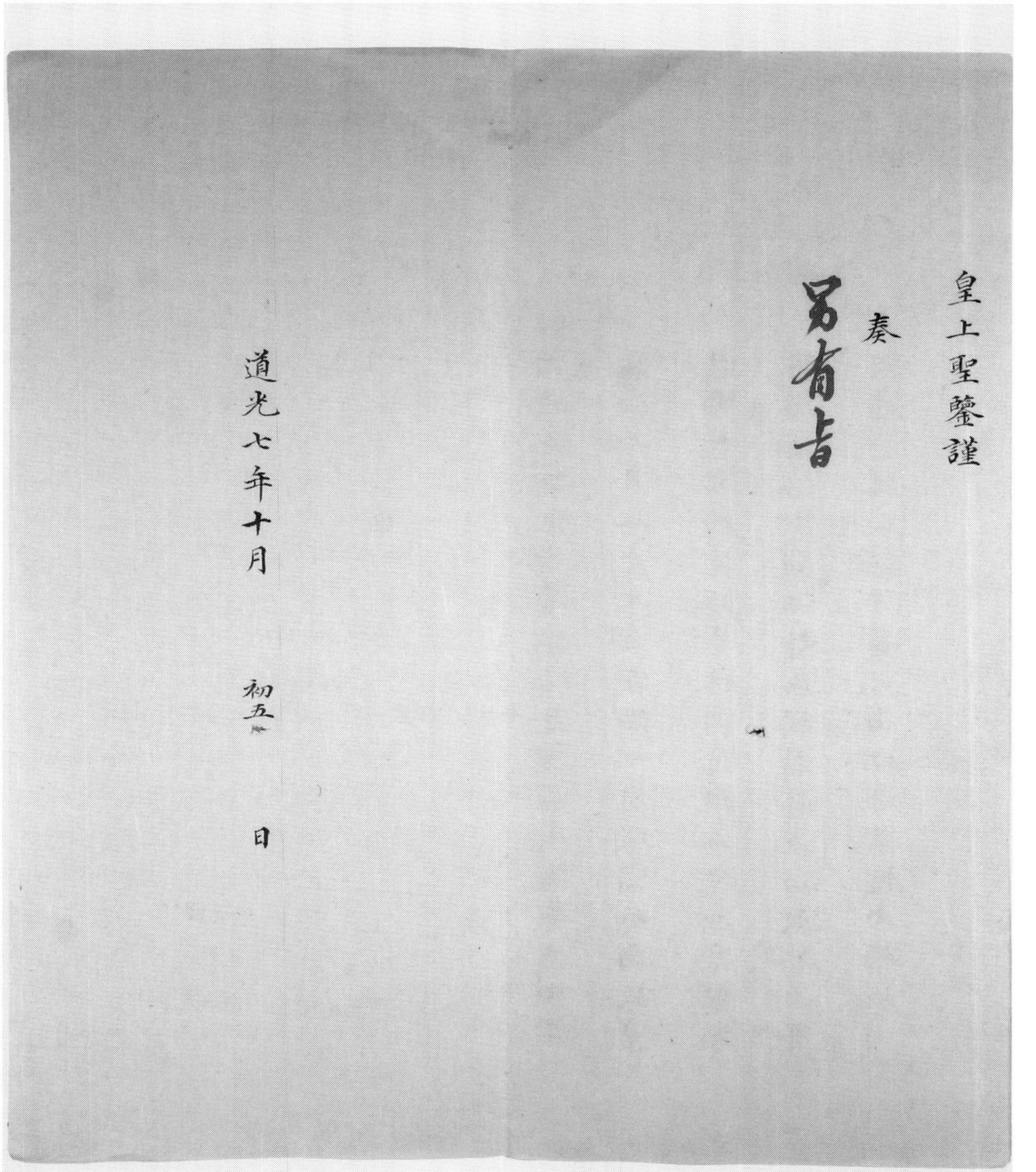
皇上聖鑒謹
奏
另有旨
道光七年十月　初五　日

署理陝甘總督鄂山題本

核銷林則徐奏報延綏鎮各標協營解送馬匹盤費脚價銀兩（蟲蛀）

署理陝甘總督鄂山題本　核銷林則徐奏報延綏鎮各標協營解送馬匹盤費脚價銀兩
道光七年十月二十四日

太子少保署理陝甘總督印務陝西巡撫革職留任臣鄂山謹
題
題爲詳請報銷事該臣查得軍需則例內載內地
派委解送馬匹及一切物件官弁兵役口內部
司日給盤費銀叁錢跟役貳名千總把總外委
等官日給盤費銀貳錢跟役壹名各官跟役日
給盤費銀陸分去以陸拾里爲壹站回以壹百
里爲壹站官員并跟役各給騎羸壹頭每頭每
百里給腳力銀貳錢兵丁不給羸腳每馬叁匹
給牽馬兵夫壹名每名日支盤費銀陸分又押
解官弁兵役盤費并騎羸腳價令在營中公費
項下動支等因歷經照辦在案茲據署陝西布
政使林則徐詳稱准延綏鎮咨據[illegible]標下游擊

署理陝甘總督鄂山題本　核銷林則徐奏報延綏鎮各標協營解送馬匹盤費脚價銀兩

道光七年十月二十四日

高廠鰲呈稱遵將喀什噶爾逆裔滋事標營各
營領貳兩次管解軍營馬匹官兵用過盤費脚
價等項動用公費銀兩造具清冊請轉以便在
於公費銀內開銷等情由鎮移送到司覆查延
綏鎮各標協營頭次解送肅州馬叁百匹管解
官兵往返共用過盤費脚價等銀柒百玖拾兩
伍錢伍分壹釐又貳次解送肅州馬肆百玖拾
柒匹管解官兵往返共用過盤費脚價銀壹千
貳百貳拾兩伍錢叁分伍釐以上通共銀貳千
壹拾壹兩捌分陸釐按冊逐一核算銀數均屬
符合應請俯照所請在於該營存剩公費銀內
動支作正開銷所有送到各冊相應詳齎[illegible]

署理陝甘總督鄂山題本 核銷林則徐奏報延綏鎮各標協營解送馬匹盤費脚價銀兩

道光七年十月二十四日

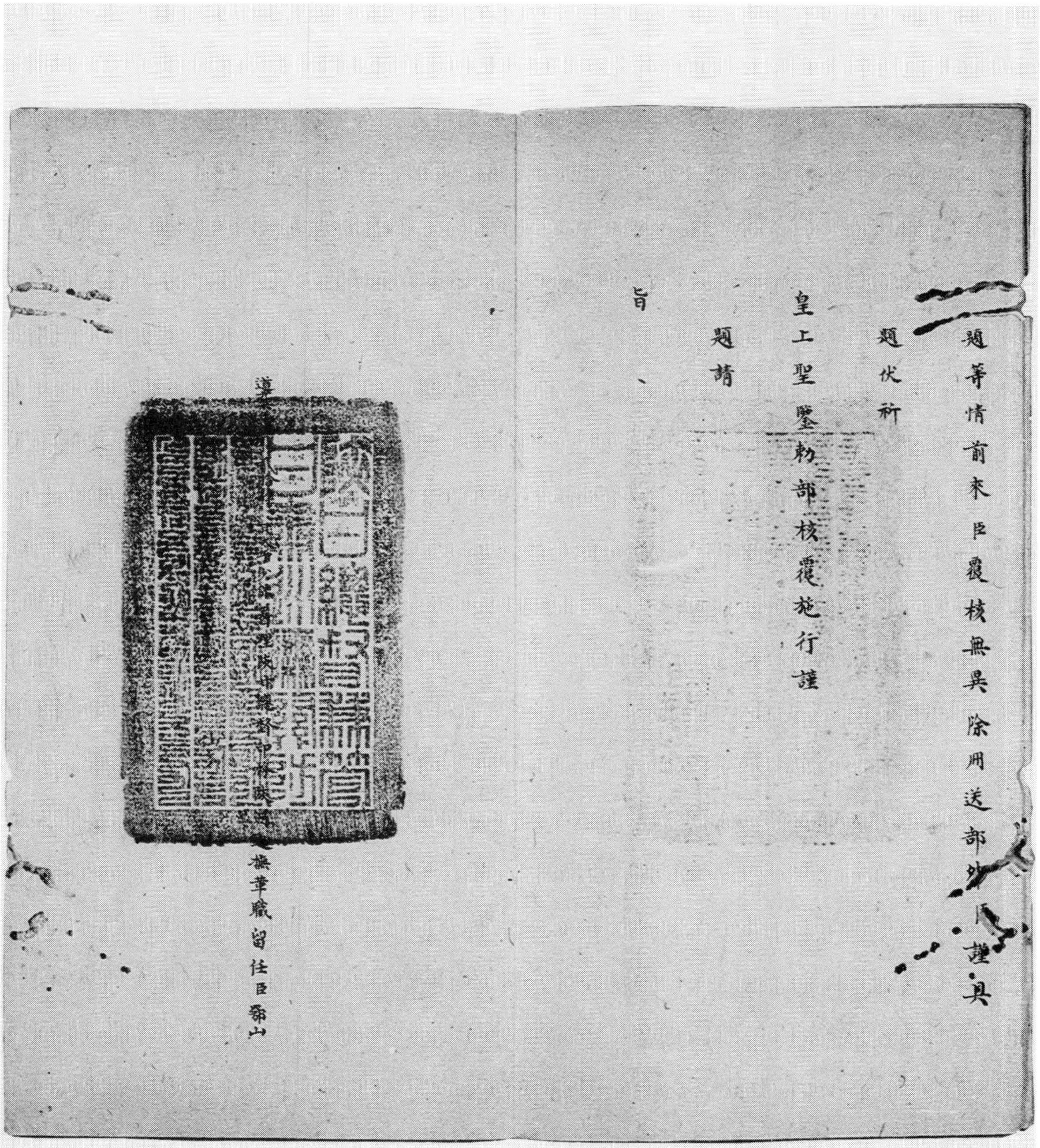
題等情前來臣覆核無異除用送部外臣謹具
題伏祈
皇上聖鑒勅部核覆施行謹
題請
旨

撫華藏留任臣鄂山

署理陝甘總督鄂山題本　核銷林則徐奏報延綏鎮各標協營解送馬匹盤費脚價銀兩

道光七年十月二十四日

太子少保署理陝甘總督印務陝西巡撫革職留任臣鄂山謹

題為詳請報銷事竊臣查得軍需則例內載內地
派委解送馬匹及一切物件官弁兵役盤費并
騎贏脚價令在營中公費項下動支等因歷經
照辦在案茲據署陝西布政使林則徐詳稱覆
查延綏鎮標協各營頭貳兩次解送軍營馬匹
官兵往返用過盤費脚價通共請銷銀貳千壹
拾壹兩零按用逐一核算銀數均屬符合應請
在於該營存剩公費銀內動支作正開銷所有
送到各用相應詳齎核

題等情前來臣覆核無異除用送部外臣謹具

題請

旨

署理陝甘總督鄂山題本 核銷林則徐奏報陝西各提鎮標營道光五年份收支動存公費銀兩（蟲蛀）

署理陝甘總督鄂山題本 核銷林則徐奏報陝西各提鎮標營道光五年份收支動存公費銀兩

道光七年十月二十四日

太子少保署理陝甘總督印務陝西巡撫革職留任臣鄂山謹
題爲詳請報銷事該臣查得前准部咨令將陝西
省嘉慶拾肆年以後各提鎮營收支動存公費
銀兩細數奏銷冊籍按年分晰造冊題報其已
報未結各案亦即逐一據實登覆專案具題造
冊送部銷結以清塵案等因當經轉飭分別造
造去後茲據署陝西布政使林則徐詳准陝西
固原提督移西安延綏陝安漢中肆鎮暨陝西
撫標各營將道光伍年分收支動存公費銀兩
造具總撤細數清冊陸續移送到司查各營道
光伍年分公費奏銷冊造舊管道光肆年拾貳
月底止各提鎮標營公費存剩銀貳萬貳千玖

署理陝甘總督鄂山題本　核銷林則徐奏報陝西各提鎮標營道光五年份收支動存公費銀兩

道光七年十月二十四日

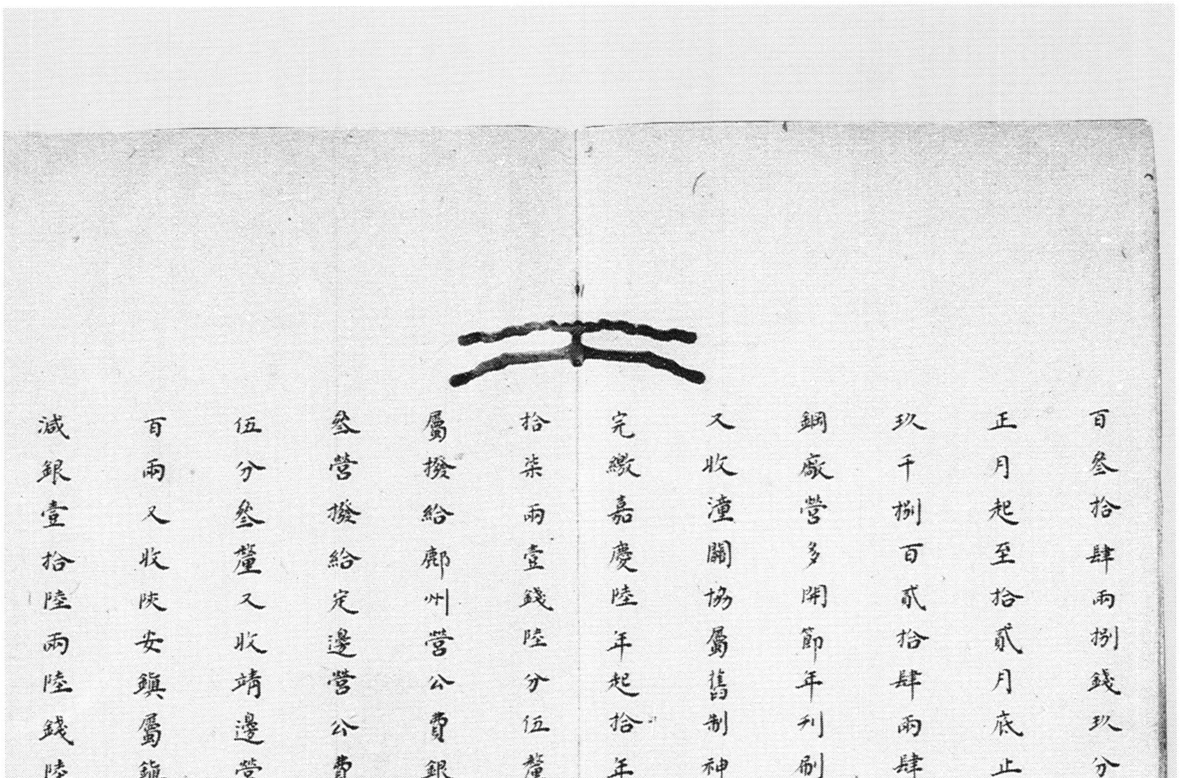
百叁拾肆兩捌錢玖分貳釐零新收道光伍年
正月起至拾貳月底止各營原估公費銀壹萬
玖千捌百貳拾肆兩肆錢叁分柒釐又收舊制
鋼廠營多開節年刊刷條例銀壹兩叁錢伍分
又收潼關協屬舊制神道嶺營遊擊邢治馬績
完繳嘉慶陸年起拾年止承辦鉛藥核減銀壹
拾柒兩壹錢陸分伍釐陸毫又收奉文延綏鎮
屬撥給鄜州營公費銀肆百兩又收延綏鎮標
叁營撥給定邊營公費銀伍百叁拾肆兩壹錢
伍分叁釐又收靖邊營撥給定邊營公費銀肆
百兩又收陝安鎮屬鎮安營建蓋馬棚奉部刪
減銀壹拾陸兩陸錢陸分伍釐以上共收銀貳

萬壹千壹百玖拾叁兩柒錢柒分陸毫開除道光伍年正月起至拾貳月底止各營共動用銀貳萬叁千肆拾壹兩壹錢伍分柒釐叁毫柒忽玖微實在道光伍年拾貳月底止各營公費餘剩銀貳萬壹千捌拾柒兩伍錢伍釐零按用逐一核算銀數均屬相符所有送到報銷清冊照造司總清冊相應一併詳齎核

題等情前來臣覆核無異除各冊送部外臣謹會同護理陝西巡撫臣徐炘合詞具

題伏祈

皇上聖鑒勅部核覆施行謹

題請

署理陝甘總督鄂山題本　核銷林則徐奏報陝西各提鎮標營道光五年份收支動存公費銀兩

道光七年十月二十四日

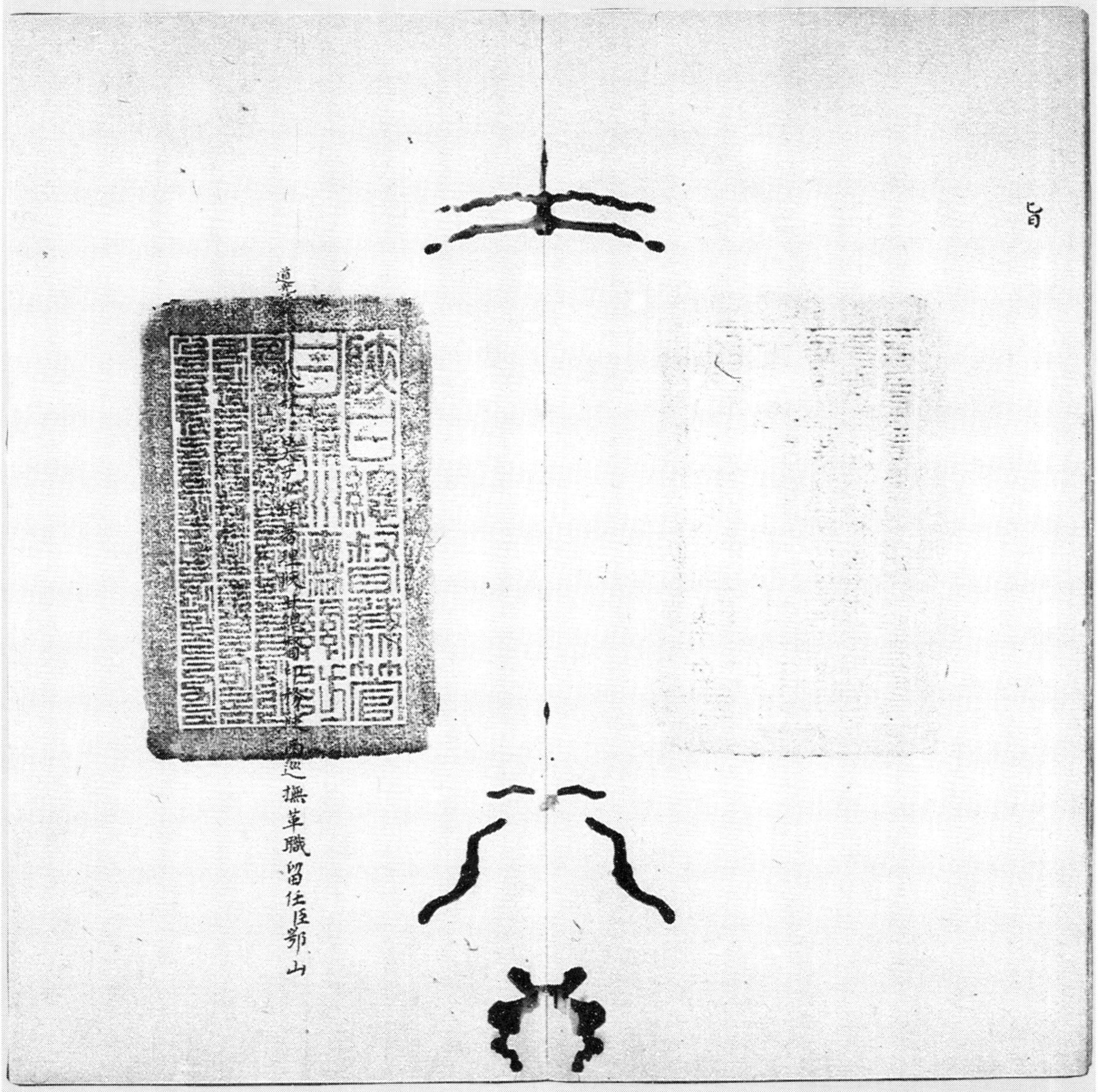
旨

撫革職留任臣鄂山

署理陝甘總督鄂山題本 核銷林則徐奏報陝西各提鎮標營道光五年份收支動存公費銀兩
道光七年十月二十四日

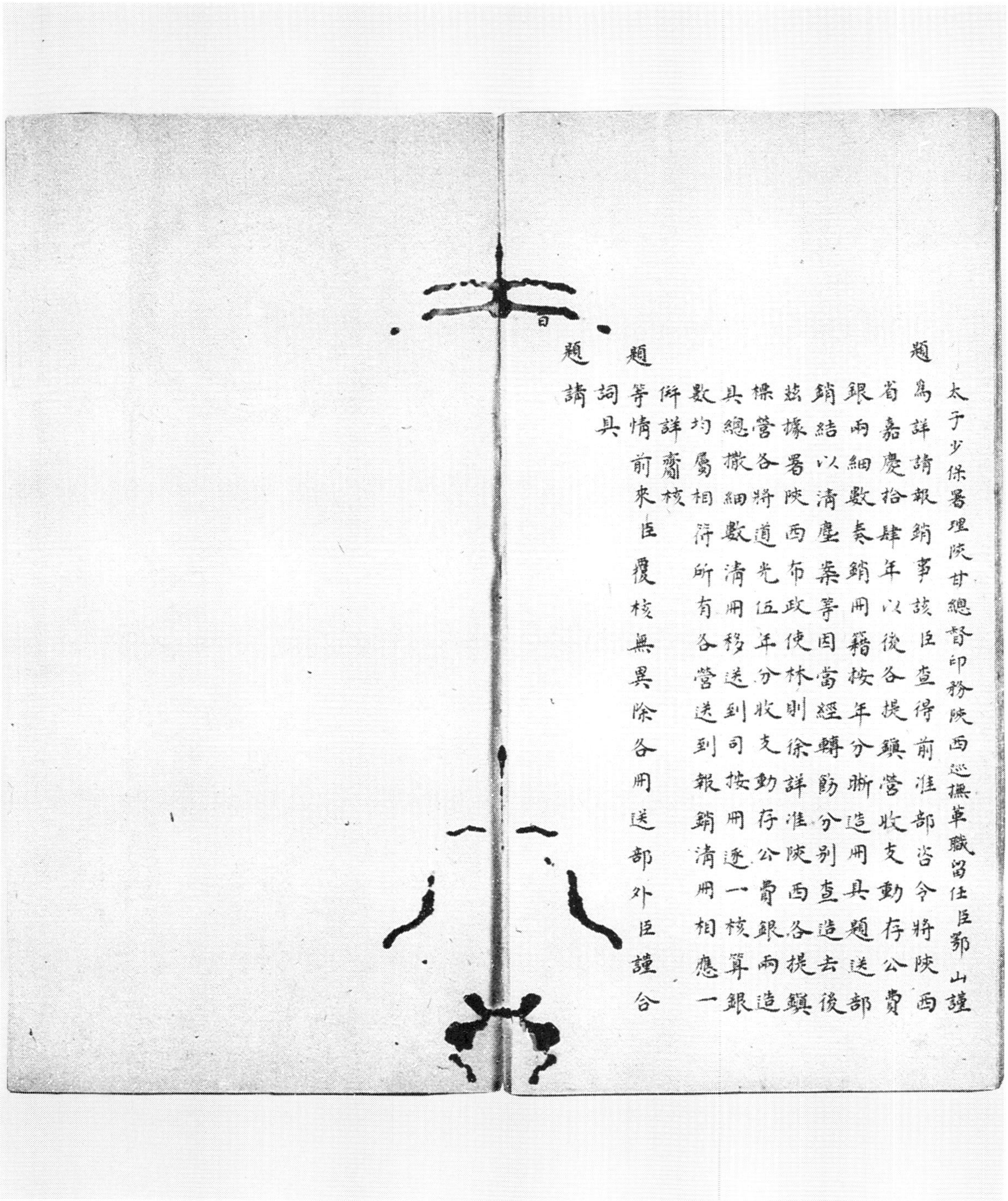
太子少保署理陝甘總督印務陝西巡撫革職留任臣鄂山謹
題為詳請報銷事該臣查得前准部咨令將陝西
省嘉慶拾肆年以後各提鎮營收支動存公費
銀兩細數奏銷用籍按年分晰造用具題送部
銷結以清塵案等因當經轉飭分别查造去後
茲據署陝西布政使林則徐詳准陝西各提鎮
標營各將道光伍年分收支動存公費銀兩造
具總撒細數清用移送到司按用逐一核算銀
數均屬相符所有各營送到報銷清用相應一
併詳齎核
題等情前來臣覆核無異除各用送部外臣謹合
詞具
題請

上諭 著林則徐補授湖北布政使

道光十年六月二十九日内閣奉
上諭湖北布政使員缺著林則徐補授欽此

湖北布政使林則徐奏摺　**補授湖北布政使謝恩**

湖北布政使林則徐奏摺 補授湖北布政使謝恩
道光十年七月初二日

可用

新授湖北布政使臣林則徐跪
奏為恭謝
天恩事六月二十九日內閣奉
上諭湖北布政使員缺著林則徐補授欽此竊臣閩
嶠庸愚毫無知識由編修補授御史
京察一等擢任道員蒙
皇上天恩用至藩司未效涓埃時深凜惕本年服闋
來京瞻覲
天顏跪聆
訓誨下懷欽感依戀難名茲復仰荷
恩綸畀以楚藩重任沐
鴻慈之疊被銘蟻悃以彌深伏思湖北為衝要之繁

區藩司乃錢糧之總滙如臣檮昧倍切冰兢惟
有仰懇
聖慈俯加
訓示俾用人理財及一切政務恪有遵循庶可勉竭
駑駘以期仰酬
高厚生成於萬一所有微臣感激下忱謹繕摺叩謝
天恩伏乞
皇上聖鑒訓示謹
奏

湖北布政使林則徐奏摺 補授湖北布政使謝恩
道光十年七月初二日

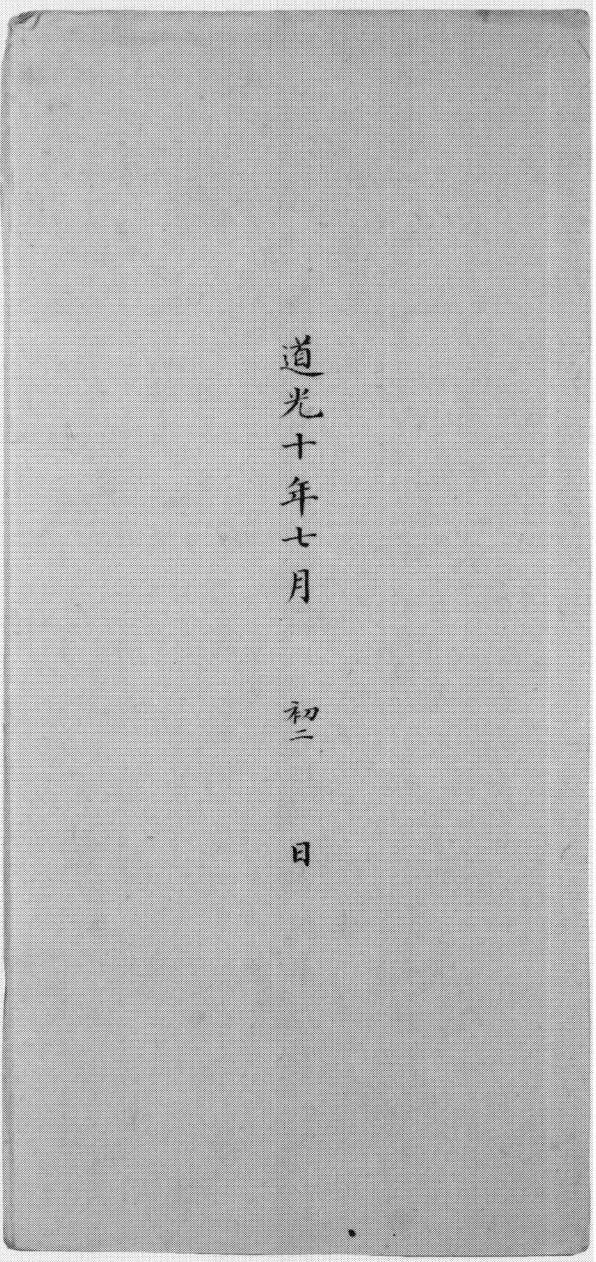
道光十年七月初二日

湖北布政使林則徐奏摺

奏報接任楚藩日期

奏

林則徐

到楚接藩由

○

九月十七日

湖北布政使林則徐奏摺　奏報接任楚藩日期
道光十年八月二十二日

湖北布政使臣林則徐跪

奏為恭報微臣到楚接篆日期叩謝

天恩仰祈

聖鑒事。竊臣在京欽奉

恩旨補授湖北藩司，當即詣

闕恭謝

天恩，虔求

訓誨，禀荷

聖慈召見，

提命諄諄，

諭以用人行政之方、察吏安民之要，務實效而除虛飾，整積

弊以振因循

湖北布政使林則徐奏摺　奏報接任楚藩日期
道光十年八月二十二日

指示周詳，無微不至，跪聆之下，感激欽服，莫可名言。
陛辭後，束裝出京，于八月二十一日行至武昌省城，准署藩司
粟毓美將湖北布政使
勅書印信並庫貯冊籍文卷移交前來，臣即於是日
恭設香案，望
闕叩頭祇領任事。伏思藩司為本省錢糧政
務總匯，且楚省濱臨江漢，每當風汛之時，即
虞漫溢，搶修防堵尤須加意講求。臣自揣庸
愚，膺茲重任，惟有淬厲
聖訓，凛遵天良，隨時察看情形，認真經理，
務期民生咸遂，吏治澄清，以仰答
高厚鴻慈於萬一。所有微臣到任日期，理合恭摺

奏

聞伏乞

皇上聖鑒謹

奏

道光十年九月十七日奉

硃批 知道了欽此

八月二十二日

湖北布政使林則徐奏片

擬勘湖北被水州縣情形酌加撫恤

林則徐片

再，臣以抵楚省遵照原因奏疏親查辦荊州一帶，

據卿等該四府詢悉此次被水情形，以監利、公安、石首、

江陵、沔陽五州縣爲最重，已分别散給撫卹，只[illegible]八

萬餘兩，民情均已安帖，其餘被災較輕之處，業經接

卹，仍俟秋收後察看辦理，經奏疏親詳請[illegible]日具

奏在案。臣查災黎業經撫卹，無不感戴

皇仁。此時所最要者，在於疏消積水，涸出田疇，俾得及時耕

種，民心自更安定。臣到任後，即將應行道爲督同各該

州縣將被水未消之處，再行詳細履勘，應修復隄

岸，即先堵築；斷流者疏濬下游，務使速令消洩清涸，

等，俾期農田涸復，即可翻犁，其被災較輕之處及[illegible]

湖北布政使林則徐奏片　擬勘湖北被水州縣情形酌加撫恤
道光十年九月十七日

雖核秋收實在不敷，如應酌量緩征，亦即詳請督撫以
照例具
題，以仰付
聖主軫恤民依至意。至未經被水之州縣，沿途經過，正值刈
穫之時，秋禾稻粱均有七八分收成不等，聞見尚稱豐
象，皆堪仰慰上紓
宸念。理合附片奏
聞，伏祈
聖鑒。謹
奏。
道光十年九月十七日奉
硃批：知道了。欽此。

湖北巡撫楊健題本

林則徐報江夏縣原坍復淤地畝數目屬實請按年入額奏銷

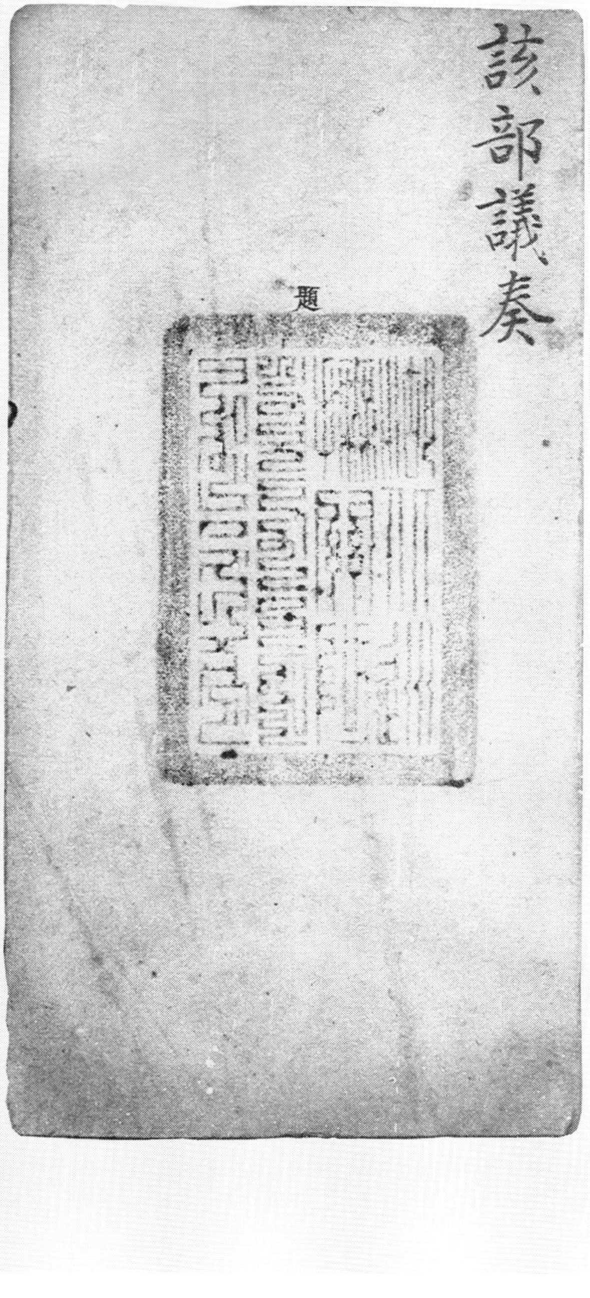

湖北巡撫楊健題本　林則徐報江夏縣原坍復淤地畝數目屬實請按年入額奏銷
道光十年十一月二十日

兵部侍郎兼都察院右副都御史巡撫湖北武昌等處地方提督軍務革職留任臣楊健謹

題爲詳請
題明原坍復淤地畝照例陞科事據湖北布政使
林則徐詳稱案於道光柒年内據江夏縣武生
傅以和遣抱告吴長生赴都察院衙門具呈下
黄楚屯新淤地畝係該生等從前原坍糧地請
照例撥補等情咨交督院勘訊覈辦行司飭委
即用知縣陳天澤會同江夏縣前詣勘明繪具
圖説齎司飭發漢陽府督同審訊旋據署漢陽
府知府繼德督同江夏縣知縣宋國經勘訊明
確并據詳稱該武生傅以和有祖遺與各花户
公共下黄屯原額糧地二十頃二十五畝零完

湖北巡撫楊健題本 林則徐報江夏縣原坍復淤地畝數目屬實請按年入額奏銷

道光十年十一月二十日

納楚課正銀叁拾陸兩肆錢陸分壹釐乾隆貳
拾玖年該生祖傳新寰因該處糧地坍卸一十
九頃一十八畝零報明豁除正銀叁拾肆兩伍
錢貳分玖釐伍毫尚存未坍糧地一頃七畝零
完納正銀壹兩玖錢叁分壹釐伍毫迨至肆拾
肆年下黃屯對岸新淤蘆洲經該武生之伯傳
殿揚循例呈請對江撥補地八頃六十七畝七
分尚有原額地十頃五十畝六分零諭俟另有
淤生照數撥補在卷現據武生傅以和呈報新
淤地畝逐一履勘計十三頃三十九畝八分零
係在下黃屯存畱未坍糧地接脚淤出覈與報
坍原案相符請照例撥補傅以和等原坍糧地

湖北巡撫楊健題本 林則徐報江夏縣原坍復淤地畝數目屬實請按年入額奏銷
道光十年十一月二十日

一十頃五十畝零飭江夏縣丈明定界造冊陞
科其盈餘地二頃八十五畝零係緊靠上中兩
陽屯地堤外淤生應否撥屯示召無業貧民認
墾或作官荒亦由江夏縣一併勘明詳辦等情
由司覆訊於道光捌年柒月內詳經督院嚴審
咨覆都察院查覈在案嗣於道光拾年柒月內
據前任江夏縣知縣邵勷詳稱親詣下黃屯原
坍復淤處所查照原咨斷案逐細丈量撥補傳
以和原坍地一十頃五十畝五分二釐一毫七
絲按照該屯原坍科則及賦役全書開載更名
田地每畝科銀壹分捌釐科算應陞納地丁正
銀壹拾捌兩玖錢玖釐隨徵加一一耗羨銀貳

湖北巡撫楊健題本　林則徐報江夏縣原坍復淤地畝數目屬實請按年入額奏銷　道光十年十一月二十日

爾劃分經該縣立界發補出示曉諭以道光拾
年爲始照數起徵完納造具四至坐落頃畝應
陞銀兩清冊繪圖貼說通詳請咨又詣丈得盈
餘地二頃八十八畝九分三釐三毫三絲亦經
豎立界限雖據民人黄天慶王道兆陽宗萬劉
正祥等紛紛具呈認墾惟查該處盈餘洲地水
大卽被淹沒未便召墾致滋阻遏有礙水道且
黄天慶等亦不盡係無業貧民一經給墾未免
轉起紛爭似應作爲官荒以利水道而息爭端
等情詳奉批司移飭該管道府照例前往詣勘
有無阻礙堤工水道以及隱射低報科則情事
查明確實繪圖貼說分別取造頃畝科則冊結

湖北巡撫楊健題本　林則徐報江夏縣原坍復淤地畝數目屬實請按年入額奏銷
道光十年十一月二十日

遞加印結送司覈辦在案茲准鹽法武昌道廖
敦行咨據署武昌府知府秀倫詳稱督同署江
夏縣知縣史禮賢覆加查勘前項淤地實係原
坍復淤並無阻遏水道且係查照原坍請豁科
則科算亦無隱射詭報情事由縣府出具印結
申道加結移送到司覆查此案據補江夏縣武
生博以和等原坍復淤地一十頃五十畝五分
二釐一毫七絲既經行據該管道府督縣覆勘
明確實係原坍復淤並無改則低報陞科亦無
阻礙堤工水道情事其應陞地畝係查照原坍
請豁科則及賦役全書內載中則更名田地每
畝陞科正銀壹分捌釐共應陞地丁正銀壹拾

湖北巡撫楊健題本　林則徐報江夏縣原坍復淤地畝數目屬實請按年入額奏銷　道光十年十一月二十日

捌兩玖錢玖釐隨徵加一一耗羨銀貳兩捌分
覈與賦役全書内載更名田地科則相符應請
以道光拾年爲始按年入額
奏銷至盈餘地二頃八十八畝零據稱水大即被
淹没未便召種阻遏水道且一經給墾轉起紛
爭應請永作官荒以利水道而息爭端理合轉
造清册同送到册結勘圖詳請查覈具
題等情呈詳到臣該臣看得湖北江夏縣武生傅
以和赴都察院呈請將下黄楚屯新淤地畝撥
補從前原坍糧地一案咨交督臣行司委員勘
明應行照例撥補飭縣丈明定界造册陞科其
盈餘地畝應否召墾或作官荒亦令併勘詳辦

湖北巡撫楊健題本　林則徐報江夏縣原坍復淤地畝數目屬實請按年入額奏銷
道光十年十一月二十日

等情詳經督臣嵩孚覈咨并飭照例詣勘確實
分别取造冊結詳辦去後茲據湖北布政使林
則徐詳稱查此案據補江夏縣武生傅以和等
原坍復淤地一十頃五十畝五分二釐一毫七
絲行據該管道府督縣覆勘明確實係原坍復
淤並無改則低報陞科亦無阻礙堤工水道情
事其應陞地畝係查照原坍請豁科則及賦役
全書内載中則更名田地每畝陞科正銀壹分
捌釐共應陞地丁正銀壹拾捌兩玖錢玖釐隨
徵加一一耗羡銀貳兩捌分覈與賦役全書内
載更名田地科則相符應請以道光拾年爲始
按年入額

湖北巡撫楊健題本 林則徐報江夏縣原坍復淤地畝數目屬實請按年入額奏銷

道光十年十一月二十日

奏銷至盈餘地二頃八十八畝零據稱水大即被
淹沒未便召種阻遏水道且一經給墾轉起紛
爭應請永作官荒以利水道而息爭端理合轉
造清冊同送到冊結勘圖詳請查覈具
題等情前來臣覆覈無異除冊結圖送部外理合
會同湖廣總督臣嵩孚合詞恭疏具
題伏乞
皇上聖鑒勅部覈覆施行臣謹會
題請
旨

湖北巡撫楊健題本　林則徐報江夏縣原坍復淤地畝數目屬實請按年入額奏銷

道光十年十一月二十日

道光拾年拾壹月貳拾　日兵部侍郎兼都察院右副都御史巡撫湖北等處地方提督軍務革職留任臣楊健

兵部侍郎兼都察院右副都御史巡撫湖北等處地方提督軍務革職留任臣楊健謹
題爲詳請
題明原坍復淤地畝照例陞科事該臣看得湖北
江夏縣武生傅以和赴都察院呈請將下黄楚
屯新淤地畝撥補從前原坍糧地一案咨交督
臣行司委員勘明應行照例撥補詳經覈咨并
飭照例諮勘確實分别取造冊結詳辦去後兹
據湖北布政使林則徐詳稱查此案撥補江夏
縣武生傅以和等原坍復淤地一十頃五十畝
五分二釐一毫七絲行據該管道府督縣覆勘
明確實係原坍復淤並無攺則低報陞科亦無

阻礙堤工水道情事其應徵地丁正銀壹拾捌
兩玖錢玖釐隨徵耗羨銀貳兩捌分覈與賦役
全書內載更名田地科則相符應請以道光拾
年爲始按年入額
奏銷至盈餘地二頃八十八畝零據稱水大即被
淹沒未便召種阻遏水道應請永作官荒理合
轉造清冊同送到冊結勘圖詳請查覈具
題等情前來臣覆覈無異除冊結圖送部外臣謹
會
題請
旨

上諭 著林則徐調補河南布政使

道光十年十一月二十九日内閣奉

上諭河南布政使著林則徐調補所遺湖北布政使著額騰伊補授林則徐著俟額騰伊到任後再行交卸前赴新任毋庸來京請訓其未到任以前河南布政使著麟慶署理欽此

上諭 著楊國楨督同林則徐飭各州縣按限歸補虧短銀兩

軍機大臣 字寄

河南巡撫楊 傳諭河南布政使林則徐 道光

十年十二月二十六日奉

上諭前據楊懌曾等奏查明河南睢州等十二州縣懸款銀兩除已提解外尚未掃数補完當降旨令該撫等即飭按限歸補茲據楊國楨奏睢州等十二州縣共應補銀二十萬兩零本年四月已完過銀九萬五百兩年底又續完銀二萬九千八百二十二兩零均照限清解續又查出已故確山縣知縣何因綸有懸抵未補銀一萬九千餘兩事同一律亦應遵照勒限提補歲内已完銀二千兩以上共十三州縣計屆限均可弥補全清等語此項虧

上諭　著楊國楨督同林則徐飭各州縣按限歸補虧短銀兩

道光十年十二月二十六日

短銀（兩）日久虛懸殊非慎重倉庫之道現據該撫查明十三州縣除已完外尚未完銀十萬兩零著楊國楨督同藩司林則徐嚴飭各該州縣速即按限歸補毋許再有延宕其已完銀兩必須實存藩庫照数確收不得因此項係外省自行籌辦向不咨部致有影射虛捏情弊仍於帑項無裨該撫等務當實力稽查如有前項弊端立即指參嚴辦毋稍姑容倘有心徇隐經朕派員查出或别經發覺惟楊國楨林則徐是問將此諭知楊國楨並傳諭林則徐知之欽此遵

旨寄信前來

湖北布政使林則徐奏摺　**調補河南布政使謝恩**

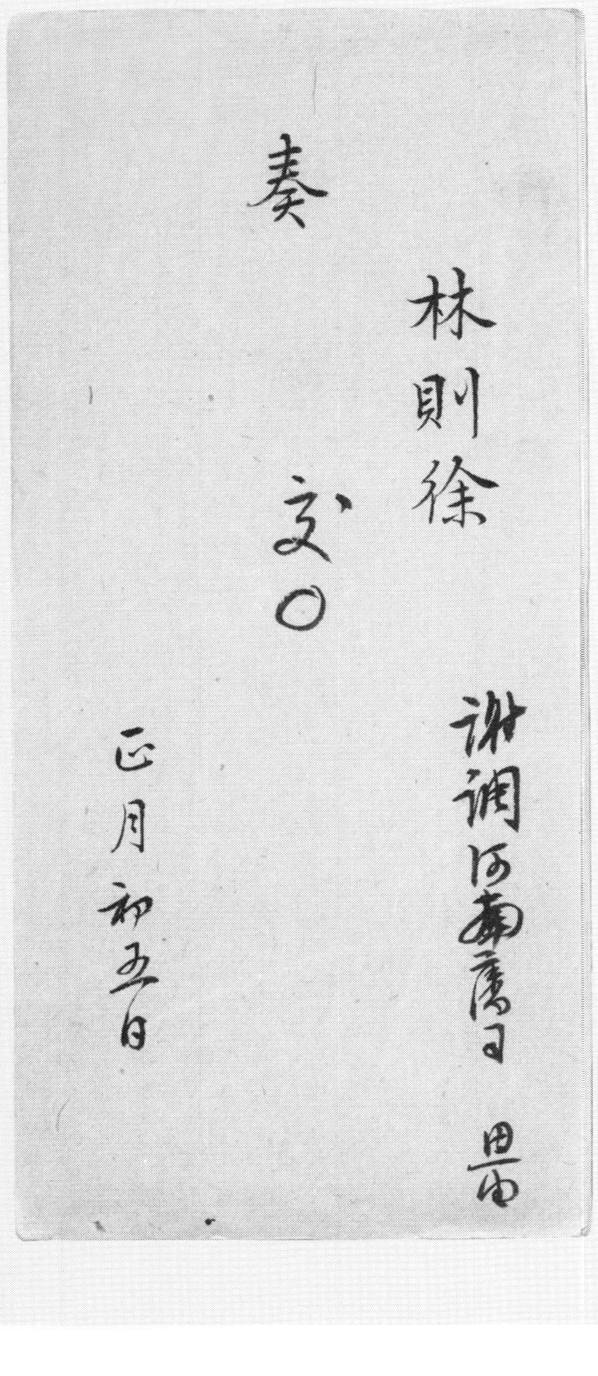
奏
林則徐
跪○
謝調河南藩司
恩
正月初五日

湖北布政使林則徐奏摺 調補河南布政使謝恩
道光十一年正月初五日

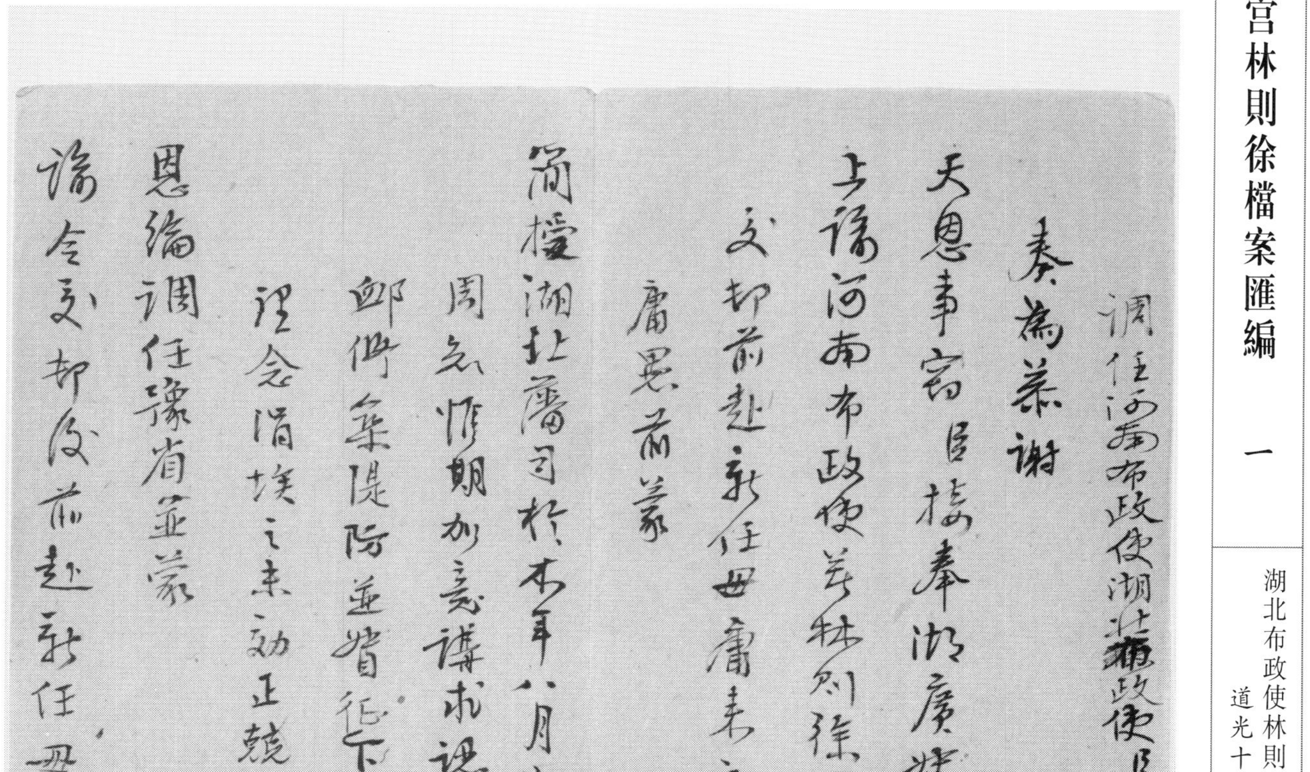
調任河南布政使湖北布政使臣林則徐跪
奏為恭謝
天恩事竊臣接奉湖廣督臣行知欽奉
上諭河南布政使著林則徐調補俟顧騰伊到任後再行
交卸前赴新任毋庸來京請訓欽此伏念臣才識
庸愚荷蒙
簡擢湖北藩司於本年八月間抵任方恐民風吏治未克
周知惟期加意講求認真整飭數月以來查辦撫
卹併籌堤防並督催下忙錢粮勉竭駑駘次第經
理念涓埃之未効正兢惕之時深茲復仰荷
恩綸調任豫省並蒙
諭令交卸後前赴新任毋庸來京陛覲

湖北布政使林則徐奏摺 調補河南布政使謝恩
道光十一年正月初五日

簡畀之
諭旋信切悚惶於慊惆查新任藩司額騰伊到楚尚
需時日臣現仍辦理楚藩事務不敢稍涉因循俟
交卸之後即當
自由湖北起身前赴河南新任除將豫另行
奏報外所有感激下忱謹先繕摺叩謝
天恩伏祈
皇上聖鑒謹
奏
道光十一年正月初五日
硃批 知道了欽此

河南布政使林則徐奏摺 **奏報接任豫藩日期**

奏

林則徐

到豫接篆日期

三月十二日

河南布政使臣林則徐跪

奏爲恭報微臣到豫接篆日期仰謝

天恩仰祈

聖鑒事竊臣前奉

恩旨調補河南藩司篆務

諭令俟新授伊犁將軍回京後再赴新任業經恭摺奏蒙

聖鑒在案嗣新授伊犁將軍于二月初九日到楚接受藩篆臣即遵

旨交卸起程於二月二十九日行至河南省城准署藩司麟慶將

布政使印信並庫存各文卷移交前來臣即于是日恭設

香案望

闕叩頭祗領任事伏思豫省各屬錢穀數目較楚省者尤爲殷繁

而州縣缺分一百有零察吏安民倍關緊要以臣愚昧短

惕彌深惟有益矢慎勤認真經理所有倉庫款項隨
同接任之楊國楨實力稽查務期籌辦得力統歸實濟一
切應辦之務力戒因循以冀仰答
高厚鴻慈于萬一再臣由楚至豫經過地方雨澤沾足麥苗長
發青葱均屬妍恬詢佔可卜之待
宸念合併陳明所有微臣到任日期謹繕摺恭謝
天恩伏乞
皇上聖鑒謹
奏
道光十一年二月十三日
硃批知道了欽此
三月初一日

河南布政使林則徐奏片　奏報奉旨勒限確收藩庫懸款漸有成效

林則徐片

再臣謁見撫臣楊國楨恭奉

上諭：據楊國楨奏明，以前十二州縣共應補銀十二萬兩，已完銀九萬五百兩，又續完銀二萬九千八百二十二兩，本年又查出已故確山縣知縣何國倫名下應捐未補銀一萬九千餘兩，已完銀三千兩，以上十三州縣計虧限均可詳補全清等語。著楊國楨同藩司林則徐嚴飭各該州縣，速即按限歸補，毋許再有延宕。需已完銀兩，必須實存藩庫，足數確收，不得因此項係前任自行另加，向原虧致有影射虛捏情弊等因，欽此。

重之訓飭嚴明，慎重倉庫至意，臣跪讀之下，莫深欽感。

伏乞

嗣後從豫省懸款只為隨提隨解，設立章程，勒限提
補，已據漸見成效，自必須按限確收，實存藩庫，不使
稍有延宕，方為允協。且殷因帑藏攸關，青核實歸補
以清舊項，若徒提解以抵新款，隨時牽為挪，亟認真
籌辦，斷不敢稍任影射虛捏，致干咎戾。所有欽遵
諭旨籌辦理緣由，理合附片具
奏，伏祈
聖鑒。謹
奏。
道光十一年三月十三日
硃批：悉心認真查辦。欽此。

河南巡撫楊國楨奏片　委任林則徐復勘臨漳等處地震情形

再臣承淮軍機大臣字寄道光十一年三月十
七日奉
上諭據給事中劉光三奏上年直隸之磁州河南之
臨漳縣等處同日地震房屋倒塌殆盡人物壓斃
無算又平地坼裂有水從内涌出其色黑白不等
水盡繼之以沙沙盡繼之以寒氣且大震以後或
一日數震或間日一震或烏烏有聲或微微稍動
自上年閏四月以迄於今未止等語上年據那彦
成楊國楨具奏各該處地震情形恐有不實不盡
之處著王鼎等各派委妥員前往該處訪查如該
給事中所稱自上年大震之後至今猶常動不止
是該州縣地震為時甚久必應據實具奏毋得稍

有諱飾倘所查不實將来經朕訪聞惟伊等是問
恐不能當此重咎也等因欽此遵查上年閏四月
二十二日臨漳等縣地震成災臣於接信後當
委前任藩司戴宗沅攜帶銀兩馳往確勘撫䘏
緣臨漳縣地近漳河沙水與土脉相雜當震動
時多有湧出沙水之處震畢即止該司履勘時
水已全涸惟積沙可驗各緣由並放過房費口
糧等數目經臣先後
奏明在案兹復傳當日隨同查勘各員詳加詢問
僉稱被震較重之區房屋不過倒塌十分之五
亦並非全行塌卸散放房費係照豫省向辦章
程無力之家每户瓦房不得過三間草房不得

河南巡撫楊國楨奏片 委任林則徐復勘臨漳等處地震情形
道光十一年三月二十六日

過五間按戶給領壓斃人口除臨漳縣當鋪內
壓斃二人該商不願請領瘞費外餘俱按名給
領計臨漳縣共只壓斃大小口一百六十一名
委無稍有遺漏其沙盡繼以寒氣並震時烏鳥
有聲之說係得自傳聞細詢村民並無確切聞
見是以未敢具報此外實無不實不盡等語此
上年地震時查勘之大畧情形也至震後仍聞
日一動或一日數動亦實有其事迨五月十八
日得有雷雨之後地氣稍舒業已漸臻安定亦
經臣
奏明在案嗣後或隔兩月或旬日半月當陰雨霾
勃之時復聞有微震俄頃即止節經體訪情形

河南巡撫楊國楨奏片　委任林則徐復勘臨漳等處地震情形
道光十一年三月二十六日

震時惟靜坐之人克知其在外力作及行路之
人多不知覺並無績坍房屋損傷人口之事查
嘉慶二十年山西之平陸等縣並河南陝州地
勢大震之後閱時已久亦復間旬微震因於田
廬人口毫無妨礙向未入奏核與現在臨漳等
處情事相同似係地氣遂漸復元之故茲奉
諭旨誠恐地方官或尚有隱匿諱飾不實不盡之處
查新任藩司林則徐辦事結實該司甫經到豫
無所用其迴護現即飭委該司前往逐細訪查
俟查確再行據實具
奏外所有遵奉
諭旨委員前往復查緣由謹先附片陳

奏伏乞
聖鑒謹
奏
復查明確據實具奏毋許掩飾

湖北巡撫楊懌曾題本 **題報林則徐任內經手存庫銀兩數目盤察無虧**

湖北巡撫楊懌曾題本　題報林則徐任內經手存庫銀兩數目盤察無虧　道光十一年四月初九日

兵部侍郎兼都察院右副都御史巡撫湖北武昌等處地方提督軍務臣楊懌曾謹
題爲詳請等事據湖北布政使顔鶴伊詳稱竊照
交代案內奉准部咨藩司糧道交代務令舊任
官將各項正雜錢糧全行造冊移交新任加結
詳題以昭愼重等因遵辦在案又司庫收存捐
監正項及隨收平餘照費飯食并歸補司庫封
貯等款銀兩交盤各冊歷係專咨報部嗣於道
光捌年正月初拾日奉准戶部咨嗣後將此項
冊籍隨同藩司交盤各冊一併送部以憑查覈
等因茲查前司林則徐自道光拾年捌月貳拾
日到任起至道光拾壹年貳月初玖日卸事前
壹日止任內經手收支官兵鄉勇卹賞項下舊

管存銀壹拾捌兩玖錢新收無項開除無項實
在存銀壹拾捌兩玖錢又善後工程項下舊管
存銀貳千壹百貳拾壹兩叁錢陸釐新收無項
開除無項實在存銀貳千壹百貳拾壹兩叁錢
陸釐又正鑄錢價項下舊管存銀貳萬貳千柒
百叁拾捌兩陸分肆釐新收銀壹萬玖千玖拾
柒兩柒分玖釐開除銀叁萬伍千陸百壹拾壹
兩玖分捌釐實在存銀陸千貳百貳拾肆兩肆
分伍釐又荊州滿營馬價發商生息項下舊管
存銀伍拾叁兩叁錢叁分肆釐新收銀壹萬壹
千肆百陸拾陸兩陸錢陸分陸釐開除銀壹萬
壹千伍百貳拾兩實在存銀無項又各項工程

扣收平餘項下舊管存銀壹千捌百壹拾肆兩
叁錢玖分陸釐新收銀柒拾捌兩壹錢貳分開
除無項實在存銀壹千捌百玖拾貳兩伍錢壹
分陸釐又商捐堤河生息項下舊管存銀壹萬
陸千玖百叁拾陸兩肆錢叁分貳釐新收銀壹
千兩開除銀壹萬陸千叁百柒拾柒兩肆錢貳
分捌釐實在存銀壹千伍百伍拾玖兩肆釐又
沙洋堤工歲備項下舊管存銀壹萬捌千貳百
玖拾伍兩玖錢叁分陸釐新收銀叁千貳拾伍
兩肆錢壹分叁釐開除銀柒百伍拾貳兩壹錢
壹分伍釐實在存銀貳萬伍百陸拾玖兩貳錢
叁分肆釐又襄陽老龍石堤歲備項下舊管存

銀貳千捌百陸拾伍兩陸錢陸分新收銀肆百
壹拾柒兩肆錢伍分伍釐開除無項實在存銀
叁千貳百捌拾叁兩壹錢壹分伍釐又漢陽江
工籌備項下舊管存銀玖百叁拾肆兩貳分肆
釐新收銀伍百伍拾伍兩叁錢開除無項實在
存銀壹千肆百捌拾玖兩叁錢貳分肆釐又各
營差費生息項下舊管存銀壹萬壹千柒百叁
拾玖兩貳錢伍釐新收銀叁百柒拾捌兩陸錢
捌分開除銀貳百叁拾伍兩柒錢捌分實在存
銀壹萬壹千捌百捌拾貳兩壹錢伍釐又捐監
正項項下舊管存銀壹萬貳百叁拾兩新收銀
肆萬捌千兩開除銀伍萬兩實在存銀捌千貳

百叁拾兩又隨收捐監正項平餘照費飯食項
下舊管存銀捌千捌百叁拾兩玖錢玖釐新收
銀叁千陸百貳拾伍兩陸錢開除銀伍百玖拾
伍兩捌錢捌分貳釐實在存銀壹萬壹千捌百
陸拾兩陸錢貳分柒釐又捐監正項歸補司庫
封貯項下舊管存銀壹拾萬兩新收銀伍萬兩
開除無項實在存銀壹拾伍萬兩以上各款銀
兩俱經按款查覈接收清楚相應分款造冊出
結詳請查覈盤察加結隨本具
題等情呈詳到臣該臣看得藩司糧道交代務令
舊任官將各項正雜錢糧全行造冊移交新任
加結詳題以昭慎重等因遵辦在案茲據湖北

布政使額騰伊詳稱查前司林則徐自道光拾
年捌月貳拾日到任起至道光拾壹年貳月初
玖日卸事前壹日止任內經手收支官兵鄉勇
卹賞項下舊管存銀壹拾捌兩玖錢新收無項
開除無項實在存銀壹拾捌兩玖錢又善後工
程項下舊管存銀貳千壹百貳拾壹兩叁錢陸
釐新收無項開除無項實在存銀貳千壹百貳
拾壹兩叁錢陸釐又正鑄錢價項下舊管存銀
貳萬貳千柒百叁拾捌兩陸分肆釐新收銀壹
萬玖千玖拾柒兩柒分玖釐開除銀叁萬伍千
陸百壹拾壹兩玖分捌釐實在存銀陸千貳百
貳拾肆兩肆分伍釐又荆州滿營馬價發商生

息項下舊管存銀伍拾叁兩叁錢叁分肆釐新收銀壹萬壹千肆百陸拾陸兩陸錢陸分陸釐開除銀壹萬壹千伍百貳拾兩實在存銀無項又各項工程加收平餘項下舊管存銀壹千捌百壹拾肆兩叁錢玖分陸釐新收銀柒拾捌兩壹錢貳分開除無項實在存銀壹千捌百玖拾貳兩伍錢壹分陸釐又商捐堤河生息項下舊管存銀壹萬陸千玖百叁拾陸兩肆錢叁分貳釐新收銀壹千兩開除銀壹萬陸千叁百柒拾柒兩肆錢貳分捌釐實在存銀壹千伍百伍拾玖兩肆釐又沙洋堤工籌備項下舊管存銀壹萬捌千貳百玖拾伍兩玖錢叁分陸釐新收銀

叁千貳拾伍兩肆錢壹分叁釐開除銀柒百伍拾貳兩壹錢壹分伍釐實在存銀貳萬伍百陸拾玖兩貳錢叁分肆釐又襄陽老龍石隄籌備項下舊管存銀貳千捌百陸拾伍兩陸錢陸分新收銀肆百壹拾柒兩肆錢伍分伍釐開除無項實在存銀叁千貳百捌拾叁兩壹錢壹分伍釐又漢陽江工籌備項下舊管存銀玖百叁拾肆兩貳分肆釐新收銀伍百伍拾伍兩叁錢開除無項實在存銀壹千肆百捌拾玖兩叁錢貳分肆釐又各營差費生息項下舊管存銀壹萬壹千柒百叁拾玖兩貳錢伍釐新收銀叁百柒拾捌兩陸錢捌分開除銀貳百叁拾伍兩柒錢

捌分實在存銀壹萬壹千捌百捌拾貳兩壹錢伍釐又捐監正項項下舊管存銀壹萬貳百叁拾兩新收銀肆萬捌千兩開除銀伍萬兩實在存銀捌千貳百叁拾兩又隨收捐監正項平餘照費飯食項下舊管存銀捌千捌百叁拾兩玖錢玖釐新收銀叁千陸百貳拾伍兩陸錢開除銀伍百玖拾伍兩捌錢捌分貳釐實在存銀壹萬壹千捌百陸拾兩陸錢貳分柒釐又捐監正項歸補司庫封貯項下舊管存銀壹拾萬兩新收銀伍萬兩開除無項實在存銀壹拾伍萬兩以上各款銀兩俱經按款查覈接收清楚相應分款造冊出結詳請查覈盤察加結隨本具

題等情前來臣覆加確覈無異隨會同督臣盧坤
率同在省司道親至藩庫按款盤察並無侵挪
虧欠謹照例加結保
題除將冊結送部外理合會同湖廣總督臣盧坤
合詞恭疏具
題伏乞
皇上聖鑒勅部覈覆施行臣謹會
題請
旨

湖北巡撫楊懌曾題本 題報林則徐任內經手存庫銀兩數目盤察無虧

道光十一年四月初九日

道光拾壹年肆月　初玖　日兵部侍郎兼都察院右副都御史巡撫湖北武昌等處地方提督軍務臣楊懌曾

兵部侍郎兼都察院右副都御史巡撫湖北武昌等處地方提督軍務臣楊懌曾謹

題為詳請等事事該臣看得藩司糧道交代務令舊任官將各項正雜錢糧全行造冊移交新任加結詳題以昭慎重等因遵辦在案茲據湖北布政使額騰伊詳稱查前司林則徐自道光拾年捌月貳拾日到任起至道光拾壹年貳月初玖日卸事前壹日止任內經手收支官兵鄉勇卹賞存銀壹拾捌兩玖錢善後工程存銀貳千壹百貳拾壹兩叁錢陸釐正鑄錢價存銀陸千貳百貳拾肆兩肆分伍釐荊州滿營馬價發商生息存銀無項各項工程扣收平餘存銀壹千捌百玖拾貳兩伍錢壹分陸釐商捐堤河生息存銀壹千伍百伍拾玖兩肆釐沙洋堤工籌備存銀貳萬伍百陸拾玖兩貳錢叁分肆釐襄陽老

湖北巡撫楊懌曾題本 題報林則徐任內經手存庫銀兩數目盤察無虧

道光十一年四月初九日

龍石堤籌備存銀叁千貳百捌拾叁兩壹錢壹分伍釐漢陽江工籌備存銀壹千肆百捌拾玖兩叁錢貳分肆釐各營差費生息存銀壹萬壹千捌百捌拾貳兩壹錢伍釐捐監正項存銀捌千貳百叁拾兩隨收捐監正項平餘照費飯食存銀壹萬壹千捌百陸拾兩陸錢貳分柒釐捐監正項歸補司庫封貯存銀壹拾伍萬兩以上各款銀兩俱經按款查覈按收清楚造冊出結詳請查覈盤察加結隨本具

題等情前來臣覆加確覈無異隨會同督臣盧坤率同在省司道親至藩庫按款盤察並無侵挪虧欠謹照例加結保

題除將冊結送部外臣謹會

題請

旨

湖北巡撫楊懌曾題本

題報林則徐任內經手錢糧數目交代清楚

該部察核具奏冊併發

題

湖北巡撫楊懌曾題本 題報林則徐任內經手錢糧數目交代清楚
道光十一年四月初九日

兵部侍郎兼都察院右副都御史巡撫湖北武昌等處地方提督軍務臣楊懌曾謹
題為呈送交盤冊籍事據湖北布政使額騰伊詳
稱竊照藩司交代例限兩個月將前任移交正
雜各案錢糧接收清楚造冊出結請
題今本司於道光拾壹年貳月初玖日到任查前
任湖北布政使調任河南布政使林則徐自道
光拾年捌月貳拾日到任起至道光拾壹年貳
月初玖日卸事前壹日止任內經手各案錢糧
逐一澈底盤查舊管項下原准前署湖北布政
使事按察使栗毓美移交存銀叁拾陸萬貳千
叁百捌拾陸兩伍分內除動支各案銀兩湊供
本省兵餉應於新收項下彙報銀柒萬伍千伍

百陸拾兩壹錢伍釐實收舊管銀貳拾捌萬陸
千捌百貳拾伍兩玖錢肆分伍釐新收項下共
收道光拾年拾壹年民賦各案錢糧銀伍拾叁
萬伍千玖百伍拾兩肆錢柒分肆釐實收共銀
捌拾貳萬貳千柒百柒拾陸兩肆錢壹分玖釐
開除項下共支道光拾年拾壹年滿漢官兵俸
餉雜支各案銀肆拾捌萬伍千柒拾兩柒錢肆
分叁釐實在項下應存銀叁拾叁萬柒千柒百
伍兩陸錢柒分陸釐俱經按款覈算妥收清楚
理合分晰造冊出結詳請查覈具
題再移交各款尚有官兵䘏賞善後工程正耗錢
價耗羨養廉公費文職空曠武職留半薪紅生

息得勝橋王惠橋生息節省民壯修械馬價生
息工程二成平餘等款亦經查明接收分別造
報另詳請
題又此案交代應以本司自道光拾壹年貳月初
玖日到任起扣至肆月初玖日屆滿兩個月例
限合併聲明等情呈詳到臣該臣看得藩司交
代例限兩個月將前任移交正雜各案錢糧接
收清楚造冊出結請
題今據湖北布政使顏膺伊詳稱該司於道光拾
壹年貳月初玖日到任查前任湖北布政使調
任河南布政使林則徐自道光拾年捌月貳拾
日到任起至道光拾壹年貳月初玖日卸事前

湖北巡撫楊懌曾題本 題報林則徐任内經手錢糧數目交代清楚
道光十一年四月初九日

壹日止任内經手各案錢糧逐一澈底盤查舊
管項下原准前署湖北布政使事按察使栗毓
美移交存銀叁拾陸萬貳千叁百捌拾陸兩伍
分内除動支各案銀兩凑供本省兵餉應於新
收項下彙報銀柒萬伍千伍百陸拾兩壹錢伍
釐實收舊管銀貳拾捌萬陸千捌百貳拾伍兩
玖錢肆分伍釐新收項下共收道光拾年拾壹
年民賦各案錢糧銀伍拾叁萬伍千玖百伍拾
兩肆錢柒分肆釐管收共銀捌拾貳萬貳千柒
百柒拾陸兩肆錢壹分玖釐開除項下共支道
光拾年拾壹年滿漢官兵俸餉雜支各案銀肆
拾捌萬伍千柒拾兩柒錢肆分叁釐實在項下

應存銀叁拾叁萬柒千柒百伍兩陸錢柒分陸
釐俱經按款覈算接收清楚理合分晰造冊出
結詳請查覈具
題并稱移交各款尚有官兵卹賞善後工程正耗
錢價耗羨養廉公費文職空曠武職留半薪俸
生息得勝橋王惠橋生息節省民壯修械馬價
生息工程二成平餘等款亦經查明接收分別
造報另詳請
題又此案交代應以該司自道光拾壹年貳月初
玖日到任起扣至肆月初玖日屆滿兩個月例
限等情前來臣覆加確覈無異隨會同督臣盧
坤率同在省司道親至藩庫按款盤察並無侵

那虧欠，謹照例加結保

題，并敬繕黄册一本，恭呈

御覽，除將册結送部外，理合會同湖廣總督臣盧坤

合詞恭疏具

題。伏乞

皇上聖鑒，敕部覈覆施行。臣謹會

題請

旨。

湖北巡撫楊懌曾題本　題報林則徐任内經手錢糧數目交代清楚
道光十一年四月初九日

道光拾壹年肆月初玖日　兵部侍郎兼都察院右副都御史巡撫湖北武昌等處地方提督軍務臣楊懌曾

兵部侍郎兼都察院右副都御史巡撫湖北武昌等處地方提督軍務臣楊懌曾謹
題爲呈送交盤冊籍事。該臣看得藩司交代例限
兩個月，將前任移交正雜各案錢糧接收清楚，
造冊出結請
題。今據湖北布政使顧驤伊詳稱：該司於道光拾
壹年貳月初玖日到任，查前任湖北布政使調
任河南布政使林則徐，自道光拾年捌月貳拾
日到任起至道光拾壹年貳月初玖日卸事前
壹日止，任内經手各案錢糧，逐一澈底盤查，舊
管存銀貳拾捌萬陸千捌百貳拾伍兩玖錢肆
分伍釐，新收銀伍拾叁萬伍千玖百伍拾兩肆

錢柒分肆釐鬮除銀肆拾捌萬伍千柒拾兩柒
錢肆分叁釐實在存銀叁拾叁萬柒千柒百伍
兩陸錢柒分陸釐俱經按款覈算接收清楚分
晰造冊出結詳請查覈具
題等情前來臣覆加確覈無異隨會同督臣盧坤
辛同在省司道親至藩庫按款盤察並無侵挪
虧欠謹照例加結保
題并敬繕黃冊恭呈
御覽除將冊結送部外臣謹會
題請
旨

上諭 著楊國楨督同林則徐確查鄧州假稟事件

軍機大臣 字寄
河南巡撫楊 傳諭河南布政使林則徐
道光十一年七月初二日奉
上諭據御史梁萼涵奏上年冬間河南署鄧州知州
楊楊炳堃拏獲教匪供出教匪王大用在省城與
開設協泰號米店之孫廷舉窩留教匪謀署州具
稟臬司經臬司麟慶即飭祥符縣知縣派領兵役
將孫廷舉及鋪夥十餘人全拏到案委員晝夜熬
審迄無實供嗣行令鄧州提解原拏教匪對質旋
據該署州稟稱從前並無具稟米店孫廷舉窩留
教匪之事該臬司查係假稟諭令祥符縣將孫廷
舉等取保候審現在尚未結案等語地方奸徒以

上諭　著楊國楨督同林則徐確查鄧州假稟事件
道光十一年七月初二日

匿名揭帖傾害平民已干例禁乃敢假作地方官
稟帖直達臬司且稟內必蓋用印信若非盜用即
係私雕必應嚴拏究辦著楊國楨督同藩司林則
徐確切查明如果實有其事務將造作假稟之人拏
獲重懲據實具奏不可稍有隱飾將此諭知楊國
楨並傳諭林則徐知之欽此遵
旨寄信前來

上諭 著林則徐調補江寧布政使

道光十一年七月初三日内閣奉
上諭林則徐著調補江寧布政使所遺河南布政使
著陸言調補均即前赴新任無庸來京請訓欽此

上諭　江寧災賑緊要著林則徐馳赴江寧布政使任

道光十一年七月初八日奉

上諭前降旨將林則徐調補江寧藩司現在江寧藩

各屬續報水災所有應辦賑卹事宜甚爲緊要該

藩司接奉諭旨後著即迅速馳驛前赴新任將此

諭令知之欽此

軍機大臣遵

旨傳諭江寧布政使林則徐

河南布政使林則徐奏摺　**調補江寧布政使謝恩（蟲蛀）**

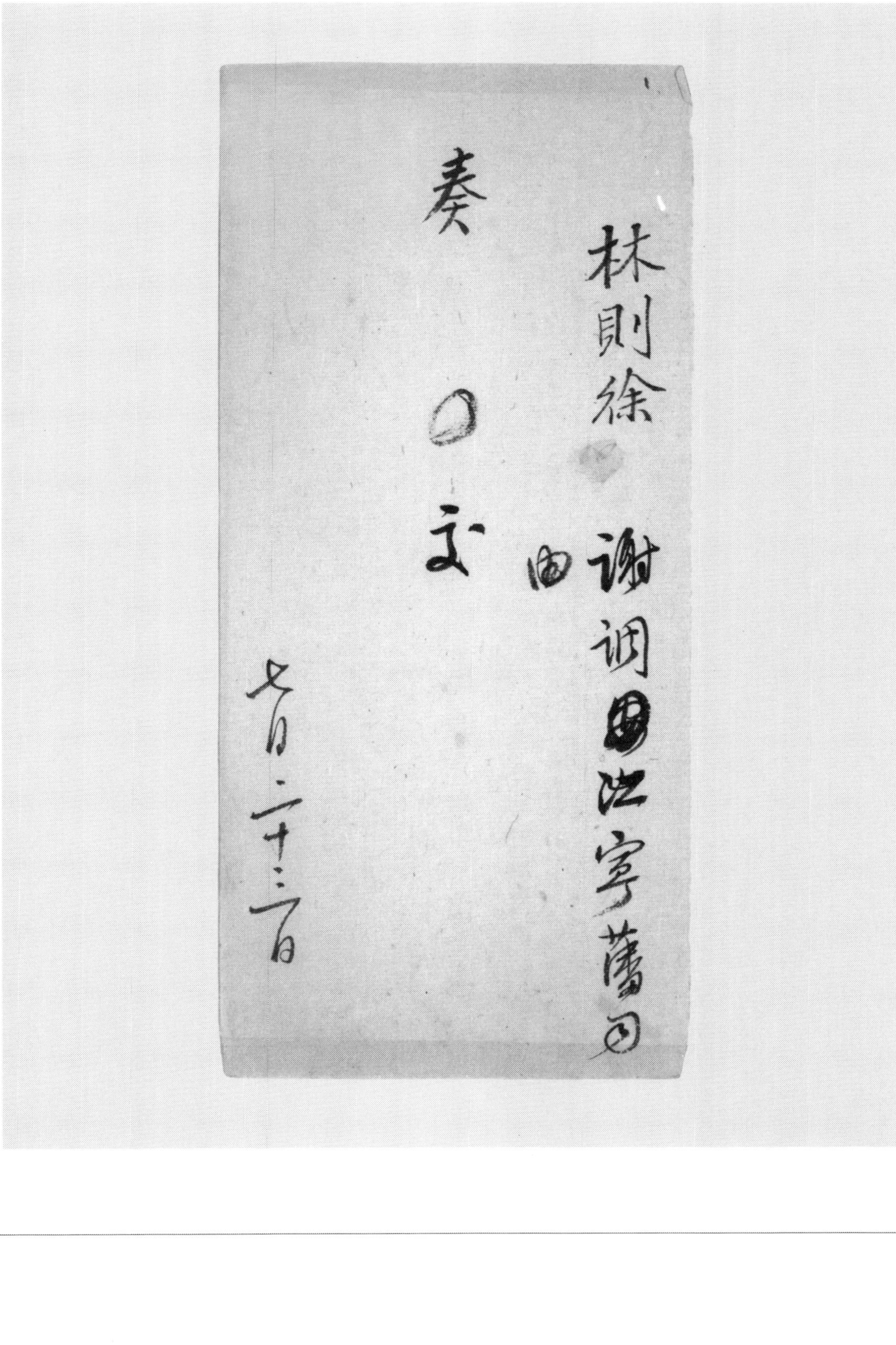

河南布政使林則徐奏摺 調補江寧布政使謝恩
道光十一年七月十五日

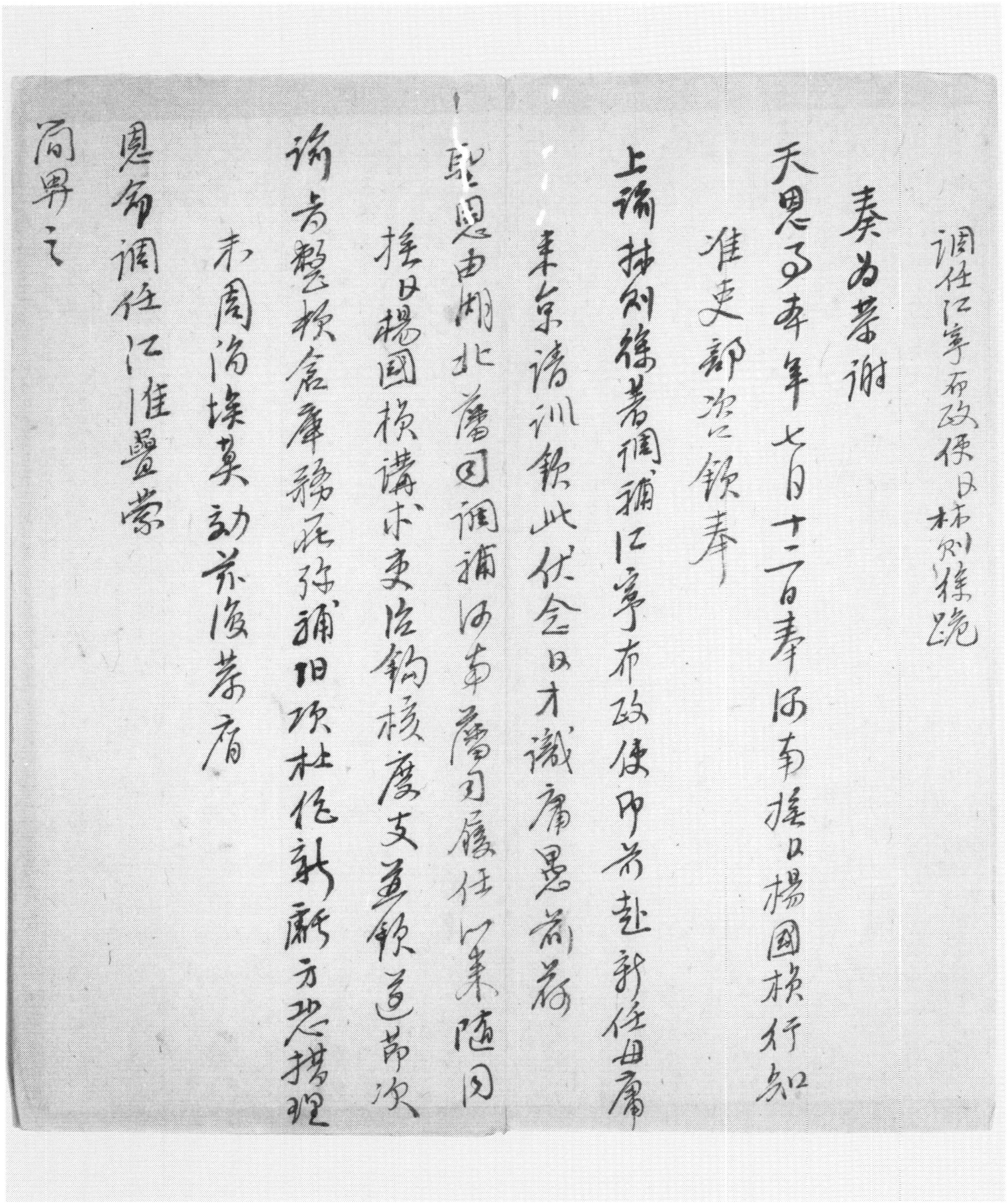

調任江寧布政使臣林則徐跪
奏為恭謝
天恩事。本年七月十二日奉河東撫臣楊國楨行知
准吏部咨，欽奉
上諭：林則徐著調補江寧布政使，即前赴新任，毋庸
來京請訓。欽此。伏念臣才識庸愚，前蒙
聖恩由湖北藩司調補河東藩司，履任以來，隨同
撫臣楊國楨講求吏治，鈎核度支，並欽遵節次
諭旨，整頓倉庫，務在彌補舊項，杜絕新虧，方思措理
未周，尚慚莫効，茲復荷
恩命調任江淮，疊蒙
簡畀之

鴻施，倍切悚惶。於蟻悃伏查江省爲財賦重地，户
口殷繁，現在偶經被水，正須加意撫卹，以凜遵
即赴新任，毋庸來京之
恩諭。謹于七月十五日交卸河南藩司印務，隨即束
裝起程，擬由淮揚一帶先行查勘被水情形，稟
商督撫，以期一籌辦。又先准江省咨會委員來
豫採買米麥七八萬石，當查豫省麥行以
商邱之劉家口爲最盛，已詳請撥款派員
馳赴該處採辦購買，並代雇兩河牛船隻，由黄
河運載順流而下；又分遣數員赴陳州之周
家口及光州之固始等處採買米石，由淮河以
達江境。茲以前赴新任，路過商邱，亦當親至劉

宗之等更皆籌撫力俾陸續安莛到江接濟民
食以期仰副我
皇上保安誠求之至意除將到任日期另行
奏報外所有感悚下忱謹先繕摺叩謝
天恩伏乞
皇上聖鑒謹
奏
道光十一年七月廿三日奉
硃批莅任後一切查實辦賑實心實力務臻妥善
以副簡調之意毋忽欽此

河南布政使林則徐奏摺　調補江寧布政使謝恩
道光十一年七月十五日

兩江總督陶澍奏片　**江寧布政使陸言請俟林則徐到任後再赴新任**

再江寧布政使陸言奉
旨調補河南布政使應即飭赴新任惟江省現當查
辦災務緊要之際新調布政使林則徐由河南
來江為期不遠陸言應請俟林則徐到任交卸
後再赴新任又太倉直隸州知州李正鼎於陞
補案內應行給咨赴部現在災務紛紜處處需
員差委一時實無可以接手之員應請俟災務
辦定委員接署再行赴部引
見除分檄飭遵外理合會同撫臣程祖洛合詞附片
陳明伏乞
聖鑒謹
奏

兩江總督陶澍奏片　江寧布政使陸言請俟林則徐到任後再赴新任
道光十一年七月十五日

兩江總督陶澍奏片　江寧布政使陸言請俟林則徐到任後再赴新任
道光十一年七月十五日

依議

户部尚書禧恩等題本

湖北布政使林則徐到任盤明倉存米穀無虧一案察核無誤

太子少保　御前大臣戶部尚書臣宗室禧恩等

題為請嚴等事戶科抄出湖北巡撫楊懌曾題調
任布政使林則徐到任盤查各屬倉存米穀實
貯無虧一案道光拾壹年正月貳拾柒日題肆
月初捌日奉
旨該部察核具奏欽此欽遵於本日抄出到部

該臣等查得湖北巡撫楊懌曾疏稱常平倉存
貯米穀定例藩司到任限三個月委盤結報詳
題歷經遵辦在案今據調任河南布政使江寧
布政使林則徐詳稱該司於道光拾年捌月貳
拾日到任前經檄委各道府州盤查茲據盤明

户部尚書禧恩等題本　湖北布政使林則徐到任盤明倉存米穀無虧一案察核無誤

道光十一年七月二十日

結報所屬倉存米穀麥粟包穀實貯在倉並無
虧空霉爛短少情弊覆查湖北各廳州縣衛並
荆門直隸州及長樂縣縣丞常平倉應存穀麥
粟包穀並小麥折穀壹百壹拾玖萬捌千伍百
肆拾柒石陸斗陸升伍勺米壹萬肆千柒百柒
拾柒石伍斗玖升貳合陸勺既據各道府州盤
明結報實貯在倉並無虧空霉爛短少情弊理
合造冊出結詳請查核具題等情臣覆核無異
除冊結送部外理合會同湖廣總督臣盧坤合
詞恭疏具題等因前來　查各省藩司到任
例限三個月將各屬常平倉存貯米穀委員盤
查依限題報今據湖北巡撫楊懌曾疏稱調任

布政使林則徐於道光拾年捌月貳拾日到任
委員盤查湖北各廳州縣衛並荆門直隸州及
長樂縣縣丞常平倉應存穀麥粟包穀並小麥
折穀壹百壹拾玖萬捌千伍百肆拾柒石陸斗
陸升伍合米壹萬肆千柒百柒拾柒石伍斗玖
升貳合陸勺據各道府州盤明結報實貯在倉
並無虧空霉爛短少情弊造具册結具題等語
查前項實存米穀既據盤明並無虧空霉爛短
少情弊造具册結送部 臣部按册核算數目均
屬相符應毋庸議此案於道光拾壹年肆月初
捌日科抄到部兹於柒月貳拾日辦理具
題合併聲明臣等未敢擅便謹

題請

旨

道光拾壹年柒月貳拾日

臣宗室禧恩

臣王鼎

臣宗室敬徵

左侍郎降二級留任臣汪守和差

御前大臣內大臣右侍郎兼管錢法堂事務正黃旗蒙古都統一等誠嘉毅勇公降二級留任臣博啟圖

經筵講官右侍郎兼管錢法堂事務管理國子監事務教習庶吉士降三品頂戴留任臣李宗昉

湖廣清吏司郎中臣薩麟

郎中臣福珹

郎中臣王汝琨

額外郎中臣李世亨

員外郎臣文禧

員外郎臣福昇

員外郎臣鶴齡

主事臣法良

主事臣況澄

額外主事臣格圖肯
額外主事臣謝鶴翎
額外主事臣徐有壬
額外主事臣閆肇琪

江寧布政使林則徐奏片 **奏報取道淮揚赴任以便勘察災情採買糧食**

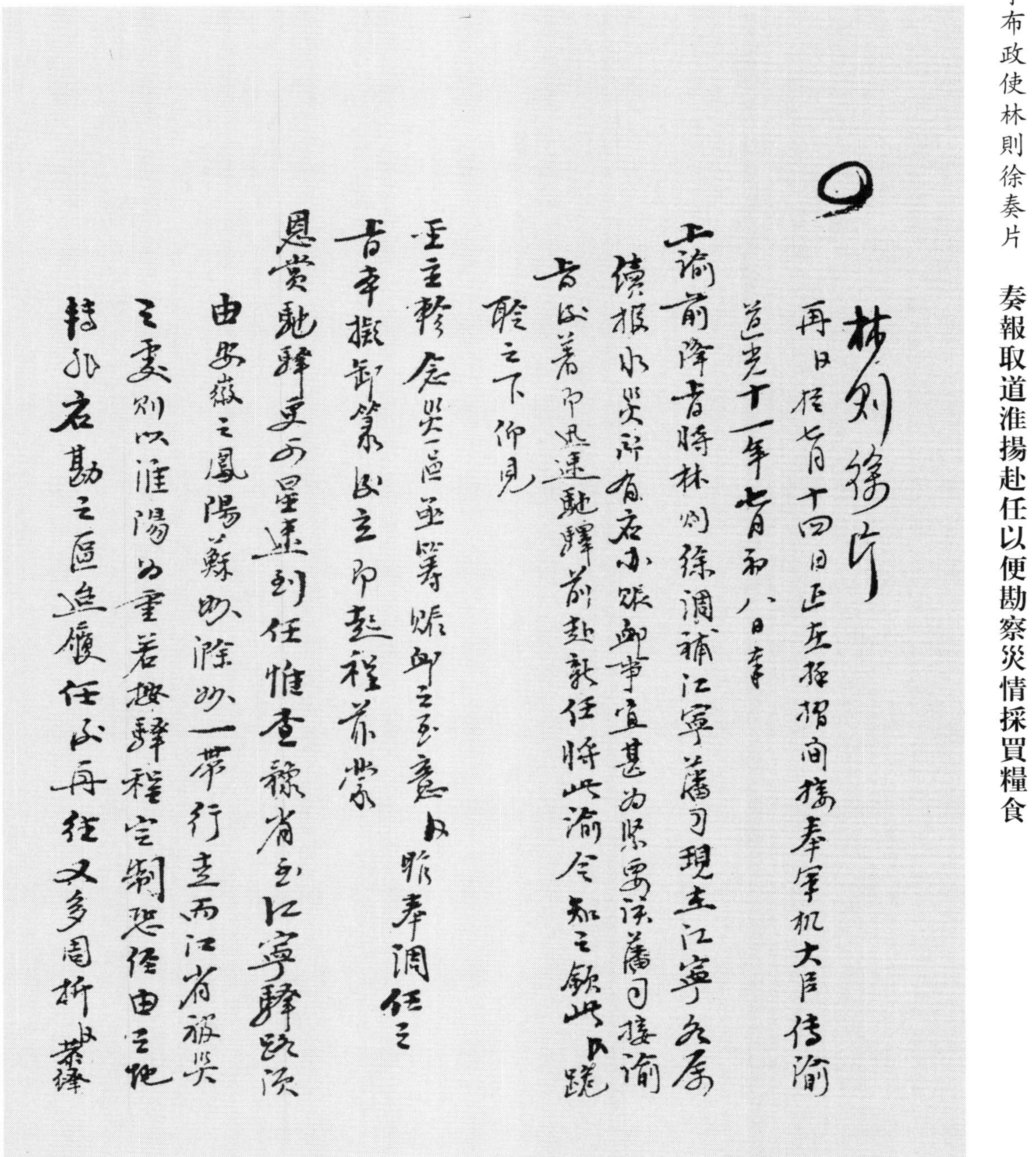
林則徐片

再，臣於七月十四日正在[illegible][illegible]向揚，奉軍機大臣傳諭：

道光十一年七月初八日奉

上諭：前降旨將林則徐調補江寧藩司，現在江寧各屬

續報水災，所有應辦賑卹事宜甚為緊要，該藩司接諭

旨後著即迅速馳驛前赴新任。將此諭令知之。欽此。臣跪

聆之下，仰見

聖主軫念災區，亟籌賑卹之至意。臣欽奉調任之

旨，本擬卸篆後立即起程[illegible]

恩賞馳驛，更當星速到任。惟查豫省至江寧驛路須

由安徽之鳳陽、蘇州、滁州一帶行走，而江省被災

之處則以淮陽為重，若按驛程定制，恐徑由之地

轉非應勘之區，迨履任後再往，又多周折。臣恭繹

恩諭以賑卹事宜甚為緊要不敢稍事拘泥致
耽延現仍由歸德府取道徐淮揚鎮以達江
寧該處亦係江蘇驛路行走尚不紆曲而沿江
及下河被水之處均可身經目覩即到各口採買
糧食亦可順道親至其地督飭趕緊買運從
期災區迅沾接濟群黎早沐
恩施以冀仰符
宸念所有遵
旨迅速起程緣由謹附片陳明伏乞
聖鑒謹
奏
道光十一年七月二十三日奉

江寧布政使林則徐奏片　奏報取道淮揚赴任以便勘察災情採買糧食

道光十一年七月二十三日

硃批：辦此等事首在實惠及民，嚴查胥吏舞弊，一力勉行。欽此。

江寧布政使林則徐奏摺　奏報接任江寧藩司日期並沿途被災情形

林則徐 到任日期並沿途勘災情形

奏 ○

八月二十三日

江寧布政使林則徐奏摺　奏報接任江寧藩司日期並沿途被災情形

道光十一年八月初七日

江寧布政使臣林則徐跪
奏為恭報微臣到任日期叩謝
天恩並陳沿途勘災情形仰祈
聖鑒事竊臣跪奉
恩旨調補江寧藩司並因該處賑卹事宜甚為緊要
諭令馳驛速赴新任遵於七月十五日由豫省起身當即
將取道淮揚查勘災區緣由奏
聖鑒在案嗣經過商邱劉家口暨同商賈採買小麥三
萬石裝運西河牛船隻陸續南下臣即督帶起麥
船由黃河順流而下於七月二十六日至清江浦換舟
前進所經之桃源宿遷高郵甘泉江都皆係被水較
重之區臣沿途查勘民田廬舍多在巨浸之中淺者淹及

半屬深者僅露屋脊其下河之秦州興化東台鹽城阜
寧等處均無隄防所經未及逾日之履勘飭據該州
縣將被水村莊繪圖開摺呈送以憑加查核皆因地
處運河下游經馬棚灣等處漫水匯注沖決圩圍被
淹情形亦高下相等其馬棚灣十四堡潰口之處以
六月經其地目睹溜勢十四堡已覺平緩易於堵合馬
棚灣一處訪之輿論多稱先堵西岸則回空漕船亦不必
走湖而東岸溜亦斷弱較易集事以因高寶揚州一帶
多有災民於堤搭棚棲止亦有乘坐小舟逃荒外
出者據縣本籍村莊田廬蕩然未能概令遣回皆先
就地安頓分經費撫以奠業
具賞給卹正查分投散放經以隨處抽查並曉諭災民

江寧布政使林則徐奏摺　奏報接任江寧藩司日期並沿途被災情形
道光十一年八月初七日

以上各屬郡之後即當勘明災分確查戶口蒙
恩旨分別給賑各宜安靜守分如有棍徒率領多人藉災
滋鬧定當為首之人按律處辦該災民等當知禁畏
安分守常以先沿途次有應辦文牘曾援查照接印成案
奏請暫接及載示於八月初三日准調任江蘇藩司陸言等
試用知縣朱榮桂齎江寧藩司印信送至揚州後
即于是日暫設公案望
闕叩頭祇領任事將揚州一帶安撫就緒隨又沿江而上
於經由之儀徵六合上元江寧等縣沿江處所順道勘
查此次量堆漲時水痕現繞消落丈許沙洲圩岸俱仍
一片彌漫與江蘇各縣房屋出水之處尚及半腰查詢
接郡士紳多已散棲民情尤為安帖所有撫賑事宜

江寧布政使林則徐奏摺　奏報接任江寧藩司日期並沿途被災情形
道光十一年八月初七日

麥石亦即分撥被災州縣各按地方情形分別平糶並
賑以資接濟臣於初六日進省即赴貢院查看東文場
號舍多已漸涸惟西文場及頭門外尚有水七八寸至二
尺有零現在設法堵塞兼用車戽趕緊不誤科場
日期並縣務事宜互契照臣之接踵彌切冰兢惟
有殫竭血誠隨同督撫臣認真辦理務使災黎咸
沾實惠帑項不稍虛糜以期仰副
聖主懷保惠鮮之至意再臣路過河南之開封歸德並
江省之徐州府屬秋收均稱豐稔閭閻樂慶
恬熙堪以上紓
宸念所有微臣感悚下忱謹繕摺叩謝
天恩伏乞

皇上聖鑒謹

奏

道光十一年八月二十三日奉

硃批另有旨諭也

八月初七日

上諭　林則徐奏稱馬棚灣等處潰口可先堵西岸著陶澍等熟商妥辦

軍機大臣　字寄
兩江總督陶　江南河道總督張　道光十一
年八月二十三日奉
上諭據林則徐奏報到任日期並沿途勘究情形摺
內稱經過馬棚灣十四堡潰口之處目覩溜勢十
多稱先堵西岸則回空漕船可不必走湖而東岸
四堡已覺平緩易於堵合馬棚灣一處訪之輿論
溜亦漸弱較易集事等語馬棚灣十四堡兩處漫
口工程前據陶澍等奏請俟水勢大消勘估籌辦
回空軍船查照成案飭令繞湖行走昨據張井奏
高郵湖河水勢日消已帶同文武員弁前赴揚河
擬將十四堡漫口一處先行儹堵以免運河洩水

過大有碍漕行其馬棚灣如何堵築之處未據具
奏兹據林則徐奏訪察輿論先堵西岸則回空漕
船可不必走湖而東岸溜亦漸弱究竟該處工程
係如何籌辦該藩司所稱先堵西岸是否必應如
此辦理於漕船行走是否有益著陶澍張井會同
熟商體察情形妥為辦理並將現在籌辦情形據
實具奏將此各諭令知之欽此遵
旨寄信前來

上諭　著陶澍林則徐等勘明災情將施賑事宜妥議具奏

軍機大臣　字寄
兩江總督陶　江蘇巡撫程　傳諭江寧布政
使林則徐　道光十一年八月二十三日奉
上諭據林則徐奏報到任日期並沿途勘災情形摺
内稱查勘災區因高郵寶應至揚州一帶多有災
民於沿堤搭棚棲止亦有乘坐小舟逃荒外出者
總緣本籍村庄田廬蕩然未能概令遣回姑先就
地安頓等語該處被災窮黎業經降旨加恩撫恤
據稱正在分途散放惟其中有逃荒外出者此項
災民既經外出所辦撫恤是否一律散放該災民
等係於何處支領應如何設法遣回令各歸鄉土
就食著陶澍程祖洛督同藩司林則徐悉心籌畫

將現辦情形據實具奏至該處現在撫恤口糧據
林則徐奏查詢多已散竣民情甚為安帖惟瞬屆
冬令天氣嚴寒各災民風棲露宿情形尤為可憫
必須豫為籌計著陶澍等體察情形勘明災分確
查戶口將如何接濟之處妥議具奏務期實惠均
沾勿令一夫流離失所以副朕軫念災區之至意
將此諭知陶澍程祖洛並傳諭林則徐知之欽此遵
旨寄信前來

上諭　著陶澍飭林則徐等總司江北賑撫事宜

軍機大臣　字寄

兩江總督陶　傳諭江寧布政使林則徐　常鎮通海道張岳崧　道光十一年九月十四日

奉

上諭據朱士彥等奏淮揚兩府並州縣各官多係調署於地方情形未能熟悉官與民亦不相習該尚書等無從訪問大賑在邇恐有辦理不妥之處所闗匪細著陶澍傳諭江寧布政司林則徐常鎮通海道張岳崧飭令總司江北賑撫事宜即行親往各災區周歷履勘體察情形酌量辦理地方官有不實心勘辦或從中侵蝕者即行指名嚴条其吏胥人等查有營私舞弊虛冒尅扣以致實惠不能

及民並著據實奏明從嚴懲辦倘意存徇隱不行
具奏别經發覺惟林則徐張岳崧是問其高郵馬
棚灣一帶據朱士彦奏災民搭棚居住挑土趁工
以資餬口惟其中老幼婦女不能工作環繞求賑
著林則徐等即飭該地方官作速查勘給賑毋使
一夫失所至白鎔奏行至高郵有興化災民迎遞
呈詞五紙委員訊問供詞閃爍並據湯譽光稟稱
具呈姓名即有該員於道光六年興化查災時稔
知積慣吞賑之顧瑞華張文華等在内使此次批
准呈詞則大賑即可縱其所欲等語此等匪徒假
冒災民藉圖漁利必應嚴行懲辦該左都御史已
面飭揚州府王青蓮帶回嚴訊著該督即飭林則

徐等嚴切根究將唆使之書差同夥人等一併按
律懲治以杜弊端其江寧藩司一缺是否應行委
員署理著陶澍酌量具奏將此諭知陶澍並傳諭
林則徐張岳崧知之欽此遵
旨寄信前來

兩江總督陶澍奏摺　**遵旨傳諭林則徐張岳崧勘辦江北災賑（污損）**

兩江總督陶澍奏摺 遵旨傳諭林則徐張岳崧勘辦江北災賑
道光十一年九月二十九日

兩江總督臣陶澍跪
奏為遵
旨傳諭林則徐張岳崧親歷勘辦災賑各事宜恭摺
覆
奏仰祈
聖鑒事竊臣承准軍機大臣字寄道光十一年九月
十四日奉
上諭據朱士彥等奏淮揚兩府並州縣各官多係調
署於地方情形未能熟悉官與民亦不相習該尚
書等無從訪問大賑在邇恐有辦理不妥之處所
關匪細著陶澍傳諭江寧布政司林則徐常鎮通
海道張岳崧飭令總司江北賑撫事宜即行親往

兩江總督陶澍奏摺　遵旨傳諭林則徐張岳崧勘辦江北災賑
道光十一年九月二十九日

各災區周歷履勘體察情形酌量辦理地方官有
不實心勘辦或從中侵蝕者即行指名嚴參其吏
胥人等查有營私舞弊虛冒剋扣以致實惠不能
及民並著據實奏明從嚴懲辦倘意存狗隱不行
具奏別經發覺惟林則徐張岳崧是問其高郵馬
棚灣一帶據朱士彥奏災民搭棚居住挑土趁工
以資糊口惟其中老幼婦女不能工作環繞求賑
著林則徐等即飭該地方官作速查勘給賑毋使
一夫失所至白鎔奏行至高郵有興化災民迎遮
呈詞五紙委員訊問供詞閃爍並據湯譽光稟稱
具呈姓名即有該員於道光六年興化查災時稔
知積慣吞賑之顧瑞華張文華等在內使此次批

兩江總督陶澍奏摺　遵旨傳諭林則徐張岳崧勘辦江北災賑
道光十一年九月二十九日

准呈詞則大賑即可縱其所欲等語此等匪徒假
冒災民籍圖漁利必應嚴行懲辦該左都御史已
面飭揚州府王青蓮帶回嚴訊著該督即飭林則
徐等嚴切根究將唆使之書差同夥人等一併按
律懲治以杜弊端其江寧藩司一缺是否應行委
員署理著陶澍酌量具奏將此諭知陶澍並傳諭
林則徐張岳崧知之欽此伏思本年江省被災極
重流離顛沛之狀行路酸惻各州縣不肖之心
已無自而生惟是人之才識不齊地方情形亦
異淮揚路值衝衢災民來往尤衆遇有才力竭
蹶之員即恐其辦理不妥不得不行撤換兼亦
有丁憂事故之人致多調署然查現署揚州府

王青蓮現署淮安府周燾皆由知縣洊升府州
在江省年久情形尚為諳練頗能任事其餘各
州縣亦均經臣與撫臣程祖洛再三籌酌期於
人地相宜辦災弗誤惟現當挨查戶口之際人
必面驗戶必親填各州縣一人之耳目難週必
須委員幫辦每一州縣多者十餘員少者六七
員統計江北查賑之員百有餘員若但憑該管
知府為之督辦仍恐未能周到自應責成司道
大員總司其事俾資慎重臣已遵
旨傳諭林則徐張岳崧親往江北各災區周歷履勘
體察情形酌量辦理地方官有不實心勘辦或
從中侵蝕及吏胥人等查有營私舞弊虛冒尅

扣以致實惠不能及民者即由該司道欽遵
諭旨據實奏明嚴參懲辦臣與撫臣復隨時督察斷
不令稍存徇隱致蹈愆尤至災民因房屋被淹
搭蓬棲止傭趁糊口者所在多有不獨馬棚灣
一處為然其中老幼婦女家有少壯丁男者即
可藉挑土趁工以資養贍而因無人養贍嗷嗷
待餔者亦復不少自宜速為賑濟俾免失所現
已飭令該司道等嚴催各府州縣及委員等作
速查勘給賑弗令延緩至若環繞求賑之老幼
婦女則家必有主其是否實係災民尚須察辦
蓋淮揚一帶積慣吞賑之人名為災頭往往糾
約多人聯名遞呈索賑又或暗使老幼婦女成

兩江總督陶澍奏摺　遵旨傳諭林則徐張岳崧勘辦江北災賑
道光十一年九月二十九日

羣結隊圍繞呼號甚至揪扭衣裾攔輿喧鬧使
勘辦之員心慌力困無能彈壓而彼乃得逞其
所欲若不細查底裏易致受其擾混彌長刁風
即如
欽差臣白鎔所奏興化縣假冒災民藉圖漁利之顧
瑞華張文華等與泰州前次拏獲之夏體元及
現在續獲之王王林等是其明証總之被災之
民出死求生本有身家一俟水退即可復還舊
業斷不肯滋生事端其藉災滋事之人多係無
賴棍徒平時游手好閑無孳不作一遇荒歉即
倖災樂禍引誘愚民從中網利此等奸徒專以
訐控為長技脅制官長咀嚼窮黎必應懲警以

兩江總督陶澍奏摺　遵旨傳諭林則徐張岳崧勘辦江北災賑
道光十一年九月二十九日

除莠而安良所有王玉林等現由撫臣親審重
辦其顧瑞華等籍究混控各犯應即遵交林則
徐等嚴切跟究按律懲治以警弊混至淮揚兩
府原係江寧藩司所屬兹林則徐親赴江北仍
在境内例准帶印公出遇有藩署緊要事件該
藩司儘可途次辦理而於總司賑務亦呼應較
靈臣詳加酌量所有江寧藩司一缺似可毋庸
委員署理其藩署日行循例事件現有同城之
鹽巡道蒓謙勤明練達可以代印代行不致貽
誤臣現駐清江督署日行事件向由江寧藩司
代折代行令該藩司復又公出應一併交該道蒓
謙代折代行以歸簡便所有臣遵

兩江總督陶澍奏摺 遵旨傳諭林則徐張岳崧勘辦江北災賑
道光十一年九月二十九日

旨傳諭該司道緣由理合恭摺具
奏伏乞
皇上聖鑒再查江寧府屬濱江各縣被災亦重該藩
司林則徐既總司江北賑撫事宜則江寧一府
恐難兼顧查有揀發道府王瑞徵曾署江寧府
事熟悉地方情形臣已札商撫臣派委該員協
同現任江寧府知府趙炳言認真妥辦合併陳
明謹
奏
另有旨

兩江總督陶澍奏摺 遵旨傳諭林則徐張岳崧勘辦江北災賑
道光十一年九月二十九日

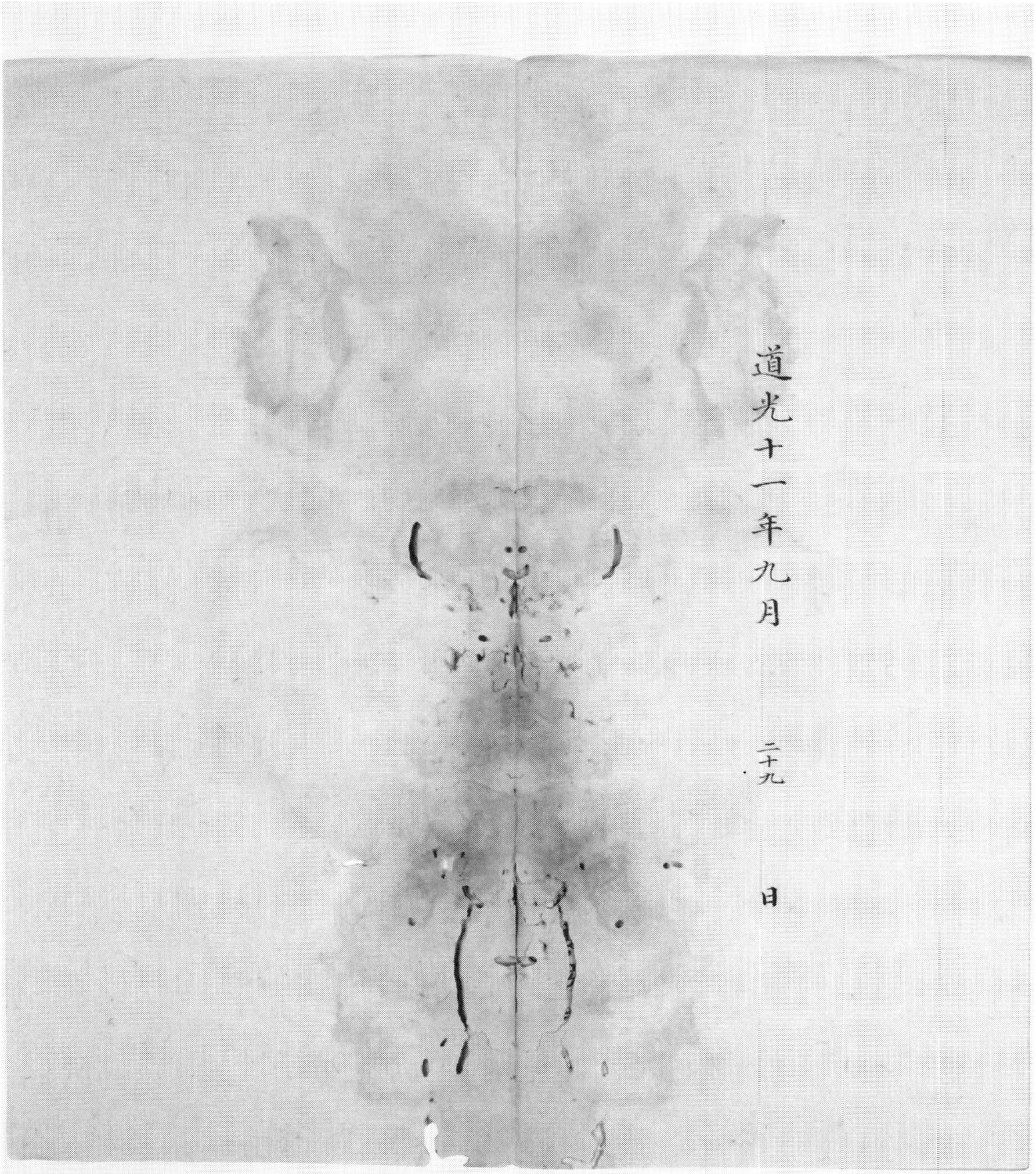
道光十一年九月 二十九 日

戶部尚書禧恩等題本　**林則徐湖北布政使任內經管工程銀數相符一案察核無誤**

依議
題

太子少保 御前大臣 戶部尚書 臣 宗室禧恩等謹
題為詳請等事戶科抄出湖北巡撫楊懌曾題前
任布政使額騰伊接收前任布政使林則徐任
內經管善後工程等項銀兩交盤清楚一案道
光拾壹年肆月初玖日題陸月拾捌日奉
旨該部察核具奏欽此欽遵於本日抄出到部
該臣等查得湖北巡撫楊懌曾疏稱前任布政
使林則徐自道光拾年捌月貳拾日到任起至
道光拾壹年貳月初玖日卸事前一日止任內
經管善後工程等項銀兩據前任布政使額騰
伊接收清楚造冊結報親往盤查並無虧欠加

結具題前來。查疏冊內開善後工程項下
舊管銀貳千壹百貳拾壹兩叁錢陸釐，新收開
除無項，實存銀貳千壹百貳拾壹兩叁錢陸釐。
官兵鄉勇恤賞項下舊管銀壹拾捌兩玖錢，新
收開除無項，實存銀壹拾捌兩玖錢。漢陽江工
籌備生息項下舊管銀玖百叁拾肆兩貳分肆
釐，新收銀伍百伍拾伍兩叁錢，開除無項，實存
銀壹千肆百捌拾玖兩叁錢貳分肆釐。各項工
程扣收平餘項下舊管銀壹千捌百壹拾肆兩
叁錢玖分陸釐，新收銀柒拾捌兩壹錢貳分，開
除無項，實存銀壹千捌百玖拾貳兩伍錢壹分
陸釐。商捐堤河生息項下舊管銀壹萬陸千玖

百叁拾陸兩肆錢叁分貳釐新收銀壹千兩開
除銀壹萬陸千叁百柒拾柒兩肆錢貳分捌釐
實存銀壹千伍百伍拾玖兩肆釐正鑄錢價項
下舊管銀貳萬貳千柒百叁拾捌兩陸分肆釐
新收銀壹萬玖千玖拾柒兩柒分玖釐開除銀
叁萬伍千陸百壹拾壹兩玖分捌釐實存銀陸
千貳百貳拾肆兩肆分伍釐荆州滿營馬價生
息項下舊管銀伍拾叁兩叁錢叁分肆釐新收
銀壹萬壹千肆百陸拾陸兩陸錢陸分陸釐開
除銀壹萬壹千伍百貳拾兩實存無項沙洋堤
工籌備生息項下舊管銀壹萬捌千貳百玖拾
伍兩玖錢叁分陸釐新收銀叁千貳拾伍兩肆

錢壹分叁釐開除銀柒百伍拾貳兩壹錢壹分伍釐實存銀貳萬伍百陸拾玖兩貳錢叁分肆釐各營差費生息項下舊管銀壹萬壹千柒百叁拾玖兩貳錢伍釐新收銀叁百柒拾捌兩陸錢捌分開除銀貳百叁拾伍兩柒錢捌分實存銀壹萬壹千捌百捌拾貳兩壹錢伍釐襄陽老龍石堤籌備生息項下舊管銀貳千捌百陸拾伍兩陸錢陸分新收銀肆百壹拾柒兩肆錢伍分伍釐開除無項實存銀叁千貳百捌拾叁兩壹錢壹分伍釐捐監正銀項下舊管銀壹萬貳百叁拾兩新收銀肆萬捌千兩開除銀伍萬兩實存銀捌千貳百叁拾兩隨收捐監正項平餘

照賞飯食項下舊管銀捌千捌百叁拾兩玖錢玖釐新收銀叁千陸百貳拾伍兩陸錢開除銀伍百玖拾伍兩捌錢捌分貳釐實存銀壹萬壹千捌百陸拾兩陸錢貳分柒釐封貯項下舊管銀拾萬兩新收銀伍萬兩開除無項實存銀拾伍萬兩等語查前項舊管銀兩臣部核與上屆交盤册報實存數目相符新收開除銀兩按册核算數目亦屬符合應毋庸議實存銀兩應令該撫轉飭造入下屆交盤册内舊管項下題報查核此案於道光拾壹年陸月拾捌日科抄到部兹於拾月初貳日辦理具

題合併聲明臣等未敢擅便謹

户部尚書禧恩等題本　林則徐湖北布政使任内經管工程銀數相符一案察核無誤

道光十一年十月初二日

題請

旨

臣宗室禧恩

書臣王　鼎

臣宗室敬徵

左侍郎臣汪守和差

右侍郎兼管錢法堂事務正藍旗護軍統領鑲藍旗滿洲副都統臣桂輪未到任

吏部左侍郎署右侍郎兼管錢法堂事務正藍旗滿洲副都統臣貴慶

經筵講官右侍郎兼管錢法堂事務管理國子監事務教習庶吉士臣李宗昉

湖廣清吏司郎中臣薩麟

郎中臣福盛

郎中臣王汝琨

額外郎中臣李世亨

員外郎臣文禧

員外郎臣福昇

員外郎臣鶴齡

員外郎福祿

主事臣法良

主事臣汎登

額外主事臣格圖肯

額外主事臣謝鶴翎

額外主事臣徐有壬

額外主事臣閆肇琪

上諭　著林則徐補授河東河道總督即赴新任毋庸請訓

道光十一年十月初七日內閣奉
上諭嚴烺奏舊疾增劇懇准開缺一摺嚴烺自簡任
河道總督以來十有一年諸事留心於修防要務
督率工員隨時辦理均合機宜是以東河連年疊
慶安瀾茲據奏舊疾增劇一時難以就痊籲懇開
缺嚴烺著加恩准其開缺回籍調理一俟全愈即
行來京銷假另候簡用河東河道總督員缺著林
則徐補授即赴新任毋庸來京請訓嚴烺著俟林
則徐到任後再行起程回籍江寧布政使員缺著
趙盛奎補授亦著即赴新任毋庸來京請訓趙盛奎未
到任以前江寧布政使著陶澍委員署理欽此

江蘇巡撫程祖洛奏摺 **奏報布政使林則徐等督辦賑務情形並呈其查賑章程**

江蘇巡撫程祖洛奏摺　奏報布政使林則徐等督辦賑務情形並呈其查賑章程
道光十一年十月初九日

江蘇巡撫臣程祖洛跪

奏為恭報藩司林則徐出省督辦江寧淮揚賑務

並繕錄該司查賑章程清單敬呈

御覽仰祈

聖鑒事竊照藩司林則徐欽奉

諭旨飭與常鎮通海道張岳崧督辦淮揚灾務業經

督臣陶澍遵

旨覆奏在案現在江北所屬灾區先經分投委員會

查戶口該道張岳崧駐劄揚關即飭就近先行

往來督查藩司林則徐現須布置司署一切俟

代理之鹽道徐謙文闈提調事竣出闈交代後

即起身出省先赴江寧所屬各縣巡查再行渡

江蘇巡撫程祖洛奏摺　奏報布政使林則徐等督辦賑務情形並呈其查賑章程　道光十一年十月初九日

江前往揚淮各屬周歷督辦臣竊惟江蘇地方
官吏因循之習未除士民刁詐之風方熾良民
以災為苦書保豪棍則以災為幸相率浮開冒
領習為生涯稍不遂願即倚衆滋事錮結成風
牢不可破本年辦理賑務臣與督臣暨各司道
誓欲力除積習雖已三令五申在地方有司或
已咸知法例而書役地保以及劣衿地棍尚恐
故智潛萌蓄奸試法若不及時整頓極力澈除
賴風伊於胡底不惟經費虛耗窮黎難沾實惠
且於人心風俗亦大有關係惟當事者言尨則
易惑事雜則易淆必先定靜而安然後能慮有
得若輩宵小每假上之威以臨下倚下之衆以

挾官而又利有司之繁冗叢雜巧事餂啻非多
為控呈以慫官聽即播為浮言以煽衆心乘其
忙脅之時售其鬼蜮之術地方有司若聞言即
信遇事則驚必致茫無主張安能望其整頓又
或羣言滿耳委員四出多一人即多一弊且多
一費雖欲肅清弊竇而不能臣並諄囑司道督
率所屬運以實心尤當處以鎮定方能稽查周
密辨理認真設有不肖不職之官員與作奸犯
科之書保豪棍等即應據實分別叅
奏懲辦不可務為姑息尤不可輕聽浮言以致自
行掣肘總須隨處隨事核實合宜以期漸次挽
回頹風現據藩司林則徐議詳飭發各屬查賑

江蘇巡撫程祖洛奏摺　奏報布政使林則徐等督辦賑務情形並呈其查賑章程

道光十一年十月初九日

章程十條除批飭照辦外謹繕録清單恭呈

御覽伏乞

皇上聖鑒謹

奏

務和趙盛奎張岳崧妥速辦理

道光十一年十月　初九　日

江蘇巡撫程祖洛清單

林則徐飭發州縣查賑章程十條

清單

江蘇巡撫程祖洛清單　林則徐飭發州縣查賑章程十條

道光十一年十月初九日

謹將藩司林則徐議詳飭發州縣查賑章程十

條繕錄清單恭呈

御覽

計開

為飭發查賑章程事照得此次江揚淮海等屬

賑卹事宜疊經三令五申期與各屬洗心滌慮

但恐明不足以察積弊識不足以格衆心陋習

尚未盡除奸徒尚未盡懾當茲挨查户口之際

最為緊要關鍵合再嚴立章程刊刷頒行共相

遵守凡我在事各員官職雖有崇庳天良總難

泯滅經此吏番申儆之後若不力辦清賑則是

別有肺腸惟有執法從事而已所有章程開列

江蘇巡撫程祖洛清單 林則徐飭發州縣查賑章程十條
道光十一年十月初九日

於左
一官員吏役均須免其賠累以清辦賑之源也查
委員下鄉備嘗艱苦舟輿僕隸需費孔多例銷
薪水每日一錢隨從三分實不足以敷食用致
有受鄉保之供應縱丁役之侵漁者乃或鑒此
弊端概令州縣捐廉貼補而災歲瘡痍滿目州
縣安有餘貲如必責以捐賠只得將饑口增多
錢價縮少初意但求免累尚非侵入己囊豈知
一涉通融則人人得而挾制騎虎之勢有不至
於串冒分肥而不止者智士仁人所宜慎之於
始也查委員每人跟隨兩僕並帶書差五六名
每日船價飯食約共需銀二兩以一月為度即

需六十兩災重者一縣十員其次遞減至五六員自應按數核給俾資食用除現任正印以上本員不給外其候補正佐各員與現任佐雜皆應一體准給此項經費擬於官捐銀內提出二萬兩分別州縣災分輕重派委查賑幾員核計需銀若干發交該州縣轉給所有委員下鄉船隻飯食均以此項自行開發已極從容不准州縣另為給付尤不准收受地保圩長絲毫供應隨從人等如有需索情弊將本員一併參辦

一各衙門陋規宜盡行裁革也查州縣請領賑銀司道府書向有釐頭造冊核銷又有使費賑務所以不清大率由此今議將司書紙飯另行籌

款賞給不准向州縣索取分毫道府衙門亦應一體裁禁即如賑濟花名細册已於道光二年奉部删除則本省亦毋須紛紛造送應自此次為始各屬只造花名册一分送司查核此外一概免造若各衙門書吏仍有私索規費遇事吹求者該州縣立即指禀以憑究辦徇隱者予受同罪決不姑寬

一書役地保宜責令委員嚴加約束也辦賑弊端百出而隨查之書役地保為尤甚造册有册費給票有票錢窮民無力出錢則删減口數以多報少奸民暗地勾串則又浮開口數以少報多積弊纍纍指不勝屈且伊等視委員非其本管

官輒敢嚇制愚弄無所不至在明幹之員雖能自主尚不免因息事而姑容彼闒弱者之墮其術中更無論矣此次應將書役地保交各委員嚴加管束如有舞弊逞刁輕則當場責懲重則移縣究辦儻能實心出力亦由委員移縣酌賞庶幾有所忌憚而呼應亦靈至賑冊賑票皆責令委員親填不許以役保所造為據如委員懶惰失察任其滋弊即無受賄亦當立予嚴參

一印委各員宜令互相稽察也此次委查之員應各給木戳一顆刊明承查某州縣戶口某員戳記字樣俾其攜帶下鄉除查完一戶用油灰書其門首查完一村將戶口揭榜通衢如有舛錯

准於五日内呈明更正外應另將各村總數隨
時彙開清摺逕行報司外用木戳官封寫明究
賑公文馬上飛申字樣並編列號次以憑查考
其賑票上亦以木戳蓋之使驗票即知為何員
所查仍將查過底册移送州縣則印官無從添
入戶口矣印官接到委員底册立即下鄉抽查
如其有册無榜或册榜不符即將該委員揭參
撤換藩司與該管道府仍節次親查核對榜册
若印委通同迴護定即一併參辦

一應賑不應賑之人宜詳細區別以防爭論也賑
銀原以賙困乏其有微本經營與手藝得以資
生者即不宜濫入乃鄉愚習於蠻野往往力可

支持之户亦要混作貧民，且必争為極貧而不
願為次貧，又欲概填大口而不願有小口在極
稀而硬求入册，約賓朋而湊報多人，田地本坐
熟莊而借題影射，養贍非無親族而詭説零丁。
若斯之類，不勝枚舉，應由該州縣申明定例及
歷辦應賑不應賑條款，另繕高脚牌，令地保捐
負，隨同委員明白曉諭，以杜争論之端。儻宣示
後仍復强争，即屬明知故犯，應先除名扣賑，再
行嚴拏重懲，如一鄉之中無理取鬧者多，必有
指使之人，應先將地保圩長痛加懲治。
一嚴禁灾頭以戢刁風也。灾之輕重，户之極次，口
之多寡，皆應静候印委各員查明册報，乃有刁

生劣監土豪地棍倡為災頭名色號召愚民斂
錢作費到處建名遮呈及委員查賑時呼萃結
隊牽挽喧嚣不令挨户入查直欲先搶賑票又
暗使婦女潑水擲土闔艙攔舟或請委員上樓
而絶其梯或誘委員入廟而扃其鑰此種混行
攪鬧目無法紀尤為可惡現已拏獲在泰州滋
鬧之災頭王玉林夏體元等
奏明嚴行審辦應責令該委員於查賑時訪有前
項災頭立即鎖拏一面具文通禀一面移送該
州縣嚴訊按律定擬儻值刁徒滋鬧委員坐困
在鄉而州縣漠然坐視許該委員據實禀揭立
即撤參示儆

江蘇巡撫程祖洛清單　林則徐飭發州縣查賑章程十條
道光十一年十月初九日

一棚棲災民宜附莊給賑以示體卹也查逃荒災民以荒就熟者多以荒就荒者少應令印委各員於查賑之時詳加體察如係外來乞食之過路流民自應不准入册其有搭棚棲止者或由本屬別村暫移高阜或係外縣人民寄居隄塍應先詢明原籍村莊諭令回籍領賑其原籍實在無處棲身不願回歸者若強令遣回轉虞失所應即准其附莊列入册尾照次貧予以賑濟以免流離仍一面開列花名户口移明原籍以防重領其雖係棚棲而積有餘糧或小本營生者仍不給賑以杜影射

一開賑歸來宜明立限制以防重冒也例載開賑

歸來者並准入冊賑卹此次流民外出者甚多若不論到籍先後概予補給則若輩有恃無恐必俟行橐充盈之後始肯言旋而放賑早已過時亦恐倍滋弊混除出示曉諭務於大賑未散以前各還原籍外現令查賑委員將各村外出之戶皆用另冊登明俟其回歸之時驗有留養資送之州縣移來名冊可查並本籍房屋與委員查賑時冊載相符者方准一體給賑仍按其何月歸來即以何月為始庶免兩處跨領之弊其延至展賑畢後始歸者若非散處別村業已附莊給賑即係留養熟地所獲較賑為多應不准其補給

一領銀易錢錢須擇價善之區設法購運也查歷屆散賑所報錢價比平時每減至十分之一其弊一由於市儈之乘機射利跌價病民一由於州縣之挹彼注茲將多報少獨不思在官多散一錢即窮黎多得一錢之益為民父母於此而不用吾情烏乎用吾情況此次辦賑視費既議革除紙飯又有津貼並將應發銀兩預先解到府州更何詞之可藉乎查刻下省城庫紋一兩易足錢一千三百文該地方官應將現領之銀速即探明何處多換錢文即向何處交易雖不免有盤運之費而水路運腳總不甚多比之偏僻地方易錢自必有贏無絀將來即按其所報錢

數以定其辦賑之優劣如每大口一月賑銀能
給錢至二百文以上者定當列為優等詳明獎
勵若僅給一百七十文以下則須將因何少換
之故切實聲明以憑查訪如有尅扣法立隨之
勿以向來積習相沿恬不為怪也

一賞票名目應嚴行革除也委員赴鄉查賑每於
栽數之後隨查人等求賞賑票以資酬勞殊不
思伊等給有飯食即不敷用亦應由地方官捐
資另賞豈可以拯灾之
帑項作為賞犒之私恩且此次飯食已由各官捐
廉優給　不得藉口賠貼應將賞票永遠禁革
儻仍私相予受察出信懲

以上十條皆目前查賑要務稟核各屬所稟
參以聞見通飭遵行至放賑之時宜於適中
之地多設廠所妥為散放錢數不可短少賑
票不許賣總期民沾實惠弊絕風清乃不
負司牧之任是所厚望焉

覽

上諭　林則徐已簡放東河總督著趙盛奎張岳崧總司江北賑務

軍機大臣　字寄

兩江總督陶　道光十一年十月十四日奉

上諭據陶澍奏傳諭林則徐張岳崧親歷勘辦災賑

一摺林則徐現已簡放河東河道總督並令江寧

布政使趙盛奎即赴新任所有江北賑撫事宜著

陶澍即傳諭趙盛奎會同張岳崧總司其事親往

各災區周歷履勘體察情形妥速辦理儻地方官

有不實心勘辦或從中侵蝕及吏胥等有營私舞

弊虛冒剋扣以致實惠不能及民者即著該司道

等遵照前旨嚴參懲辦趙盛奎既總司江北賑撫

事宜江寧一府勢難兼顧揀發道府王瑞徵前署

江寧府事既熟悉該處情形即著該員協同現任

知府趙炳言認真妥辦將此諭令知之欽此遵
旨寄信前来

上諭 西安府投充効力錯誤著林則徐等降級罰俸不准抵銷

道光十一年十月十五日奉
旨吏部等衙門奏分別嚴議議處經辦陝西西安府
清軍同知衙門投充効力錯誤各員前任清軍同
知病痊坐補原缺慶林著於補官日降四級調用
前署清軍同知現任佛坪同知景梁曾著降三級
調用前署清軍同知耀州告病知州張利溥著於
補官日降二級調用前署清軍同知試用同知宗
恒祥著於補官日降一級調用歷任藩司徐炘史
譜溫承惠常文俱著加恩改為降四級留任顏伯
燾方載豫鄧廷楨慶保鄂山姚祖同林則徐蘇成
額楊名颺誠端恒敬嵩溥陳廷桂何永基薰俱著加
恩改為降三級留任歷任巡撫徐炘鄂山俱著再

降二級留任盧坤著降二級留任史譜鄧廷楨常文著再降一級留任那彥成著降一級留任文孚著罰俸一年溫承惠著再罰俸一年以上降調降留罰俸各員均不准其抵銷其已革職各員降留罰俸處分俱著註册欽此

江寧布政使林則徐奏摺　陞授河督謝恩並陳不諳河務請另賜簡放

林則徐　瀝陳不諳河務由

〇

奏

十一月初五日

江寧布政使林則徐奏摺 陞授河督謝恩並陳不諳河務請另賜簡放
道光十一年十月十九日

江寧布政使陞授河東河道總督臣林則徐跪
奏為恭謝
天恩並陳不諳河務惶悚遲懼下忱仰祈
聖鑒事竊臣於十月十九日奉兩江督臣陶澍行知准吏部
咨欽奉
上諭江東河道總督員缺 欽此臣謹即恭設香案望
闕叩頭虔謝
天恩伏念臣以至愚極陋之資仰荷
聖主曠慈用至藩司由河南調任江寧甫逾兩月已蒙未
能稍酬時切冰兢茲復渥荷
恩綸擢畀總河重任臣自顧何人疊膺

陞遐維捐糜頂踵不足仰答
高深處殿漸零莫能言狀惟思河工修防要務關係
運道民生最為重大前臣於摠全局籌度機宜必
須明曉工程胸有把握始能釐工剔弊化險為平
而道將廳營皆為群其調度非分司防守之員可有
稟承者可比臣先由翰林御史外擢浙江杭嘉湖
道本未經習河工與道光二年奉
旨補授江南淮海道雖有兼河之責但自是年十二月
二十四日到任至次年正月初七日即已蒙
恩升授江蘇臬司計在任不及一月又值歲暮停工之際不
特河防形勢未及講求即土埽各工做法亦未目覩
至五年間奉

旨赴高家堰催工為時約有數月而所見祇係砌石一面
祇係補修並未經手工程於河務仍屬隔閡今蒙
簡膺總河重任既未明於形勢即不審於機宜然
使徒事研求已屬緩不及事且河工尤以杜弊為亟
必先周知其弊乃可嚴立其防臣具有天良固不敢
不認真稽察然能自矢不欺之念終無不受人欺之
明平時未曉工程雖勝通工耳目並膺任之始措
置有乖猶之後即皆宜心嘗試況河工為務與地方
不同地方有利必當興有害當除所見未真可待從容審
有餘一時之受人朦蔽而挽回補救猶可條為河工之
事辯來計不旋踵為胸無定見一事被朦虛糜之甚
即成千里之謬若以為本不可信動輒駁飭則又恐其

非敢倒後急退循設或猝遇險工束手無策游
移之間必致失機宜彼時即將臣從重治罪在臣之一身
固不足惜而糜
帑病民貽誤河防大計上何以對
君父下何以對生靈一念及此不勝股慄此臣所以瀝陳恩
維有必須量而後入不敢貿然從事者古稱陳力就
列又云學而後入政臣於地方政務雖亦力所難勝究曾
學習十年尚冀勉圖報効若河工全未諳悉何所設
施
聖明之前萬不敢有一毫欺飾與其將來貽誤莫若披
實瀝陳伏乞
皇上格外垂慈

江寧布政使林則徐奏摺 陞授河督謝恩並陳不諳河務請另賜簡放
道光十一年十月十九日

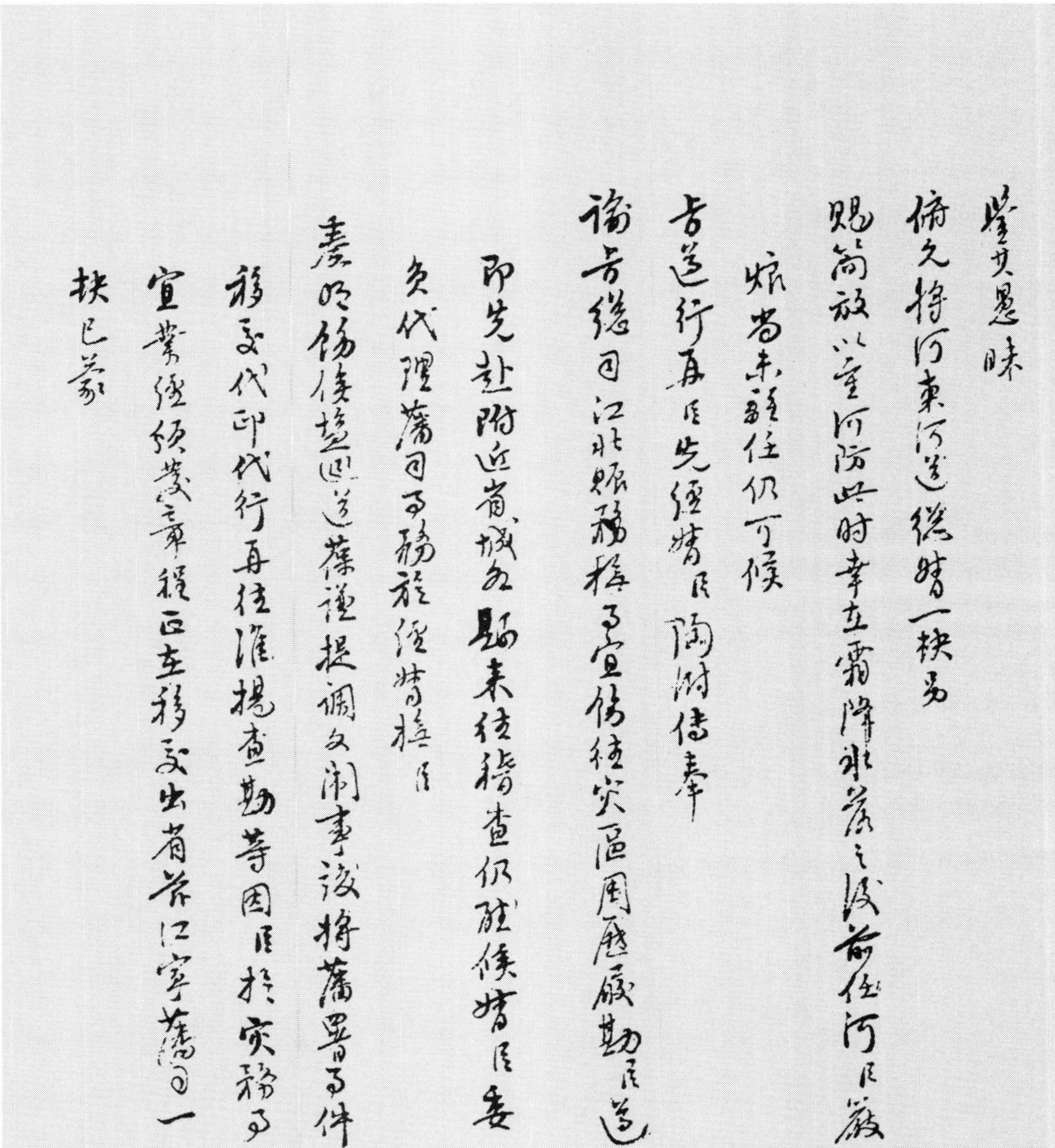
鑒其愚昧
俯允將河東河道總督一缺另
賜簡放，以重河防。此時幸在霜降水落之後，前任河臣嚴
烺尚未離任，仍可候
旨遵行。再，臣先經督臣陶澍傳奉
諭旨：總司江北賑務，移乃宜偏往災區周歷履勘。臣遵
即先赴附近省城，分馳來往稽查，仍駐候督臣委
員代理藩司事務，旋經督撫臣
奏明，俟鹽巡道蔡謹提調文闈事竣，將藩署事件
移交代印代行，再往淮揚查勘等因。臣於災務事
宜業經預籌章程，正在移交出省。茲江寧藩司一
伏乞睿鑒

簡放有人臣冀署中並頗之事更可專心職務藉以勉
竭駑駘現仍欽遵前奉
諭旨周歷淮揚一帶查勘督辦斷不敢稍因暇逸自外
生成所有微臣感激悚懼下忱不揣冒昧謹據實具
奏叩謝
天恩伏乞
皇上聖鑒訓示臣無任戰慄屏營惶恐待
命之至謹
奏
道光十一年十一月初五日奉
硃批 欽此

十月十九日

上諭　著林則徐明察暗訪豫省碎石工程

軍機大臣　字寄
河東河道總督林　道光十一年十一月初二
日奉
上諭本日嚴烺奏豫省上南中河曹考三廳險工酌
拋碎石一摺已明降諭旨准於豫省藩庫照數撥
發趕緊採運矣此項碎石工程起於南河道光七年九
月間始據嚴烺奏蘭儀廳紫壩十八埽以上已將
碎石簽護化險為平十八埽以下北十一堡鑲修
歲無虛日此後年復一年更恐危險堪虞現飭各
道仿照紫壩碎石成案分別估辦以為固工節費
之計等語是年蘭儀下北兩廳當經降旨准行既
用碎石拋護則歲料防險等項自應節省乃歷年

以來碎石工程無歲無之而其採辦來年歲料及
請撥防險銀兩並未節省絲毫究竟此項碎石工程是
否於黃河有益如果有益何以歲料並不見節省
徒添出碎石一項費用林則徐係朕特簡甫經到
任無所庸其迴護此時亦不必亟亟著明查暗訪
悉心體察情形據實覆奏將此諭令知之欽此遵
旨寄信前來

户部尚書禧恩等題本　林則徐湖北布政使任内經管錢糧數目相符一案察核無誤

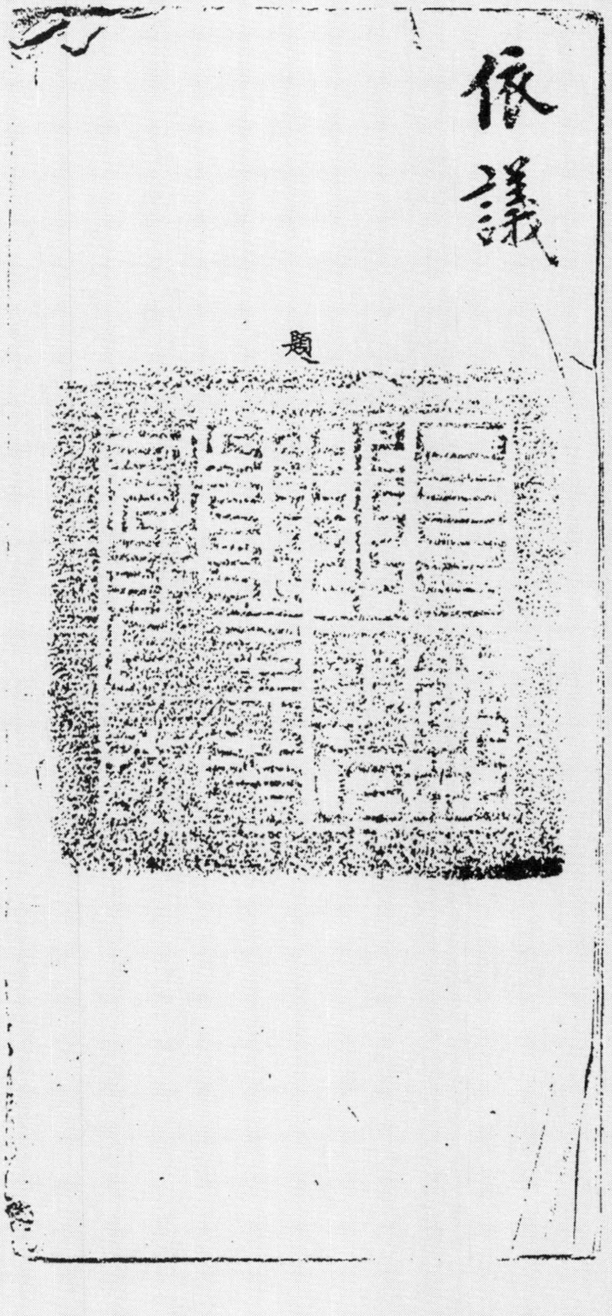

户部尚書禧恩等題本 林則徐湖北布政使任内經管錢糧數目相符一案察核無誤 道光十一年十一月初二日

太子少保 御前大臣 户部尚書 臣 宗室禧恩等謹

題爲呈送等事户科抄出湖北巡撫楊懌曾題布政使額騰伊接收前任布政使林則徐任内經管地丁等項錢糧交盤清楚一案道光拾壹年肆月初玖日題陸月拾捌日奉

旨該部察核具奏册併發欽此欽遵於本日抄出到部

該臣等查得湖北巡撫楊懌曾疏稱前任布政使林則徐自道光拾年捌月貳拾日到任起至道光拾壹年貳月初玖日卸事前一日止任内收支地丁正雜錢糧據前任布政使額騰伊接收清楚造册結報親往盤查並無虧欠扣結具

題前來　查疏冊内開地丁項下舊管銀貳
拾壹萬壹千捌百伍拾壹兩貳錢陸分壹釐新
收銀伍拾貳萬叁千叁百捌拾壹兩玖錢叁分
陸釐開除銀肆拾捌萬伍千柒拾兩柒錢肆分
叁釐實存銀貳拾伍萬壹百陸拾貳兩肆錢伍
分肆釐各案存庫項下舊管銀壹拾伍萬伍百
叁拾肆兩柒錢捌分玖釐新收銀壹萬貳千伍
百陸拾捌兩伍錢叁分捌釐開除銀柒萬伍千
伍百陸拾兩壹錢伍釐實存銀捌萬柒千伍百
肆拾叁兩貳錢貳分貳釐等語查前項舊管銀
兩臣部核與上屆交盤冊報實存數目相符新
收開除銀兩按冊核算數目亦屬符合應毋庸

議其實存銀兩應令該撫轉飭造入下屆交盤
册内舊管項下題報查核此案於道光拾壹年
陸月拾捌日科抄到部兹於拾壹月初貳日辦
理具
題合併聲明臣等未敢擅便謹
題請
旨

臣宗室禧恩

書臣王鼎

臣宗室敬徵

臣阿爾邦阿

左侍郎臣汪守和差

經筵講官右侍郎兼管錢法堂事務管理國子監事務教習庶吉士臣李宗昉差

湖廣清吏司郎中臣薩麟

郎中臣福盛

郎中臣王汝琨

額外郎中臣李世亨
員外郎臣文禧
員外郎臣福昇
員外郎臣福禄
員外郎臣鶴齡
主事臣法良
主事臣況澄
額外主事臣格圖肯
額外主事臣謝鶴齡
額外主事臣徐有壬
額外主事臣閆肇琪

上諭　著林則徐即赴總河新任毋得再辭

軍機大臣　字寄
河東河道總督林　道光十一年十一月初五
日奉
上諭林則徐奏接奉補授總河諭旨具摺謝恩所稱
向未諳習河防形勢及土埽各工做法俱屬真情
並非有意推諉朕因林則徐由翰林出身曾任御
史出歷外任已歷十年品學俱優辦事細心可靠
特畀以總河重任據稱伊於河防工程未經講求
朕原恐熟悉河務之員深知屬員弊竇或意存瞻
顧不肯認真查出林則徐非河員出身正可釐剔
弊端毋庸徇隱該河督惟當不避嫌怨破除情面
督率所屬於修防要務悉心講求親歷查勘務合

機宜以副重寄著即前赴新任毋得再以不諳河
務為辭也將此諭令知之欽此遵
旨寄信前來

河南巡撫楊國楨題本　**題報林則徐等河南布政使任内經管錢糧盤查無異**（首缺）

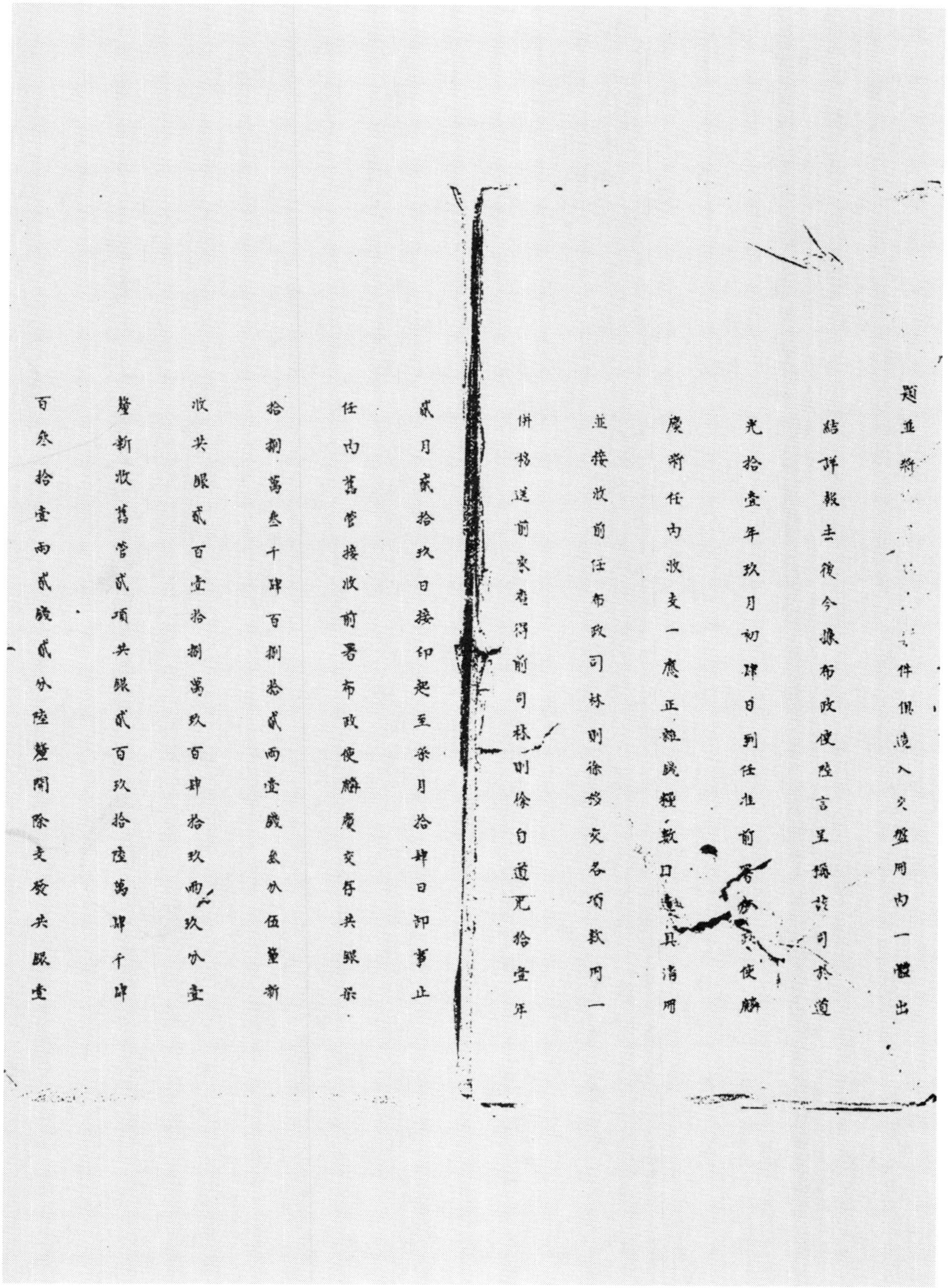

題並將[illegible]件俱造入交盤冊內一體出
結詳報去後今據布政使陸言呈稱該司於道
光拾壹年玖月初肆日到任准前署布政使麟
慶將任內收支一應正雜錢糧數目造具清冊
並接收前任布政司林則徐移交各項款冊一
併移送前來查得前司林則徐自道光拾壹年
貳月貳拾玖日接印起至柒月拾肆日卸事止
任內舊管接收前署布政使麟慶交存共銀柒
拾捌萬叁千肆百捌拾貳兩壹錢叁分伍釐新
收共銀貳百壹拾捌萬玖百肆拾玖兩玖分壹
釐新收舊管貳項共銀貳百玖拾陸萬肆千肆
百叁拾壹兩貳錢貳分陸釐開除支發共銀壹

河南巡撫楊國楨題本 題報林則徐等河南布政使任内經管錢糧盤查無異

道光十一年十一月十四日

百伍拾捌萬貳拾玖兩陸錢伍分壹釐實在貯
庫銀壹百叁拾捌萬肆千肆百壹兩伍錢柒分
伍釐。又前署布政使麟慶自道光拾壹年柒月
拾伍日接印起至玖月初叁日卸事止任内舊
管接收前任布政使林則徐交存共銀壹百叁
拾捌萬肆千肆百壹兩伍錢柒分伍釐，新收共
銀貳拾陸萬伍千壹百叁拾肆兩壹錢柒分陸
釐，新舊貳項共銀壹百陸拾肆萬玖千伍百叁
拾伍兩柒錢伍分壹釐。開除支發共銀陸拾肆
萬伍千伍百陸拾捌兩玖分叁釐，實在貯庫銀
壹百萬叁千玖百陸拾柒兩陸錢伍分捌釐。俱
經按款逐細盤核清楚，並督催所屬各府州縣

河南巡撫楊國楨題本 題報林則徐等河南布政使任内經管錢糧盤查無異 道光十一年十一月十四日

承造一切緊要案件逐一交代明白並無便挪
虧欠情弊理合備造清冊並出具印結併案一詳
請核
題等情到臣該臣看得前任布政使林則徐及署
布政使麟慶各任内一應收支正雜錢糧經臣
檄行清查交代造冊呈送
題報據布政使陸言詳稱查得前司林則徐自道
光拾壹年貳月貳拾玖日接印起至叁月拾肆
日卸事止任内舊管接收前署布政使麟慶交
存各項共銀叁拾捌萬叁千肆百捌拾貳兩零
新收共銀貳百壹拾捌萬玖百肆拾玖兩零新
收舊管貳項共銀貳百玖拾陸萬肆千肆百叁

河南巡撫楊國楨題本　題報林則徐等河南布政使任內經管錢糧盤查無異

道光十一年十一月十四日

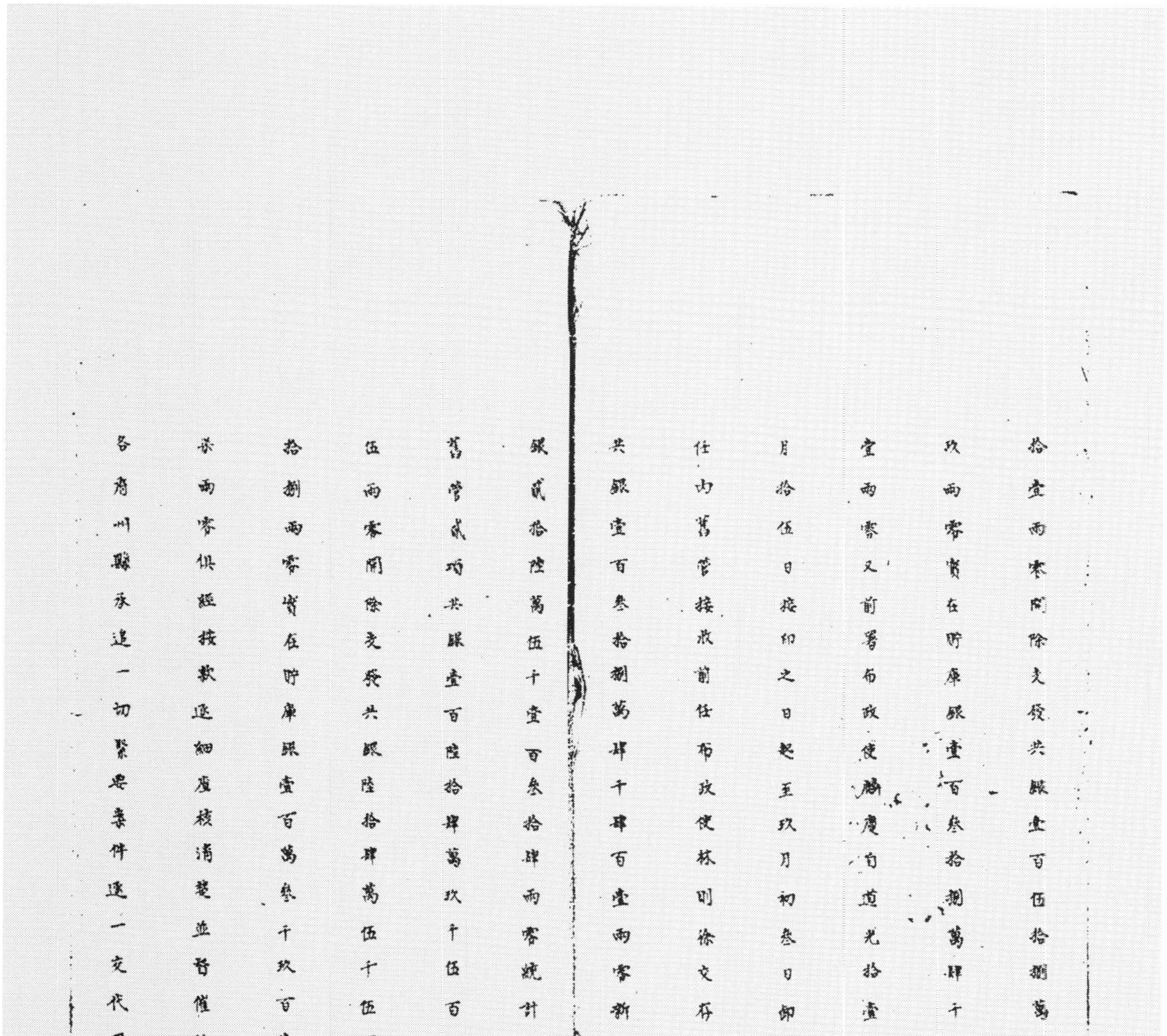
拾壹兩零開除支發共銀壹百伍拾捌萬貳拾
玖兩零實在貯庫銀壹百叁拾捌萬肆千肆百
壹兩零又前署布政使麟慶自道光拾壹年叁
月拾伍日接印之日起至玖月初叁日卸事止
任內舊管接收前任布政使林則徐文存各項
共銀壹百叁拾捌萬肆千肆百壹兩零新收共
銀貳拾陸萬伍千壹百叁拾肆兩零統計新收
舊管貳項共銀壹百陸拾肆萬玖千伍百叁拾
伍兩零開除支發共銀陸拾肆萬伍千伍百陸
拾捌兩零實在貯庫銀壹百萬叁千玖百陸拾
柒兩零俱經按款逐細覆核清楚並督催所屬
各府州縣承追一切緊要案件逐一交代明白

並無侵挪虧欠等情，繕造具各冊結詳送前來，

臣親詣司庫盤查無異，除將冊結分送部科查核

外，相應具

題伏乞

皇上聖鑒，敕部核覆施行。爲此具本謹

題請

旨

河南巡撫楊國楨題本 題報林則徐等河南布政使任内經管錢糧盤查無異

道光十一年十一月十四日

兵部侍郎兼都察院右副都御史巡撫河南等處地方兼提督節制全省軍務並兼防河漕營官兵兼理河道臣楊國楨謹

題爲呈報到任日期事。據臣看得前任布政使林則徐及署布政使麟慶各任内一應收支正雜錢糧，經臣檄行清查交代造用呈送

題報。據布政使陸言詳稱，查得前司林則徐自道光拾壹年貳月貳拾玖日接印起至柒月拾肆日卸事止任内舊管接收前署布政使麟慶交存共銀柒拾捌萬叁千肆百捌拾貳兩零，新收共銀貳百壹拾捌萬玖百肆拾玖兩零，新舊貳項共銀貳百玖拾陸萬肆千肆百叁拾壹兩零，開除支發共銀壹百伍拾捌萬貳拾玖兩零，實在貯庫銀壹百叁拾捌萬肆千肆百壹兩零。又前署布政使麟慶自道光拾壹年柒月拾伍日接印起至玖月初叁日卸事止任内舊管接收

河南巡撫楊國楨題本　題報林則徐等河南布政使任內經管錢糧盤查無異
道光十一年十一月十四日

前任布政使林則徐交存共銀壹百叁拾捌萬
肆千肆百壹兩零新收共銀貳拾陸萬伍千壹
百叁拾肆兩零新舊貳項共銀壹百陸拾肆萬
玖千伍百叁拾伍兩零開除支發共銀陸拾肆
萬伍千伍百陸拾捌兩零實在貯庫銀壹百萬
叁千玖百陸拾柒兩零俱經按款逐細查核清
楚並督催所屬各府州縣水追一切緊要案件
逐一交代明白並無侵挪虧欠情弊造具用結
詳送前來臣親盤無異除用結外送部科查核
外相應具
題謹
題請
旨

河東河道總督林則徐奏摺 **奏報遵旨起程赴東河總督新任**

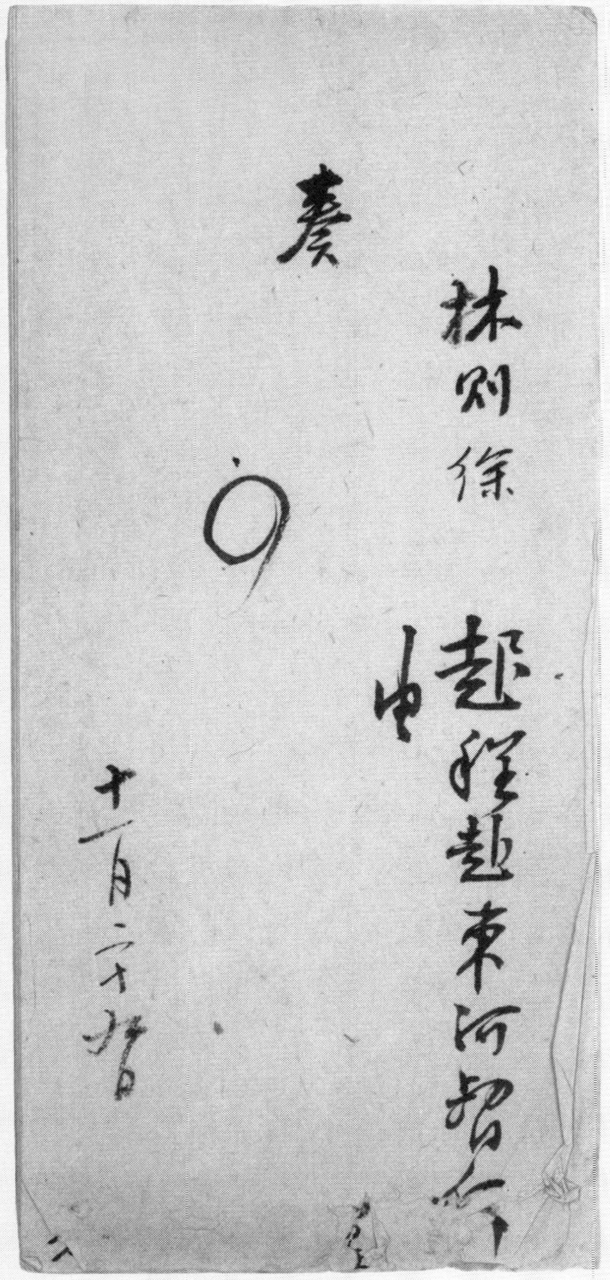
奏
林則徐
起程赴東河督任
由
十一月二十日

河東河道總督林則徐奏摺　奏報遵旨起程赴東河總督新任
道光十一年十一月十五日

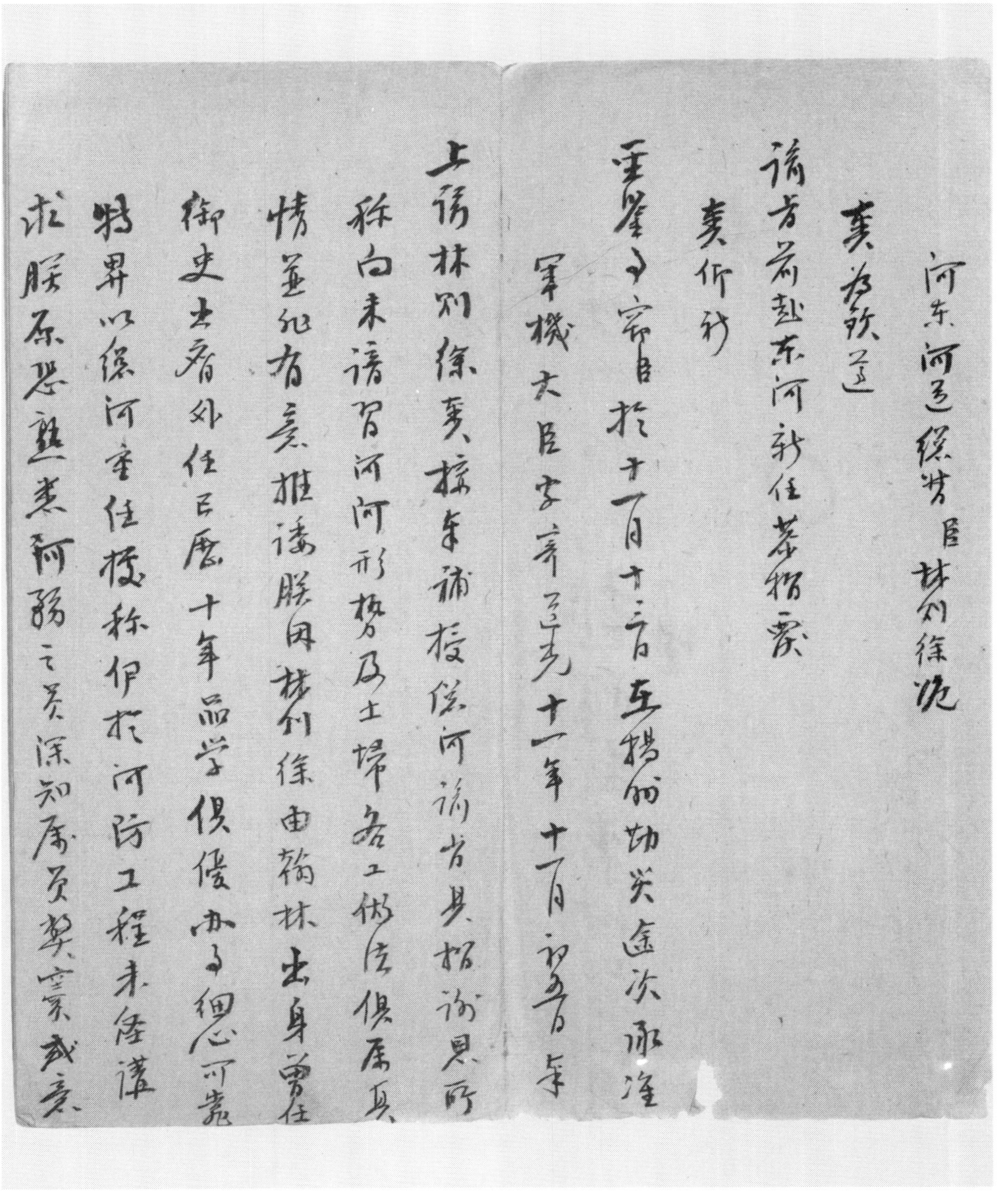
河東河道總督臣林則徐跪
奏為欽遵
諭旨前赴東河新任恭摺奏
奏祈
聖鑒事。竊臣於十月十六日在揚州勘災途次承准
軍機大臣字寄道光十一年十月初五日奉
上諭：林則徐奏接奉補授總河諭旨具摺謝恩，所
稱向未諳習河務形勢及土埽各工做法，俱屬真
情，並非有意推諉。朕因林則徐由翰林出身，曾任
御史，出膺外任已屬十年，品學俱優，辦事細心可靠，
特畀以總河重任。據稱伊於河防工程未經講
求，朕原恐熟悉河務之員深知底蘊，或意

存瞻顧不肯認真查出替列條紀河員出身正可屋
剔弊端毋庸徇隱該河督惟當不避嫌怨破除情
面皆平所處於修防要務悉心講求親歷查勘務合
機宜以副重寄其即前赴新任毋得再以不諳河
務為辭也將此諭令知之欽此臣跪誦之下悚惶
感激莫可名言伏念臣不諳河務之真情已蒙
聖明俯鑒撫荷
垂慈逾格
溫諭下頒
寬之以工務之講求
娴之以弊端之釐剔敢云可冀於
天語而益悚惶思品學詎易言優偉

河東河道總督林則徐奏摺 奏報遵旨起程赴東河總督新任

道光十一年十一月十五日

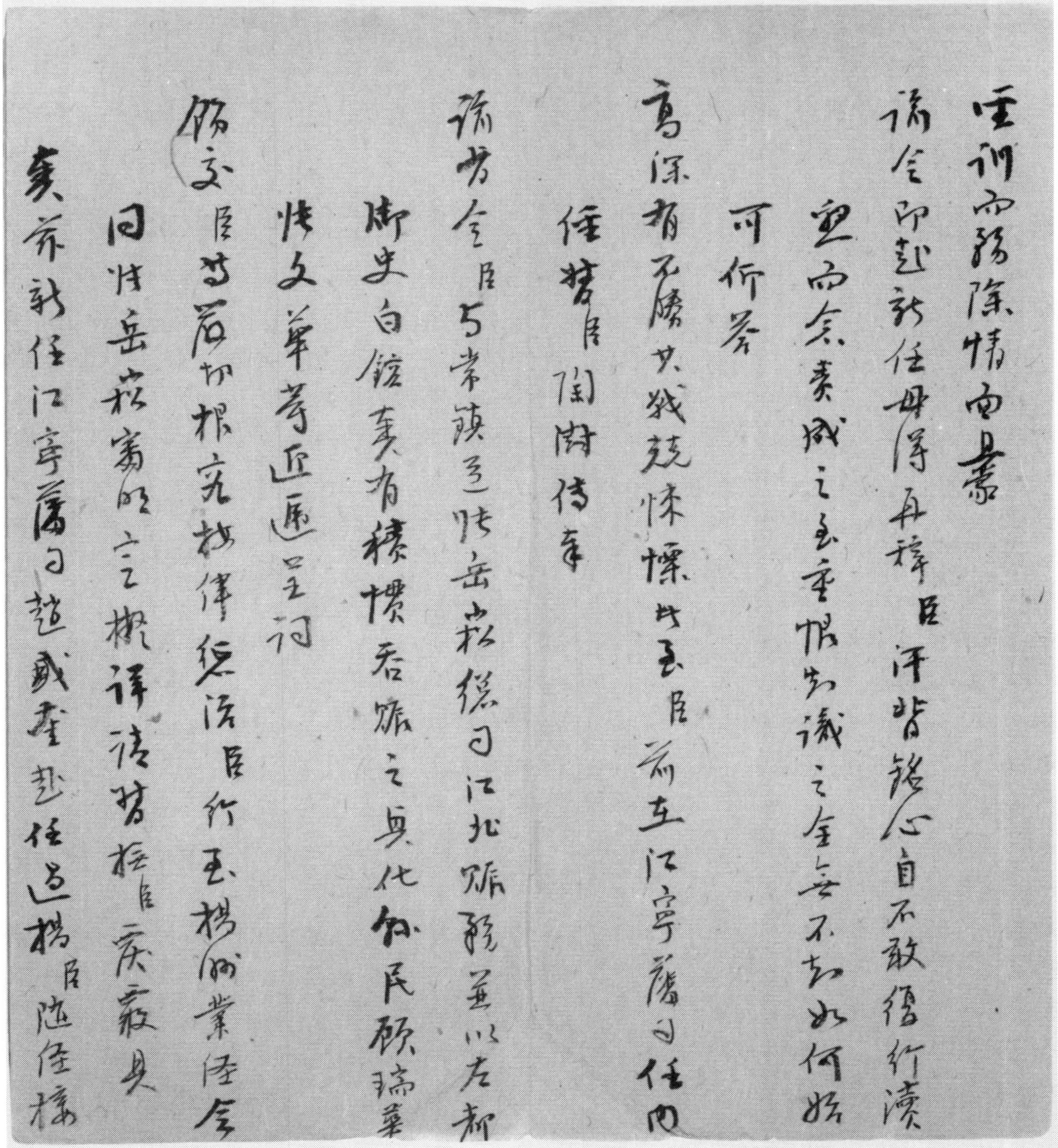
聖訓而務除情面，盡

誨令即赴新任，毋得再辭。臣洋皆銘心，自不敢僭行瀆

奏。而念奏職之至重，恨知識之全無，不知如何始

可仰答

高深。有不勝其戰兢怵慄者。臣前在江寧藩司任內，

經蒙 臣陶澍傳奉

諭旨令臣與常鎮道[illegible]嶽繼司江北賑務，並以左都

御史白鎔奏有積慣吞賑之奸，化分民顧瑞華

特交華亭等延遲呈詞

飭交。臣等嚴切根究，按律定擬。臣[illegible]業經會

同[illegible]嶽[illegible]之概詳請督撫臣[illegible]具

奏。前新任江寧藩司趙盛奎赴任過揚，臣隨經稟

河東河道總督林則徐奏摺　奏報遵旨起程赴東河總督新任
道光十一年十一月十五日

照旨將現辦災賑各事宜詳為告述並將臣未奏
查各屬災戶大小口數分別摘交辦理現在催稽
一並災區賑務隨查隨放均極安靜臣即由揚
州起程遵
旨前赴東河新任再查東河所轄運道兼辦各挑工
程情形並應與原管各員俟到任後再行往勘恐致
遲悞臣現擬取道南河先行順查運河各工以便與
工挑辦或致耽延除到任日期另行
奏報外所有微臣遵
旨起程赴任緣由謹先恭摺奏
聞伏乞
皇上聖鑒謹

河東河道總督林則徐奏摺　奏報遵旨起程赴東河總督新任
道光十一年十一月十五日

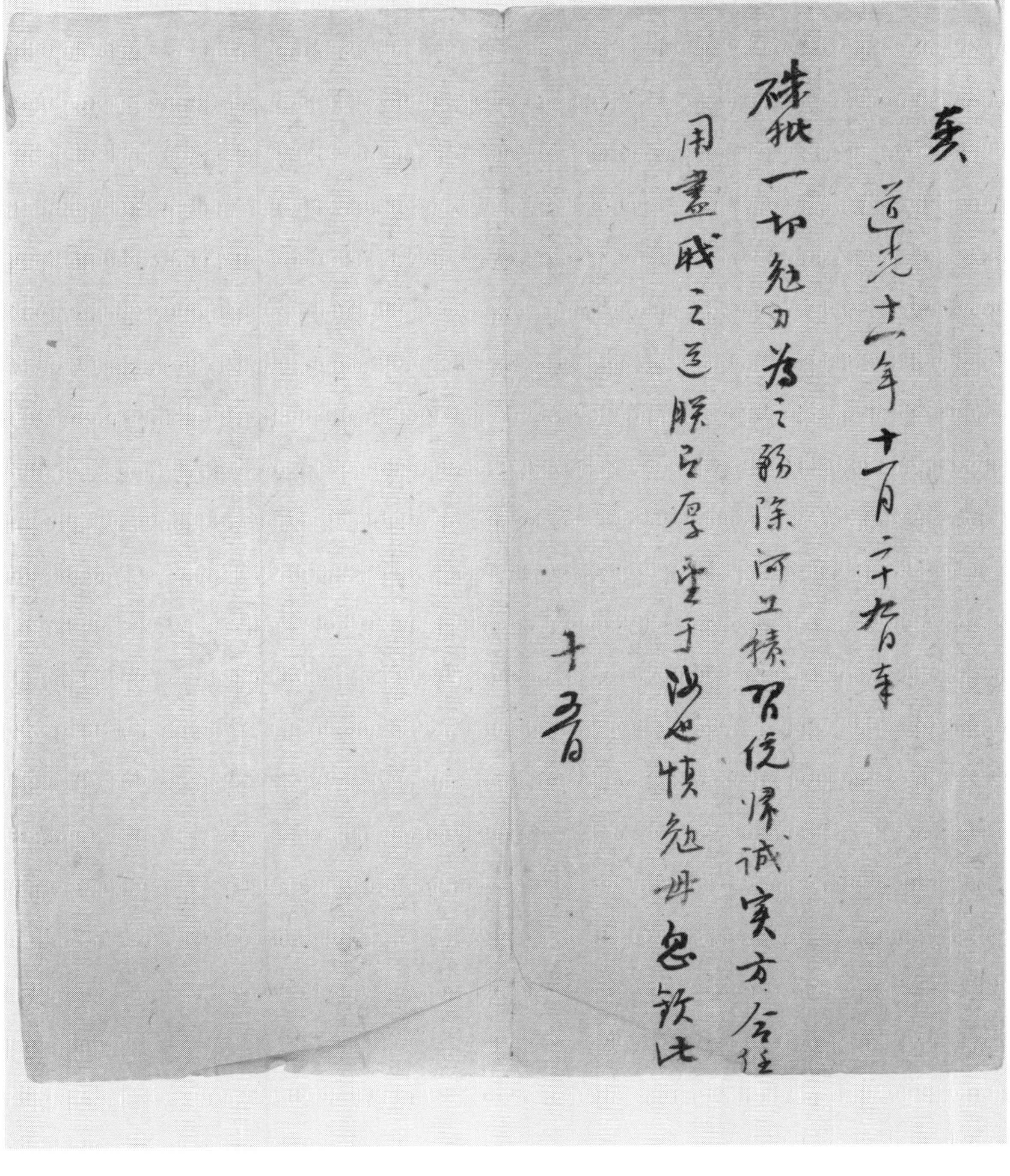
奏
道光十一年十一月二十六日奉
硃批一切勉力為之務除河工積習從歸誠實方合任
用盡職之道朕至厚望于汝也慎勉毋忽欽此
十三日

上諭　著林則徐隨時親查東省運河淤淺工段冬挑工程

道光十一年十一月十九日内閣奉
上諭嚴烺等奏勘估運河應挑淤淺工段一摺東省
運河為漕船經由要道每屆冬令應加估挑本年
夏秋雨多水大汶泗諸河並各路山泉坡河疊漲
滙流串運受淤較深亟應挑空以利漕運現據嚴
烺等擇其緊要工段覈實確估除兵淺閘泉額夫
挑空之外按例加添募夫攢挑統計上捕運泇四
廳共應添募夫工價器具銀一萬九千八百八十
九兩外加津貼銀三萬九十一兩零著准其動撥
司庫及生息銀款發交沿河州縣衛置備器具集
夫攢挑責成運河道督催趕辦務須依限完竣著
林則徐仍隨時親往查驗如有偷減草率即據實

嚴參其沛汛長河募夫工段著照例移咨江南省
轉飭該縣會同趕辦該部知道單併發欽此

河東河道總督林則徐奏片　奏報遵旨查訪豫省碎石工程

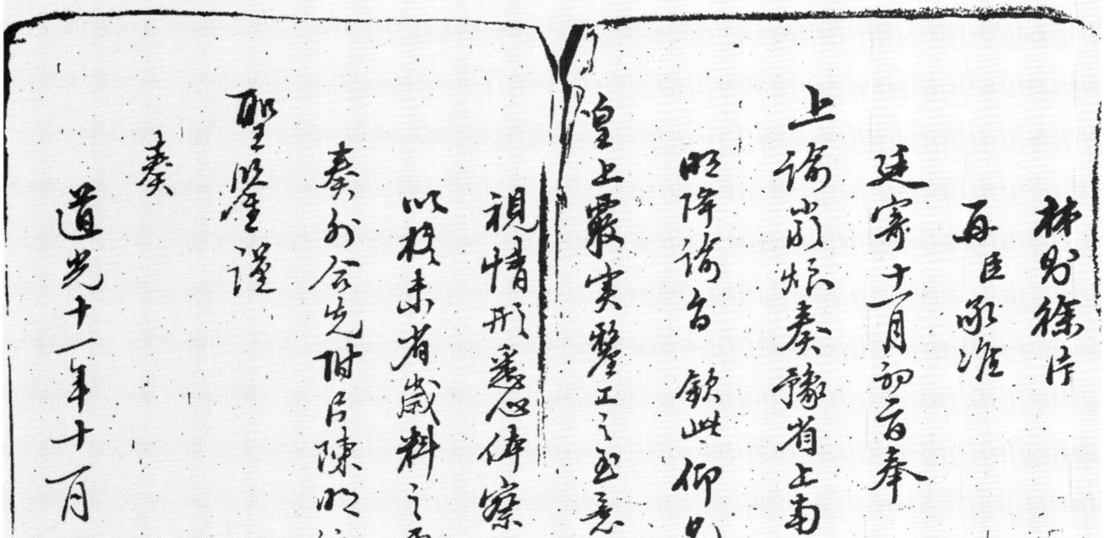
林則徐片
再臣承准
廷寄十月初二日奉
上諭 前據奏豫省上南中河廳考三庭險工購拋碎石一摺 已
明降諭旨 欽此 仰見
皇上覈實整工之至意 惟俟到任後 明查暗訪 並周歷閲
視情形 悉心体察 具覆碎石一項 果於黄河有益 何
以積年省歲料之處 務期查悉確情據實覆
奏 前合先附片陳明 伏祈
聖鑒 謹
奏
道光十一年十一月廿九日奉

河東河道總督林則徐奏片　奏報遵旨查訪豫省碎石工程
道光十一年十一月二十九日

硃批：當今外任省員，清慎自矢者固有其人，而官官相護，已成習尚，牢不可拔，此皆係自顧身家之輩，因循苟且，尸祿保身，甚屬可惡。記回省先奉士先志，其可忽諸。

欽此

河東河道總督林則徐奏摺

奏報接任東河總督日期

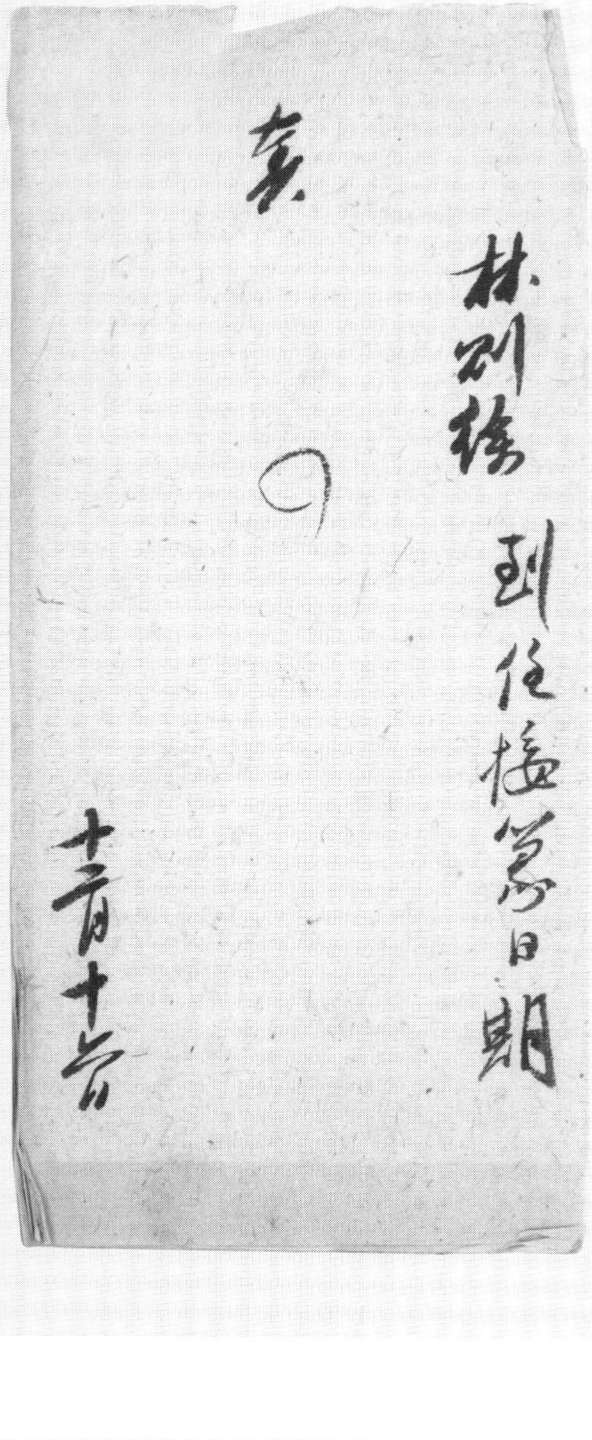
奏
林則徐
到任接篆日期
十二月十二日

河東河道總督林則徐奏摺　奏報接任東河總督日期

道光十一年十二月初七日

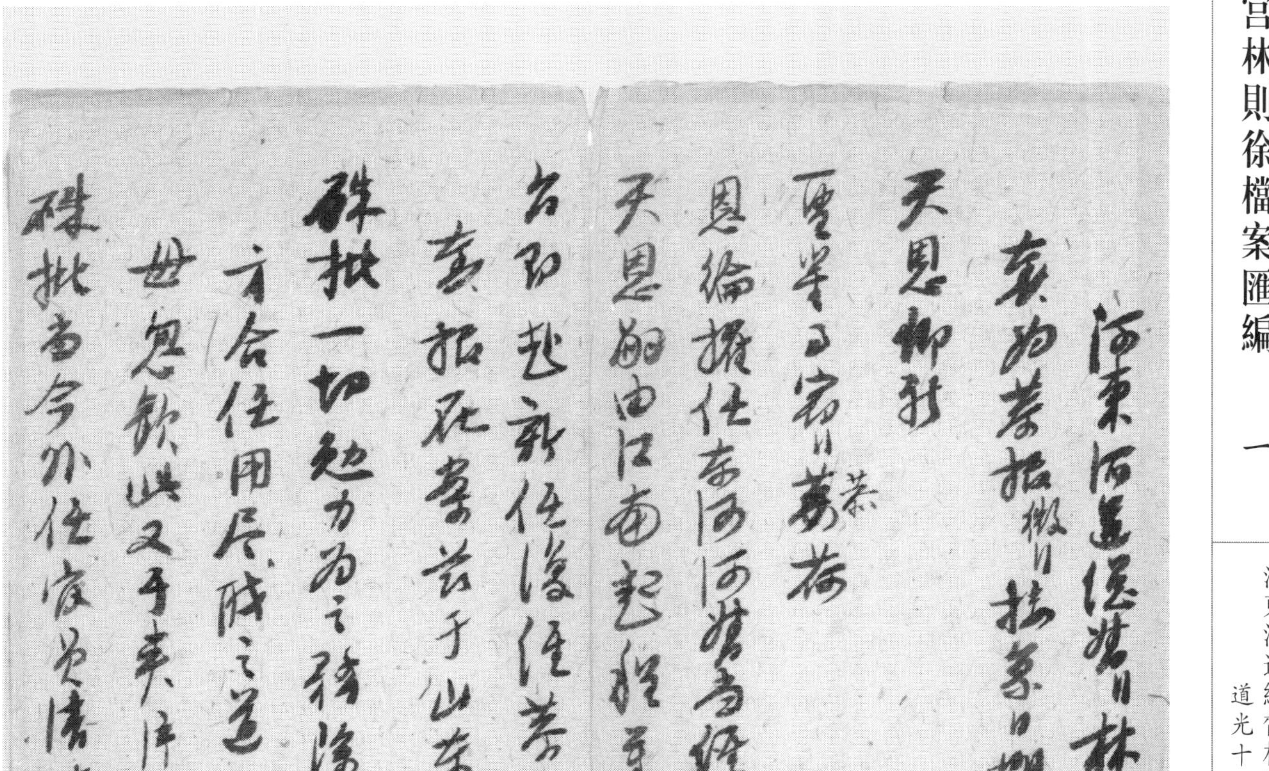

河東河道總督臣林則徐跪
奏為恭報微臣接篆日期叩謝
天恩仰祈
聖鑒事竊臣恭荷
恩綸擢任東河河道總督經臣具摺虔謝
天恩並由江南起程遵
旨赴新任緣由恭摺
奏報在案茲于山東台次接奉
硃批一切勉力為之務除河工積習虛偽歸誠實
方合任用民膄之道朕有厚望于汝也特勉
毋忽欽此又于東省內奉
硃批當今外任宜實情慎自矢者固甚少人為

河東河道總督林則徐奏摺　奏報接任東河總督日期
道光十一年十二月初七日

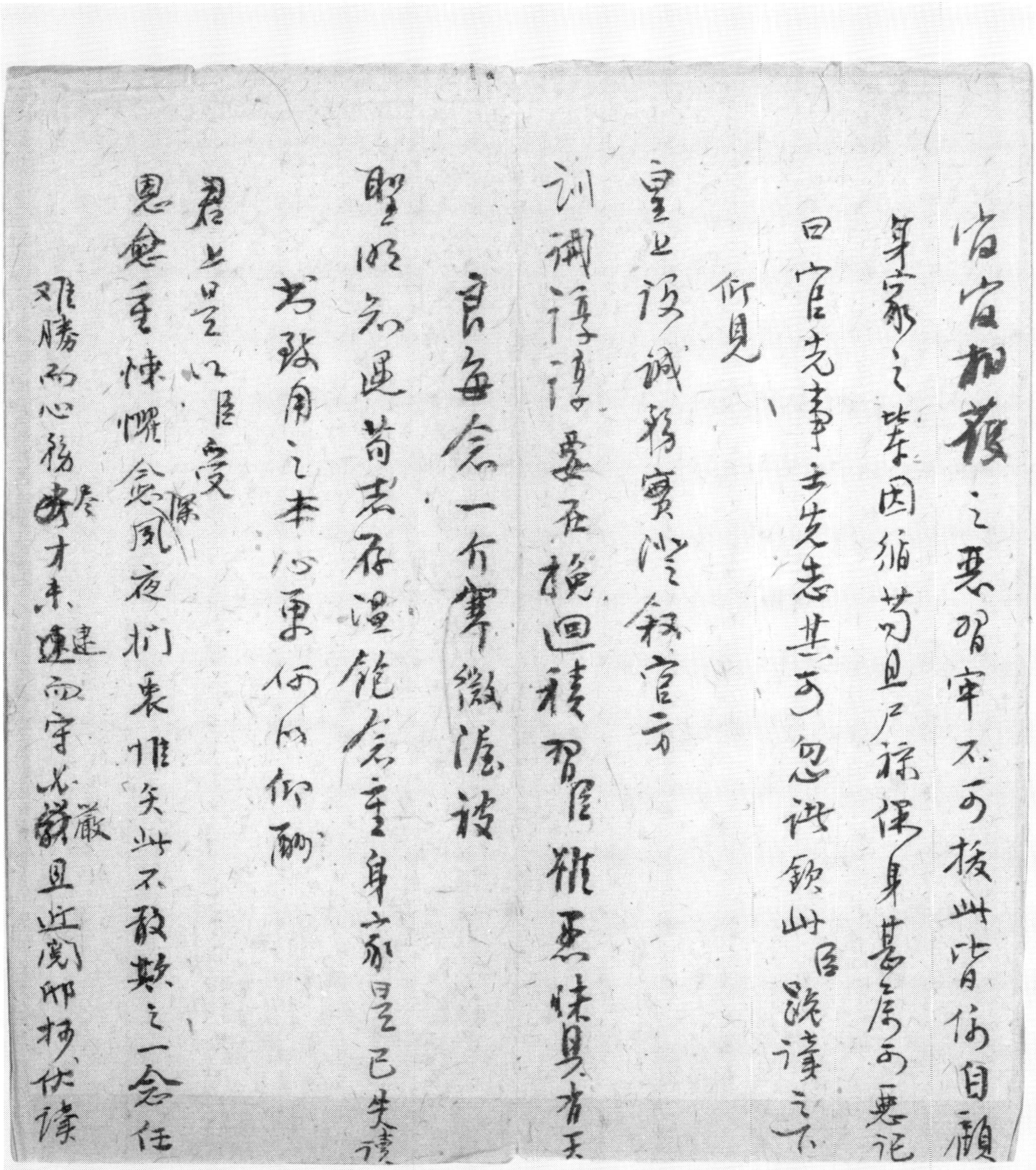
官官相護之惡習牢不可破，此皆伊自顧
身家之策，因循苟且，尸祿保身，甚屬可惡。記
曰：官先事，士先志，其可忽諸。欽此。臣跪讀之下，
仰見
皇上設誠致實，澄敘官方，
訓誡諄諄，要在挽回積習。臣雖愚昧，具有天
良，每念一介寒微，濫被
聖明知遇，苟志存溫飽，念重身家，是已失讀
書致用之本心，更何以仰酬
君上畀以臣受
恩愈重，悚惕愈深，夙夜捫衷，惟矢此不敢欺之一念。任
難勝而心務奮，才未逮而守必嚴。且近閱邸抄，伏讀

上諭各直省督撫宜潔己奉公，尤須正色率下，倘正
己而不能率屬，則是形同木偶，於地方有何裨益
等因。欽此。
聖諭煌煌，至為明切。況河工積習尤所熟聞，將欲力
挽因循，首在破除情面。臣惟有自持刻苦，不避
怨嫌，以防蠹弊，并隨時隨處以(?)心共(?)吏(?)，冀(?)
帑節工固，瀾安，以仰副
聖主委任提(?)擕之至意。現於十二月初七日行抵鄆(?)
新地方，准前任河臣嚴烺錄委署臣標中軍副
將移交鄆運河同知朱長恒齎 河東河道
總督關防、稿文前來。該員距任所六十里，臣即
於是日恭設香案，望

河東河道總督林則徐奏摺　奏報接任東河總督日期
道光十一年十二月初七日

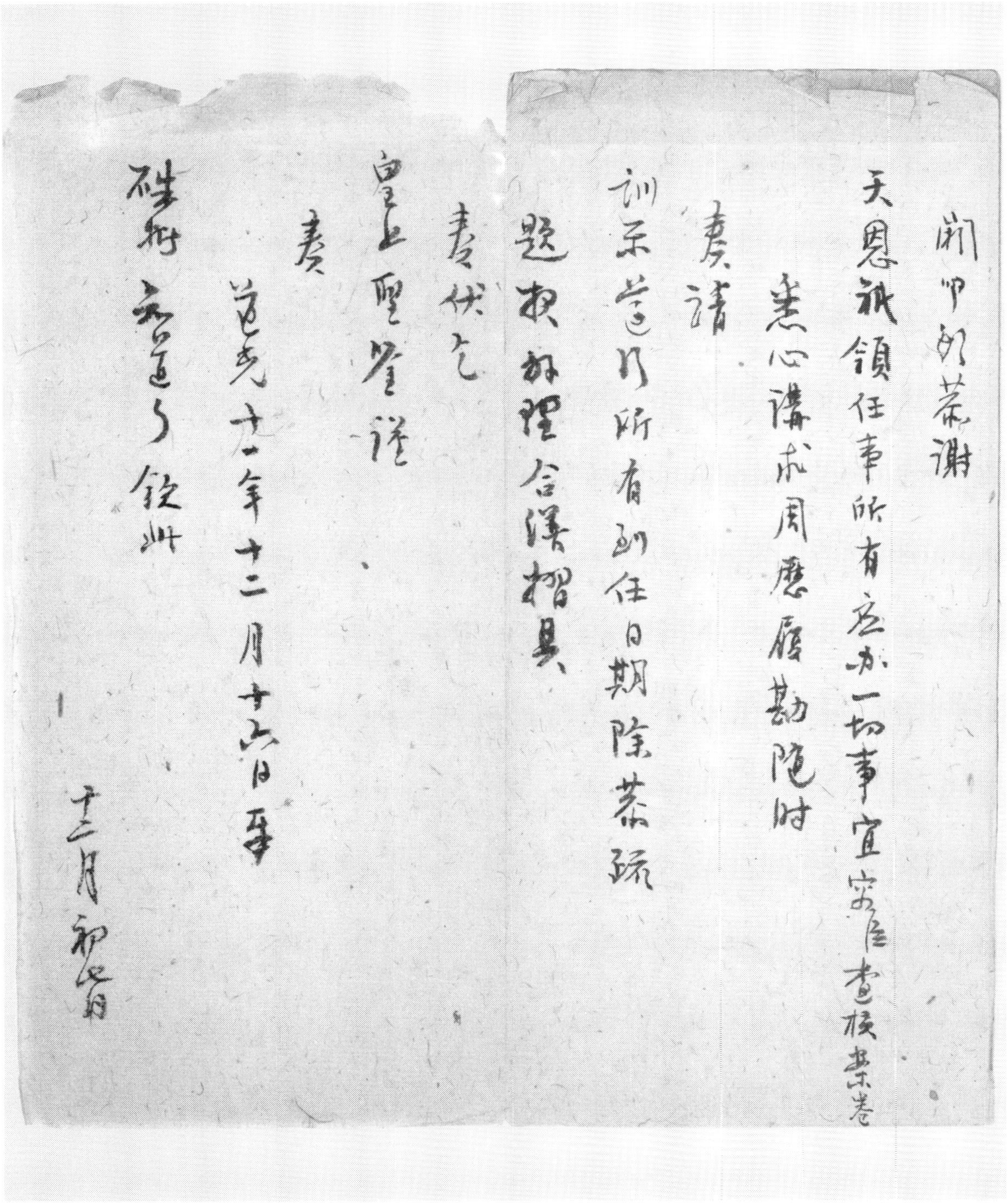
闕叩頭恭謝
天恩祗領任事所有應辦一切事宜容臣查核案卷
悉心講求周歷履勘隨時
奏請
訓示遵行所有到任日期除恭疏
題報外理合繕摺具
奏伏乞
皇上聖鑒謹
奏
道光十一年十二月十六日奉
硃批知道了欽此
十二月初七日

河東河道總督林則徐奏片　**奏報遵旨嚴催運河挑挖工程**

林則徐片

再，臣因運河有應辦之挑工程，當經
奏明順道親勘，并檄由湖運兩廳查知挑工業
已估計，由前河臣覈准在案。
奏來經臣親至微山湖以內測量，連[illegible]現存水一丈
三尺九寸有零，已符收蓄定額，加以十月下
旬瑞雪頻霑，極為優渥。臣所過徐州交界一帶
平地積至尺餘，低窪之處更不止此，于借麥苗甚
土膏，必祥霙普被，滋潤透根，其四野農民同聲
懽慶。即湖蕩中之積雪，將來融化亦足資濟有
碍。惟挑河工程因積雪深厚，凍土難以施索
查積有延滯，詢據運河道李恩繹面稟，設法

壩埽已於上游先已捆鑲，因天氣晴和，始合溜，
此外所有挑挖之工，俟查核丈尺，再行比較工
程報奏。
諭旨，隨時親督，查催運河道嚴催挑辦，務使
依限完竣，於回空時仍隨時挑浚，務期深通。
奏，所有遵旨嚴催緣由，理合附
片具
奏。伏乞
聖鑒，謹
奏。
道光十一年十二月十六日奉
硃批：知道了。欽此。

河東河道總督林則徐奏摺　**兼兵部侍郎銜謝恩**

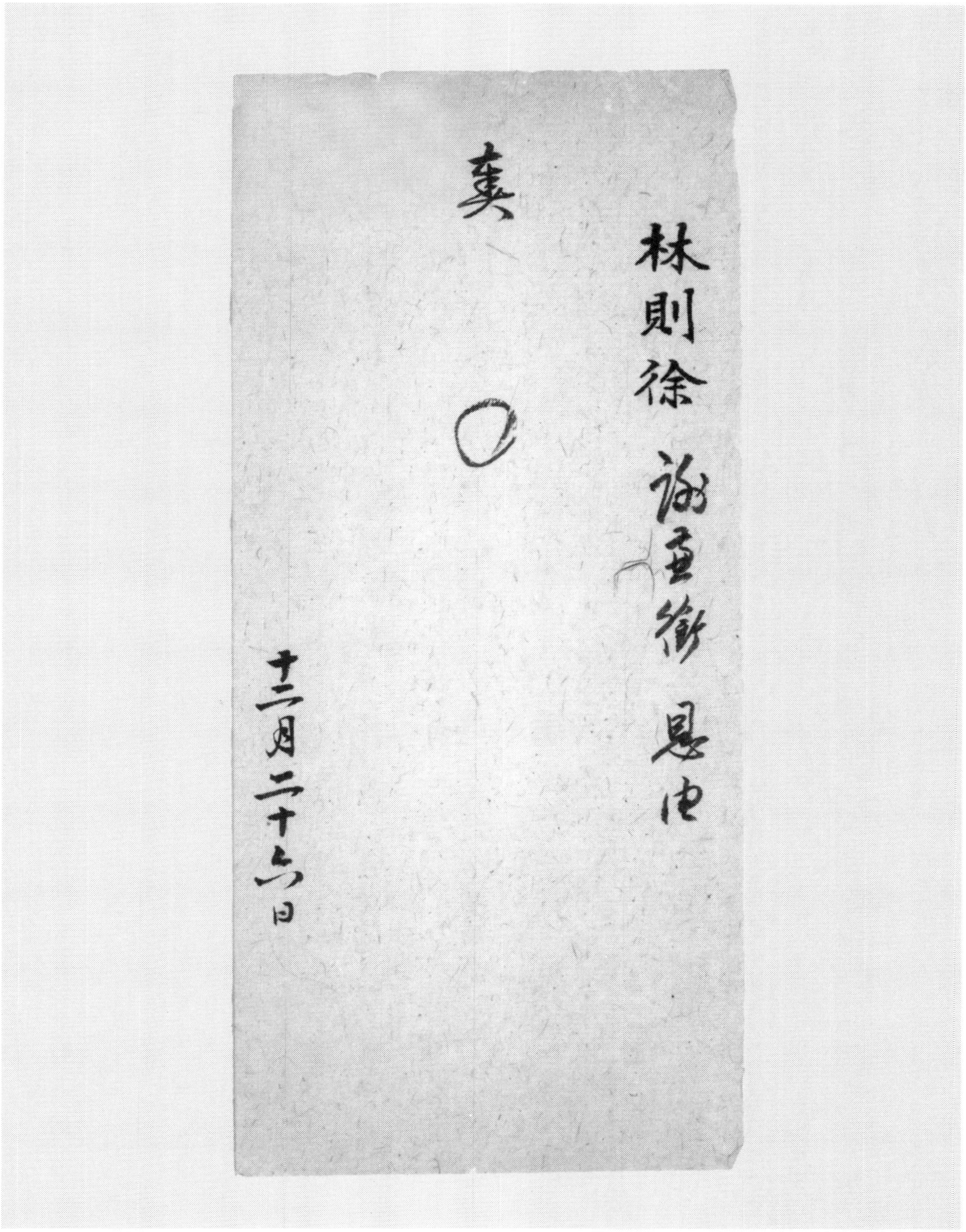
林則徐謝賞銜恩由
奏
十二月二十六日

河東河道總督林則徐奏摺　兼兵部侍郎銜謝恩

道光十一年十二月十九日

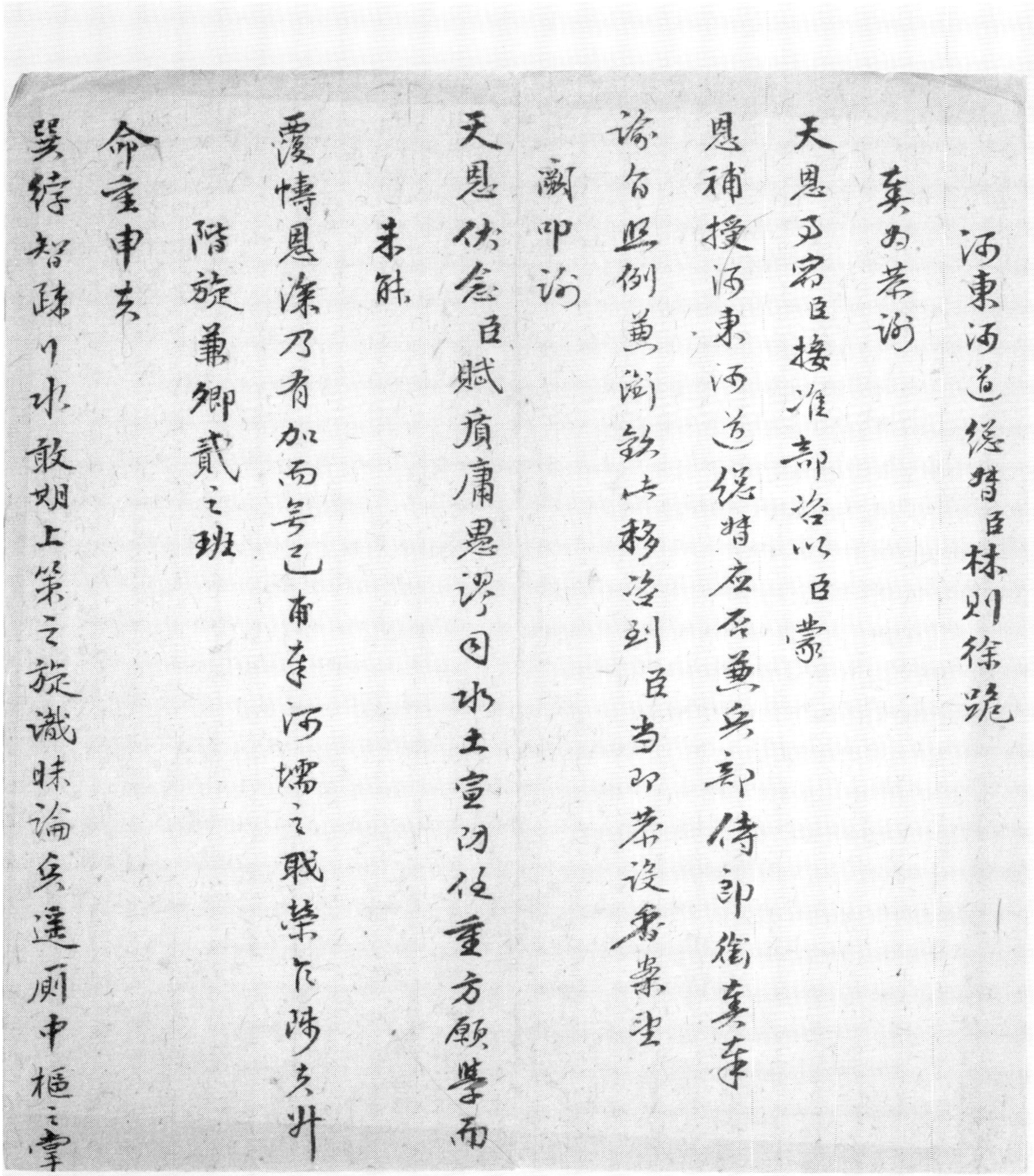

河東河道總督臣林則徐跪

奏為恭謝

天恩事。竊臣接准部咨，以臣蒙

恩補授河東河道總督，應否兼兵部侍郎銜，奏奉

諭旨照例兼銜，欽此。移咨到臣，當即恭設香案，望

闕叩謝

天恩。伏念臣賦質庸愚，謬司水土，重任方顧，學而

未能。

覆幬恩深，乃有加而無已。甫專河壖之職，榮乍陟夫升

階；旋兼卿貳之班，

命重申夫。

巽綜智疏，乃未敢期上策之旋識；昧論兵，遽廁中樞之掌

被
鴻慈之逾格，鏤蟻悃以難名。臣惟有凛遵
訓諭，殫竭愚誠，無事不加意研求，有與印悉心籌劃，務使
工歸實用，費不虛糜，以仰答
高厚生成于萬一。所有微臣感激下忱，理合繕摺叩謝
天恩，伏乞
皇上聖鑒。謹
奏。

道光十一年十二月二十六日奉
硃批：知道了。欽此。

十二月十九日

河東河道總督林則徐奏摺　奏報運河挑工次第插鍬日期並督催趕辦情形

林則徐　運河挑工次第插鍬等由

奏

安。

十二月二十六日

河東河道總督林則徐奏摺　奏報運河挑工次第插鍬日期並督催趕辦情形
道光十一年十二月十九日

河東河道總督臣林則徐跪
奏為運河挑工次第插鍬日期並督催趕辦情形恭
摺奏祈
聖鑒事竊照本年運河各挑工程業經前河臣嚴烺估計
會同山東撫臣訥爾經額奏明辦理臣到任後查核原
卷內改河大堤已於十一月二十四日堵閉並經運河道
李恩繹稟明分諭所管挑段各廳飭諭趕辦記
汛即催令工員雇備人夫器具挑水出槽前接
據運河所屬之汶上衛北館嘉濟寧等汛塘長紅
河于十二月初七初十十一十五等日次第插鍬其餘
各汛亦即陸續興工臣按之舊案本年插鍬已
較上年為遲詢據運河道所屬稱先因底

水勢大臣查勘起冰之際又值漂雪頻仍積凌壅
人沿河土凍難以施工不無稍有耽延日來天氣
晴和已插鍬者加緊催挑未插鍬者勒趕辦總
可不致遲誤節請以查估挑運河以通來歲新
漕兩岸堤須並估挑並依限早完現已節
逾小寒冰凍雪阻多於常有虛宜上緊催辦以
免草率遲延即責成運河道督率廳所發
往來巡催務令工員計方出土按與工之先後定
應支之多寡並于向辦章程之外加倍添催
挑以速補運以仍欽遵
諭旨隨時親往查驗如有偷減草率立即指名
嚴參務期一律深平不誤來春啟壩轉漕以仰副

皇上通儲利運之至意除將挑成分數另行彙
奏外所有挑工插鍬日期及督催趕辦情形理
合恭摺具
奏伏乞
皇上聖鑒謹
奏
道光十一年十二月二十六日奉
硃批知道了欽此
十二月十九日

河東河道總督林則徐奏摺　**查明道光十一年十一月份各湖存水尺寸**

奏

林則徐　查明各湖存水尺寸由

十二月二十六日

河東河道總督林則徐奏摺　查明道光十一年十一月份各湖存水尺寸
道光十一年十二月十九日

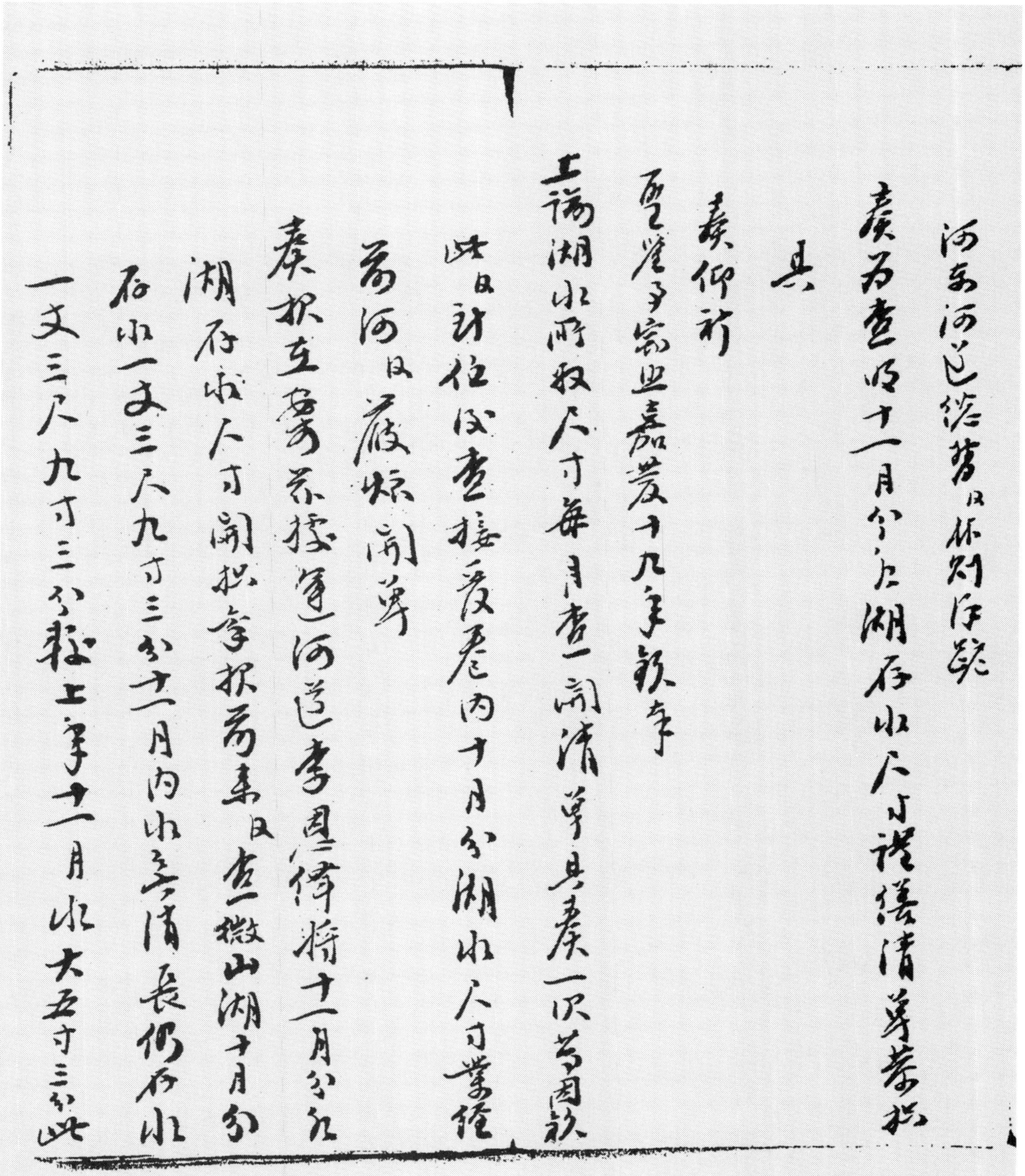
河東河臣總督臣林則徐跪
奏為查明十一月分各湖存水尺寸謹繕清單恭摺
具
奏仰祈
聖鑒事竊照嘉慶十九年欽奉
上諭湖水所收尺寸每月查開清單具奏一次等因欽
此臣節經查接管卷內十月分湖水尺寸業經
前河臣嚴烺開單
奏報在案茲據運河道李恩繹將十一月分各
湖存收尺寸開摺呈報前來臣查微山湖十月分
存水一丈三尺九寸三分十一月內水無消長仍存水
一丈三尺九寸三分較上年十一月水大五寸三分此

河東河道總督林則徐奏摺　查明道光十一年十一月份各湖存水尺寸
道光十一年十二月十九日

與昭陽等七湖或遞注下游或啓放斗門歸清
水五分至四寸九分計昭陽湖存水六尺三寸南陽
湖存水四尺二寸南旺湖存水五尺七寸五分獨山湖
存水六尺四寸馬場湖存水二尺七寸一分蜀山湖存
水八尺五寸三分馬踏湖存水三尺一寸二分內惟蜀
山一湖較小于上年貯蓄大自九分至一尺六寸六分
不等現已熟堪挑濬此項水無分減而蜀山馬踏
等湖仍收納汶河底河之水自必深之擬長
一俟冰融雪化湖瀦更可漸增收惟當督
飭道廳查照舊章妥為備蓄俾期來歲
新漕暢行無阻以仰副
聖主垂懷利運之至意所有十一月分湖水尺寸謹繕

清單恭摺具
奏伏乞
皇上聖鑒謹
奏
道光十一年十二月二十六日奉
硃批知道了欽此

十二月十九日

河東河道總督林則徐清單　**道光十一年十一月份各湖存水實在尺寸清單**

清單

河東河道總督林則徐清單　道光十一年十一月份各湖存水實在尺寸清單
道光十一年十二月十九日

謹將道光十一年十一月分各湖存水實在尺寸逐一開明恭呈

御覽

運河西岸自南而北四湖水深尺寸

一微山湖以誌樁水深一丈二尺爲度因湖底淤墊三尺實存水九尺即合一丈二尺之數

本年十月分存水一丈三尺九寸三分十一月内水無消長仍存水一丈三尺九寸三分較十年十一月水大五寸三分

一昭陽湖本年十月分存水六尺七寸十一月内因遞注微湖消水四寸實存水六尺三寸較十年十一月水大七寸

一南陽湖本年十月分存水四尺六寸十一月
內因遞注昭微二湖消水四寸實存水四尺
二寸較十年十一月水大七寸
一南旺湖本年十月分存水五尺八寸十一月
內因啟放單閘消水五分實存水五尺七寸
五分較十年十一月水大一尺六寸六分
運河東岸自南而北四湖水深尺寸
一獨山湖本年十月分存水六尺七寸十一月
內因啟放水口遞注昭微二湖消水三寸實
存水六尺四寸較十年十一月水大六寸
一馬場湖本年十月分存水三尺二寸十。一月
內因啟放斗門單閘消水四寸九分實存水

二尺七寸一分較十年十一月水大六寸七分

一蜀山湖定誌收水一丈一尺為度本年十月分存水八尺九寸十一月内因啟放單閘消水三寸七分實存水八尺五寸三分較十年十一月水小七寸九分

一馬踏湖本年十月分存水三尺四寸十一月内因啟放單閘消水二寸八分實存水三尺一寸二分較十年十一月水大九分

覽

河東河道總督林則徐題本

署安山閘閘官余心謙等試署期滿請以實授

題
該部議奏

河東河道總督林則徐題本　署安山閘閘官余心謙等試署期滿請以實授

道光十一年十二月二十一日

兵部侍郎兼都察院右副都御史總督河南山東河道提督軍務臣林則徐等謹
題為遵例題請實授河員以重河防事竊照雍正
拾叁年肆月貳拾日准吏部咨議覆調任河東
河道總督朱藻條奏河工佐雜等官缺出應如
所請令該督將在工効力人員內遴選熟諳河
務銜缺相當之人先行咨部委署俟試署年滿
察其果能勝任再行保題實授如不勝任不必
拘定年限立即調回另行遴員咨部委署於雍
正拾叁年叁月叁拾日奉
旨依議欽此又於嘉慶拾年陸月貳拾捌日准吏部咨
各直省官員俱遵照試署限滿詳請實授該督
撫隨時咨部以歸核實而杜趨避如該員既經

詳請而該管上司不行題咨者照事件遲延例
議處仍令該督撫於題咨文內將該員具詳年
月及府司詳報年月分別聲敘以備查考相應
題明俟
命下之日臣部通行各直省督撫府尹鹽政遵照勒限
壹年通查各該省正印佐貳雜職各員有年限
已滿者補行題咨實授免其查議其年限已滿
應請實授而各該員任內有遲延處分如壹年
之外查出者即將詳請及題咨之員分別議處
與實授之例不符者俟本案開復之日補報實
授亦於題咨內將各情由詳細聲明咨部辦理
等因嘉慶拾年伍月貳拾玖日奉

河東河道總督林則徐題本　署安山閘閘官余心謙等試署期滿請以實授
道光十一年十二月二十一日

旨依議欽此欽遵在案該臣看得河工佐雜等官缺出例應於在工効力人員內遴選熟諳河務銜缺相當之人先行咨部委署試署壹年期滿察其果能勝任保

題實授茲查山東省署安山閘閘官余心謙於道光拾年伍月初壹日准署到任署寺前閘閘官汪光治於道光拾年玖月拾捌日准署到任署臺莊閘閘官宓城於道光拾年玖月貳拾叁日准署到任以上叁員俱經咨部委署奉部覆准在案查該員等或銜缺相當或銜大缺小俱已經歷桃伏秋叁汛試署壹年期滿查接管卷內據山東運河道李恩繹詳稱該員等均堪勝任

河東河道總督林則徐題本 署安山閘閘官余心謙等試署期滿請以實授 道光十一年十二月二十一日

請

題實授前來由前河臣移交到臣臣復查該員等

試署當年以來修防得宜尚堪勝任相應遵例

題請實授除該員等履歷前於咨署時造冊送部

今次無庸重複開造外謹會同山東撫臣訥爾

經額合詞恭疏具

題伏乞

皇上聖鑒勅部議覆施行再查汪光治係從九品職

銜陞轉時仍照原銜陞轉合併陳明臣未敢擅

便爲此具本謹會

題請

旨

河東河道總督林則徐題本 署安山閘閘官余心謙等試署期滿請以實授
道光十一年十二月二十一日

道光拾壹年拾貳月貳拾壹日兵部侍郎兼都察院右副都御史總督河南山東河道提督軍務臣林則徐
兵部侍郎兼都察院右副都御史巡撫山東等處兼提督銜臣訥爾經額

兵部侍郎兼都察院右副都御史總督河南山東河道提督軍務臣林則徐等謹
題為遵例題請實授河員以重河防事竊臣看得
河工佐雜等官缺出例應於在工効力人員内
遴選熟諳河務街缺相當之人先行咨部委署
試署壹年期滿察其果能勝任保
題實授茲查山東省署安山閘閘官余心謙於道
光拾年伍月初壹日准署到任署寺前閘閘官
汪光治於道光拾年玖月拾捌日准署到任署
臺莊閘閘官安城於道光拾年玖月貳拾叁日
准署到任以上叁員俱經咨部委署奉部覆准
在案查該員等或銜缺相當或銜大缺小俱已

河東河道總督林則徐題本 署安山閘閘官余心謙等試署期滿請以實授
道光十一年十二月二十一日

經歷桃代秋審汛試署壹年期滿查核管卷內
據山東運河道李恩繹詳稱該員等均堪勝任
詳
題
實授前來由前河臣移交到臣臣復查該員等
試署壹年以來修防得宜尚堪勝任相應遵例
題
請實授除該員等履歷前於各署時造冊送部
今次無庸重複開造外謹會同山東撫臣訥爾
經額合詞恭疏具
題
伏乞
皇上聖鑒勅部議覆施行謹會
題
請
旨

河東河道總督林則徐奏片　冬挑緊要俸滿運河道李恩繹請緩引見

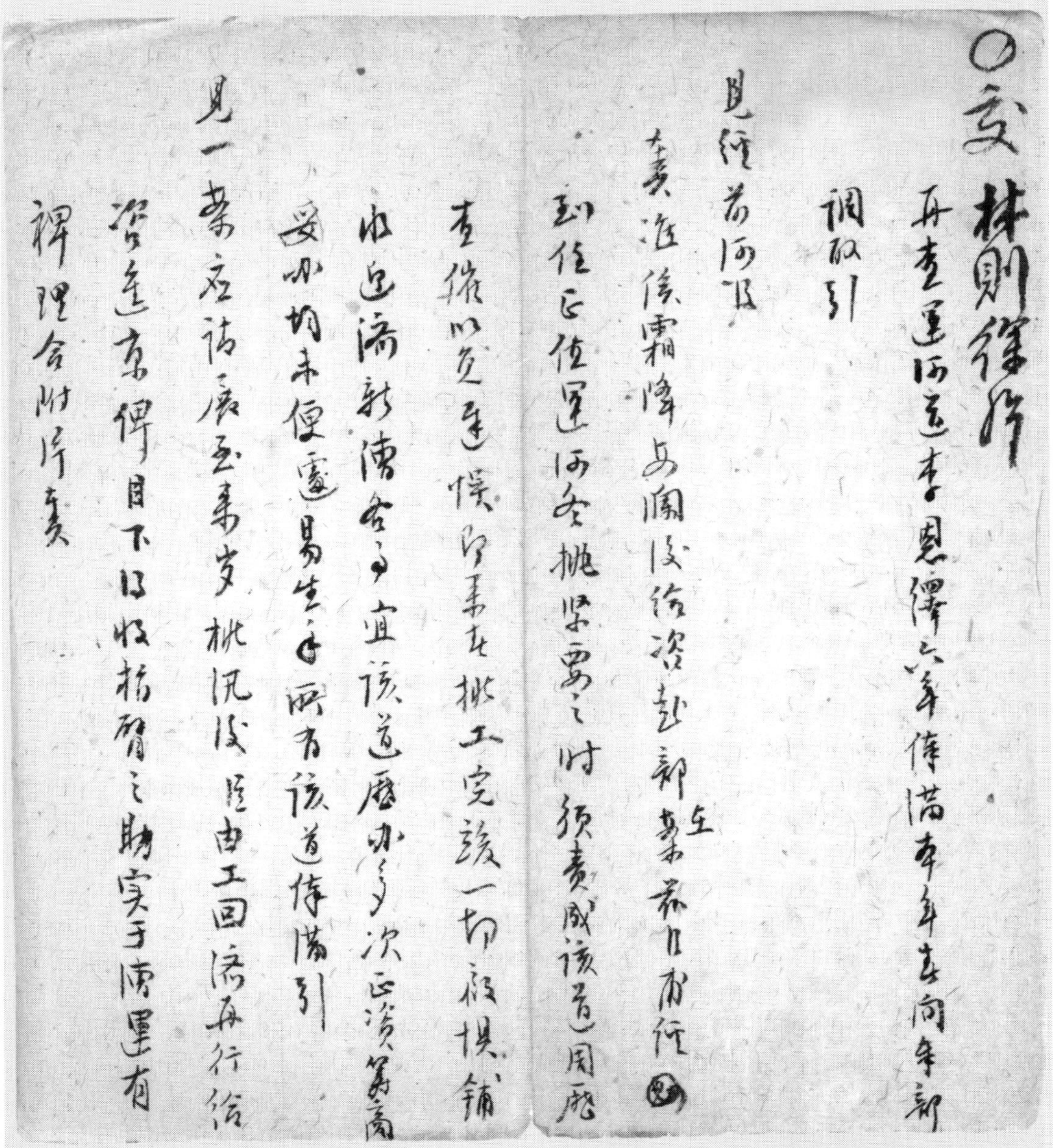

〇交　林則徐片

再，查運河道李恩繹六年俸滿，本年奉向年部

調取引

見，經前河臣

奏准，俟霜降安瀾後給咨赴部。茲屆期，經臣

到任，正值運河冬挑緊要之時，須責成該道周歷

查催，以免草率。候挑工完竣，一切收拱鋪

由道滿新陳各項，宜該道歷辦多次，正資籌畫

妥辦。驟易生手，兩有該道俸滿引

見一案，應請展至來歲桃汛後，臣由工回濟，再行給

咨進京，俾目下得收指臂之助，實於清運有

裨。理合附片奏。

聞　謹
奏
道光十一年十二月廿六日奉
硃批依議該部知道欽此

河東河道總督林則徐奏片　道光十一年十二月二十六日　奏報豫東黄河各工均屬平穩並備來年歲料

四三六

河東河道總督林則徐奏片　奏報豫東黄河各工均屬平穩並備來年歲料

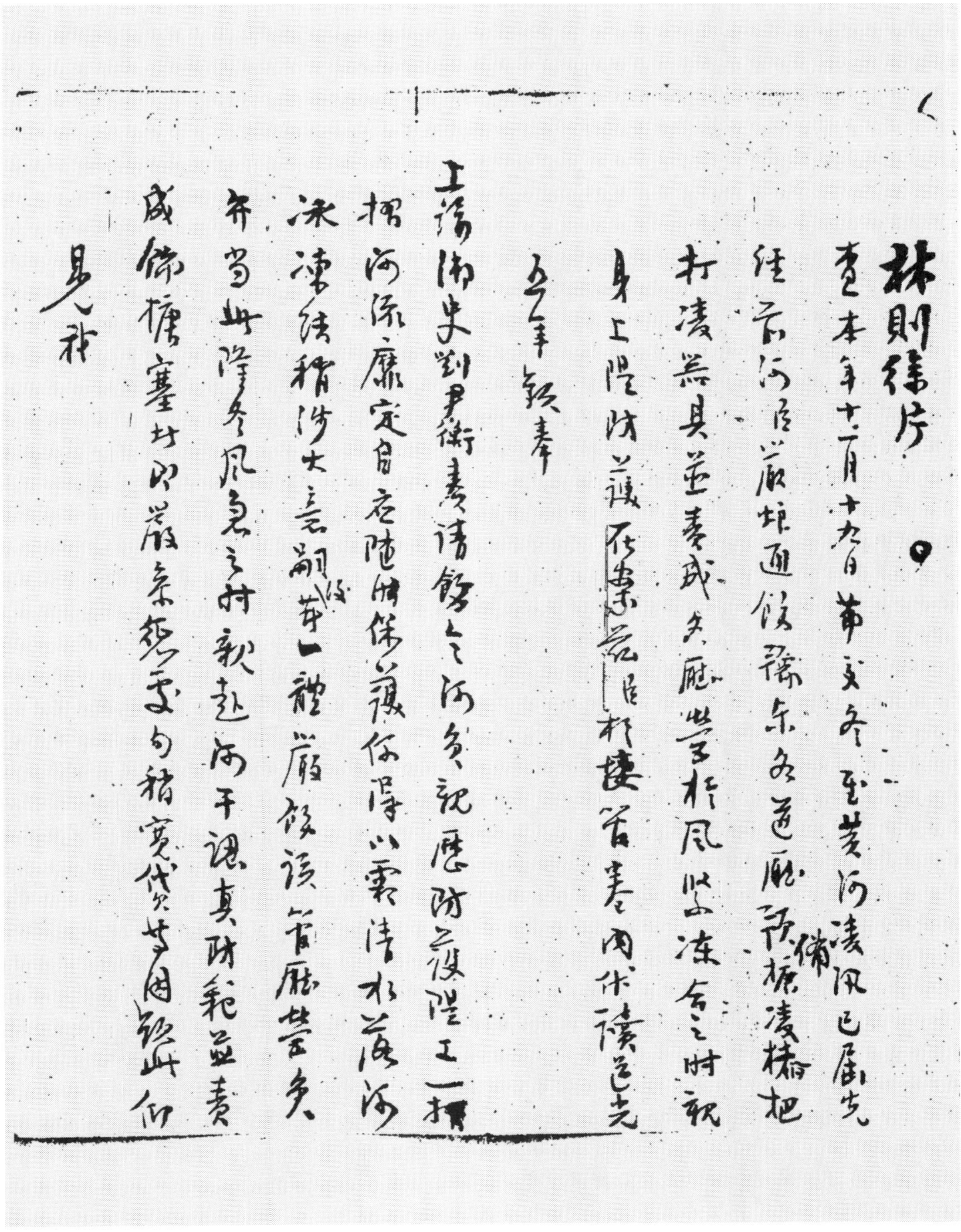
林則徐片
查本年十一月十九日節交冬至，黄河凌汛已屆，先
經前河臣嚴檄通飭豫東各道廳預備槍橋把
杆打凌器具，並責成各廳營於風緊冰合之時親
身上隄防護在案。臣於接管卷內恭讀道光
十一年　欽奉
上諭：御史劉尹衡奏請飭令河員認真防護隄工一摺。
河流靡定，自應隨時保護，俾得以資宣洩。河
冰凌結積，沙土壅閼，等一體嚴飭該管廳營多方
於當此隆冬風急之時，親赴河干，認真防範，並責
成修墊坍卸，即嚴參懲處，務令穩固。欽此。仰
見　聖

河東河道總督林則徐奏片　奏報豫東黄河各工均屬平穩並備來年歲料

道光十一年十二月二十六日

皇上虔恭河防，諄諄告誡之至意。查本年豫東黄河霜降前後長水甚屬安瀾，而冬至以後疊遇風雪，天氣尤寒，一經冰凌下注，阻道堪虞，現在撥料各工均屬平穩，臣仍嚴飭小心防守，遇有冰凌擁集，即時敲打推行，勿使剝傷埽壩，壅遏河流，並令各道隨時密查，不任稍有怠忽。至各廳預辦來年歲搶各料，業經發河以錢糧核定數目，飭發採辦，已有陸續報完。歲料之多寡，堆築是否結實，有無短少虛鬆以舊作新等弊，又須逐加抽驗，始能見其底裡，統俟各廳一律辦齊後，容臣於來春挨廳查驗，再行覆奏。

奏摺合併附片奏。

河東河道總督林則徐奏片 奏報豫東黃河各工均屬平穩並備來年歲料

道光十一年十二月二十六日

訓謹

奏

道光十一年十二月二十六日奉

硃批務要認真查驗不准稍有參混欽此

河東河道總督林則徐奏摺　**恩賞御書福字等謝恩**

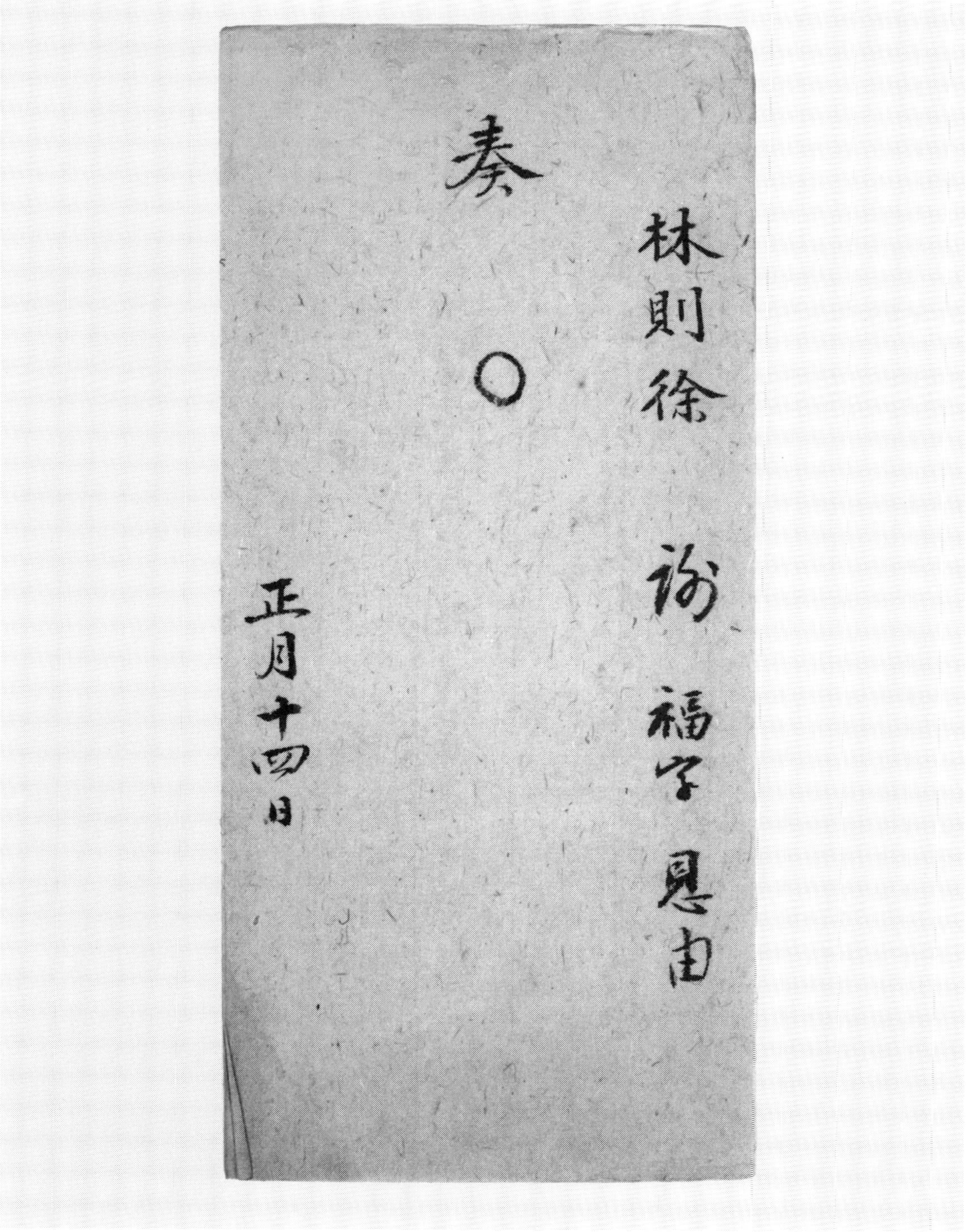

河東河道總督林則徐奏摺　恩賞御書福字等謝恩
道光十二年正月初七日

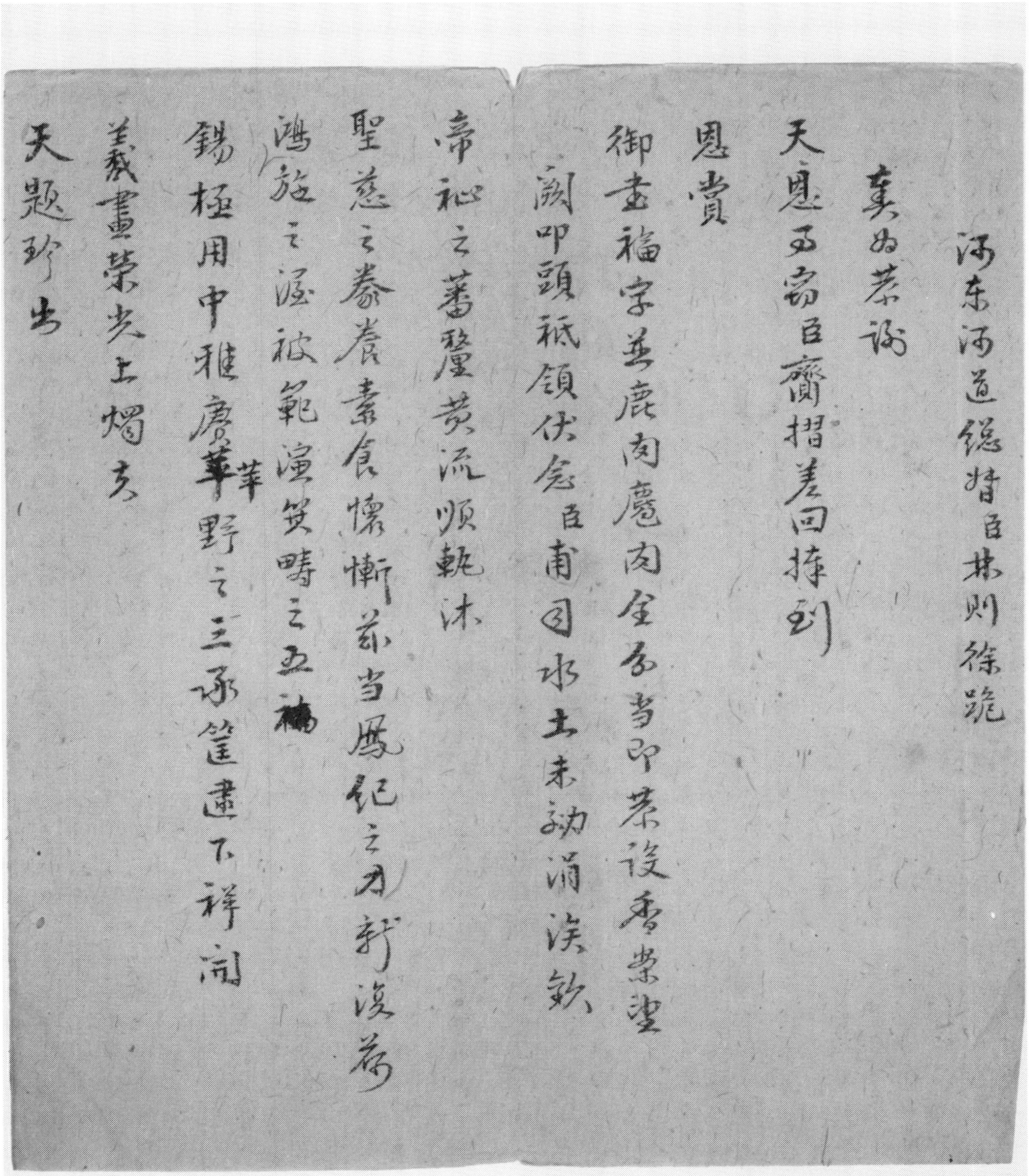
河东河道總督臣林則徐跪
奏爲恭謝
天恩事，竊臣齎摺差回，捧到
恩賞
御書福字並鹿肉麅肉全分，當即恭設香案，望
闕叩頭祇領。伏念臣甫因求土，未効涓涘，欽
帝祉之蕃釐，黄流頒軌沐
聖慈之眷睠，素食懷慚，茲當歷紀之方新，復蒙
鴻施之溢被，範演貞疇之五福
錫極用中，雅賡華野之三祝，筐逮下祥洵
羲畫榮光上燭
天題珍出

河東河道總督林則徐奏摺 恩賞御書福字等謝恩
道光十二年正月初七日

堯廚正席先嘗矣
君賜臣惟有勤修職業冀答
生成瞻
巍煥之
奎文霄漢常懸捧日奏艱鮮於
玉食河渠永祝恬瀾許有微微臣感激下忱謹繕摺叩謝
天恩伏乞
皇上聖鑒謹
奏
道光十二年正月十四日奉
硃批知道了欽此
正月初七日

河東河道總督林則徐奏摺　核計運河挑工分數並督催趲辦
道光十二年正月初七日

河東河道總督林則徐奏摺　**核計運河挑工分數並督催趲辦**

林則徐　運河挑工分數

奏

又

正月[illegible]

河東河道總督林則徐奏摺　核計運河挑工分數並督催趲辦

道光十二年正月初七日

河東河道總督臣林則徐跪

奏為核計運河挑工分數現督催趕緊加緊趲辦

恭摺具

奏仰祈

聖鑒事。竊照山東省運河冬挑次第插鍬日期前經臣

於上年十二月十九日恭摺

奏報，并將旋挑旋驗河廳先後具報接續興工，節經

運河道暨各廳營往來查催，雖開工稍遲，辦

理尚屬鋪躍，惟臘底又裹雪降氣候更寒，各

夫鑿冰撈雪，轉工往返，挑土倍費工力，率屬猶不

欠旋即晴霽，額募工員均照三倍給呈，人夫攢

辦。以所報挑成段落，及理挑未完工段，通盤核

計截至正月初六日止約有三分餘工按日計
土總可不誤啟壩鋪水之期現已春融凍解一面
督飭道廳嚴催工員趁春添夫照估加緊挑完
以速補遲不許稍有草率延誤臣即親赴
濟墩以南勝佛十字河一帶逐細勘查仍由南
路折回再赴北路之汶上等汛要工段落挨次
驗催如有丹不如式以及偷減尺寸照追整崖
普律擇知柳合觔挑重加嚴參懲辦務期一律
河平循清新運以仰副
聖主慎重漕河之至意所有運河挑工分數並督催
儹辦緣由謹恭摺具
奏伏乞

皇上聖鑒謹

奏

道光十二年正月十四日奉

硃批知道了欽此

十二年正月初七日

河東河道總督林則徐奏摺　**查明道光十一年十二月份各湖存水尺寸**

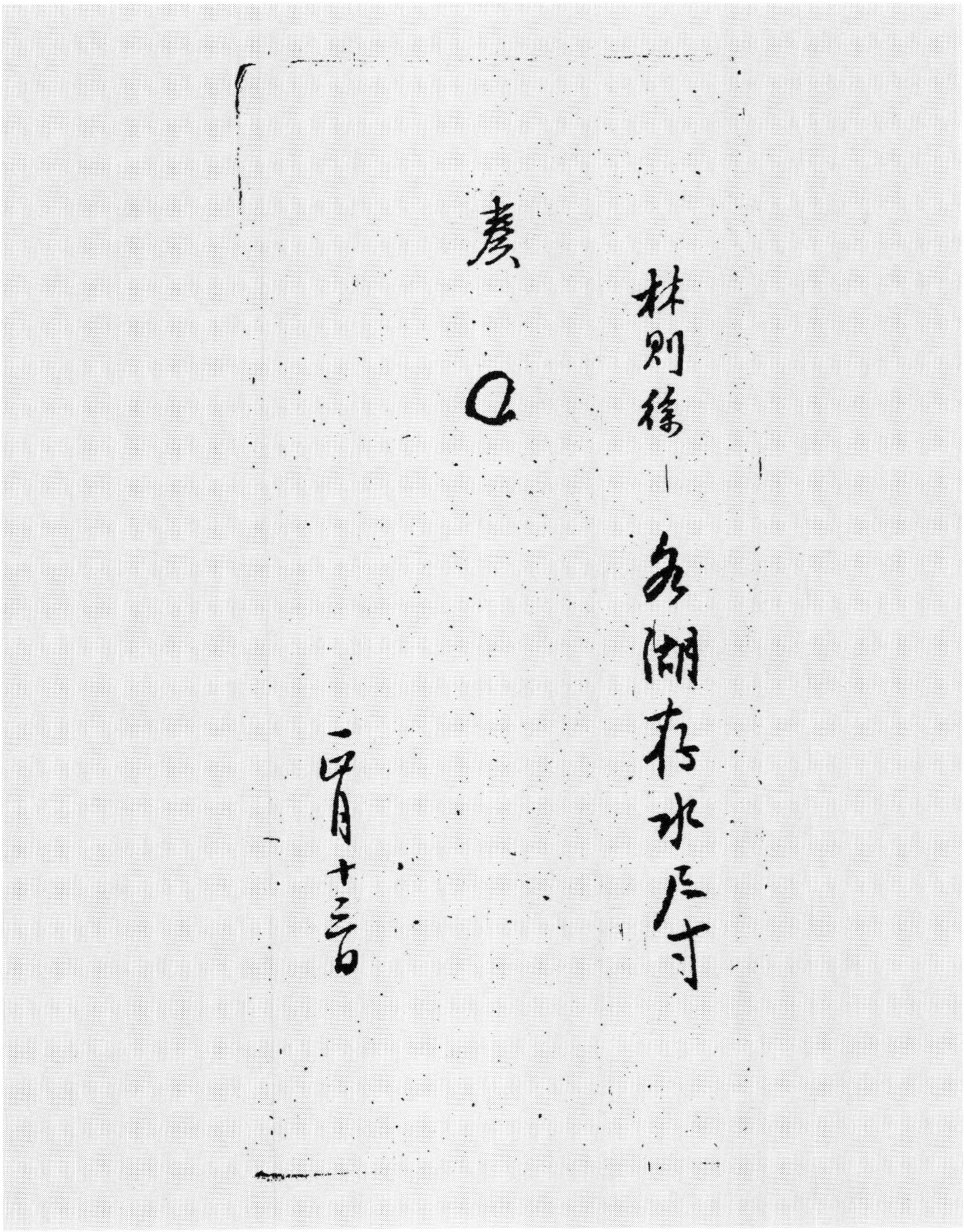

林則徐｜各湖存水尺寸

奏

正月十一日

河東河道總督臣林則徐跪

奏爲查明道光十一年十二月分各湖存水尺寸謹繕

清單恭摺奏祈

聖鑒事。竊照前於嘉慶十九年欽奉

上諭：湖水收蓄尺寸，每月查開清單具奏一次。等因。欽

此。查上年十一月分湖水尺寸，經臣開單

奏報在案。茲據運河道李恩繹將十二月分各湖

存水尺寸開摺呈報前來。臣查微山湖十一月分存水

一丈三尺九寸三分，十二月內水無消長，仍存水一丈

三尺九寸三分，較十年十二月水大五寸三分。此外

南旺湖消水一分，昭陽、南陽、獨山三湖水無消

長。其馬場湖收納泗河之水，蜀山、馬踏兩湖

收納全收長水二寸九分至一丈一寸六分計昭陽湖
存水六尺三寸南陽湖存水四尺二寸南旺湖存水
五尺七寸四分獨山湖存水六尺四寸馬場湖存水
三尺蜀山湖存水九尺六寸五分馬踏湖存水三尺
七寸三分四惟蜀山馬踏兩湖比十年十二月水勢
稍小餘大自一寸六分至一丈八寸不等年前瑞雪
頻霑現值春融添蓄各諸泉向來源正旺馬場
蜀山馬踏三湖仍在日見長增只惟當督飭道廳
慎守隄堰廣收濟運以仰副
重垂重蓄利漕之至意所有道光十一年十二月分各湖存
水尺寸謹繕清單恭摺具
奏伏乞

皇上聖鑒謹

奏

道光十二年正月十二日奉

硃批知道了欽此

正月初七日

河東河道總督林則徐清單 **道光十一年十二月份各湖存水實在尺寸清單**

清單

謹將道光十一年十二月分各湖存水實在尺寸逶一開明恭呈

御覽

運河西岸自南而北四湖水深尺寸

一微山湖以誌樁水深一丈二尺為度因湖底淤墊三尺實存水九尺即合一丈二尺之數

十一年十一月分存水一丈三尺九寸三分

十二月內水無消長仍存水一丈三尺九寸

三分較十年十二月水大五寸三分

一昭陽湖十一年十一月分存水六尺三寸十二月內水無消長仍存水六尺三寸較十年十二月水大七寸

一南陽湖十一年十一月分存水四尺二寸十二月内水無消長仍存水四尺二寸較十年十二月水大七寸

一南旺湖十一年十一月分存水五尺七寸五分十二月内消水一分實存水五尺七寸四分較十年十二月水大一尺八寸

運河東岸自南而北四湖水深尺寸

一獨山湖十一年十一月分存水六尺四寸十二月内水無消長仍存水六尺四寸較十年十二月水大六寸

一馬場湖十一年十一月分存水二尺七寸一分十二月内因收納泗府河之水長水二寸

河東河道總督林則徐清單　道光十一年十二月份各湖存水實在尺寸清單　道光十二年正月初七日

九分實存水三尺較十年十二月水大一寸
八分
一蜀山湖定誌收水一丈一尺為度十一年十
一月分存水八尺五寸三分十二月內因收
納汶水長水一尺一寸二分實存水九尺六
寸五分較十年十二月水小二寸七分
一馬踏湖十一年十一月分存水三尺一寸二
分十二月內因分納汶水長水六寸一分實
存水三尺七寸三分較十年十二月水小二
寸四分

覽

河東河道總督林則徐奏摺

奏報豫東黃河凌汛安瀾情形

林則徐　凌汛安瀾由

奏

正月十四日

河東河道總督臣林則徐跪

奏為豫東黃河凌汛安瀾恭摺

奏報仰祈

聖鑒事。竊照上年凌汛未屆，天氣已寒，先經前河臣

行令黃河道廳多備擋凌椿把及打凌器具，

並飭各廳會營督飭兵夫上堤巡防。

自交冬以來，豫東兩省連得瑞雪，氣候大寒。迨

臣到任，正值朔風司令、河冰凝結之時，復經嚴飭

各道廳加意慎防，不許稍涉鬆懈。節據探報：

明黃河兩岸埽工先已量為廂高，所搶撒卸不

致觸傷；其河勢灣曲處所間有積存冰塊，隨時

敲打推行，暢流東注，並無壅阻之處，兩岸堤埽

各工一律平穩現已恭逮主汛河水消落豫東黃

河安瀾順軌洵堪仰慰

宸懷至黃河汛內應准來年增培土工已據各道分

別估勘飭令在案俟來年照舊章于正月下

旬興工臣屆期親往稽查斷不致遲延

所有豫東黃河凌汛安瀾緣由理合恭摺具

奏伏乞

皇上聖鑒謹

奏

道光十二年正月十四日奉

硃批知道了欽此

正月初七日

河東河道總督林則徐奏片

前河臣保奏人員徐順昌係候補未入流誤書從九品請更正

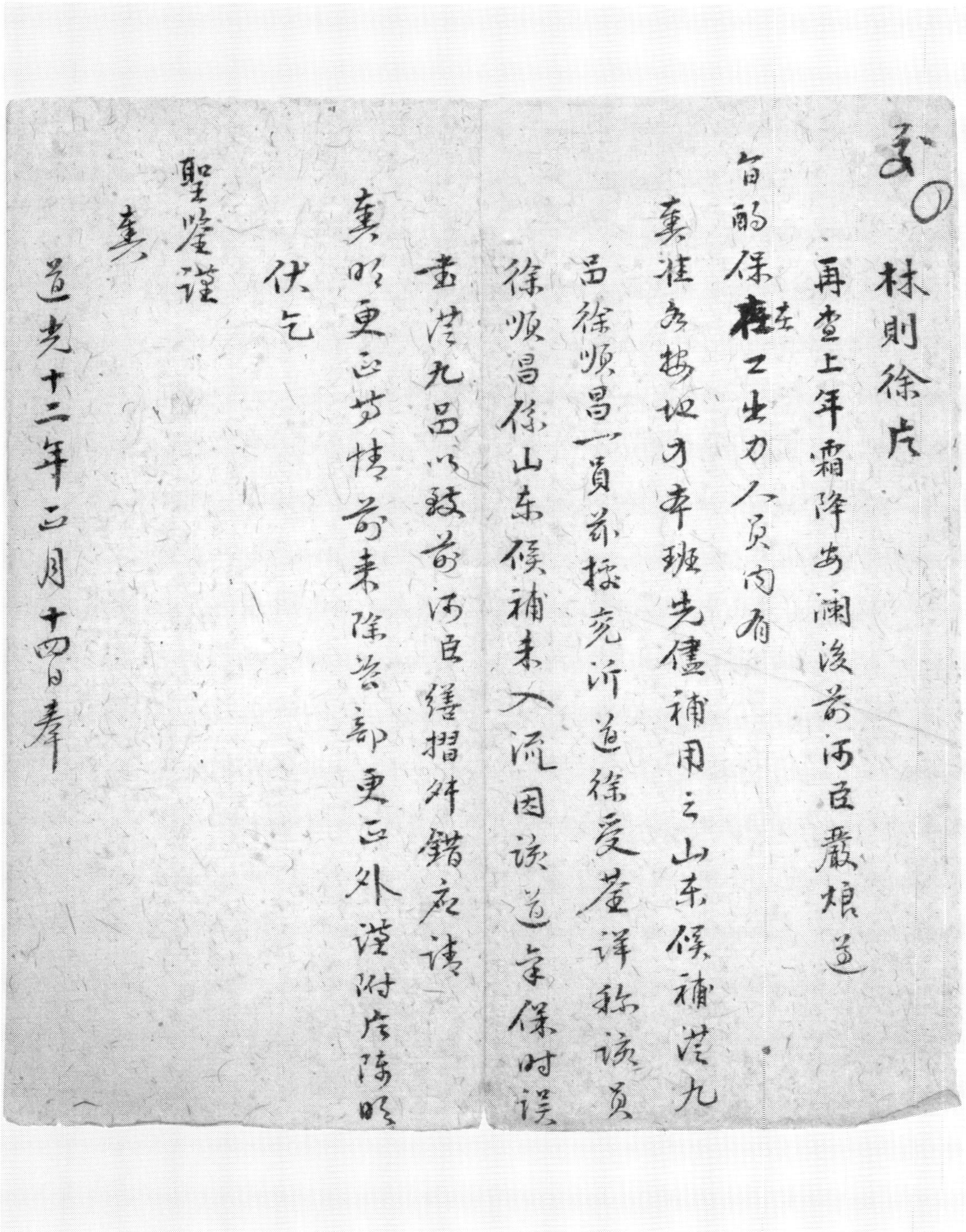
奏

林則徐片

再查上年霜降安瀾後前河臣嚴烺

旨酌保搶險出力人員內有

奏准各按切(?)本班先儘補用之山東候補從九品徐順昌一員，前據兖沂道徐受荃詳稱，該員徐順昌係山東候補未入流，因該道原保時誤書從九品，以致前河臣繕摺錯底，請

奏明更正等情前來，除咨部更正外，謹附片陳明，伏乞

聖鑒。謹

奏。

道光十二年正月十四日奉

河東河道總督林則徐奏片 前河臣保奏人員徐順昌係候補未入流誤書從九品請更正
道光十二年正月十四日

硃批吏部知道欽此

河東河道總督林則徐奏摺

遵旨查明河標四營暫裁兵額

林則徐 查明河標四營暫裁兵額由

奏

二月初一日

河東河道總督臣林則徐跪

奏為遵旨查明河標四營暫裁兵額恭摺具

奏仰祈

聖鑒事竊臣接准升任督臣張井移准內閣咨會議准

廷寄諭旨

上諭前據長齡等奏籌辦回疆善後事宜請將各省綠

營兵額各按馬步守兵分別均勻於每百名內暫裁

二名將裁扣所節經費解交甘肅藩庫自道光十

二年為始歸入回疆經費項下撥運前往以資支

發交該部查明具奏並據奏分直省地方險易

異宜兵數多寡不一且額兵另有城守汛防之別有

城守以備差操為數稍多汛守以支戍守人數

緩步自應由各省查明核辦，着各該省督撫將各標
全省兵數以多少名暫裁二名核計，共裁馬步守兵
若干名，於所屬標營內詳察繁簡多寡情形，遇
有拔補開革事故所出之缺，應陸續分別扣除，
及所裁餉銀折馬乾並飭户部查照，毋庸動支。
裁減數目一併迅速查明各標實覆具奏。此外各該
令知之。欽此。欽遵移會到臣，並准咨移，臣以標各營
應由臣查核具奏。茲因伏查臣標中左右三營
並濟寧城守共四營額設馬步守兵一千六百
四十六名，以多少名暫裁二名核計，共應裁兵三
十三名。惟其中應裁分別本營繁簡多寡之殊，
自應恪遵

奉諭詳察情形分别裁減現查沿河分駐汛兵四百三
十五名在堤差操者一千二百十一名是分汛兵丁人
數本少而所管皆河汛地段三百六十餘里之長
分設四十四汛僅漕堡設差事殷繁自未便
一律議減擬將日標四營庄裁兵丁三十三名之
數統就在堤兵内酌量裁撤自道光十二年為
始遇有拔補開革事故隨時扣除計每歲之年
約共可省餉乾米折郵賞銀七百五十餘兩每
歲之年可省七百兩零於各營請領季餉册内聲
明扣存司庫彙案搭解據各該營会詳前來
除咨覆據以外理合將查明暫裁兵額及可省
銀數緣由恭摺具

奏伏乞

皇上聖鑒勅部核議施行謹

奏

道光十二年正月初四日

硃批兵部知道欽此

正月二十二

河東河道總督林則徐奏摺　**盤查東省運河兗沂兩道河庫錢糧無虧**

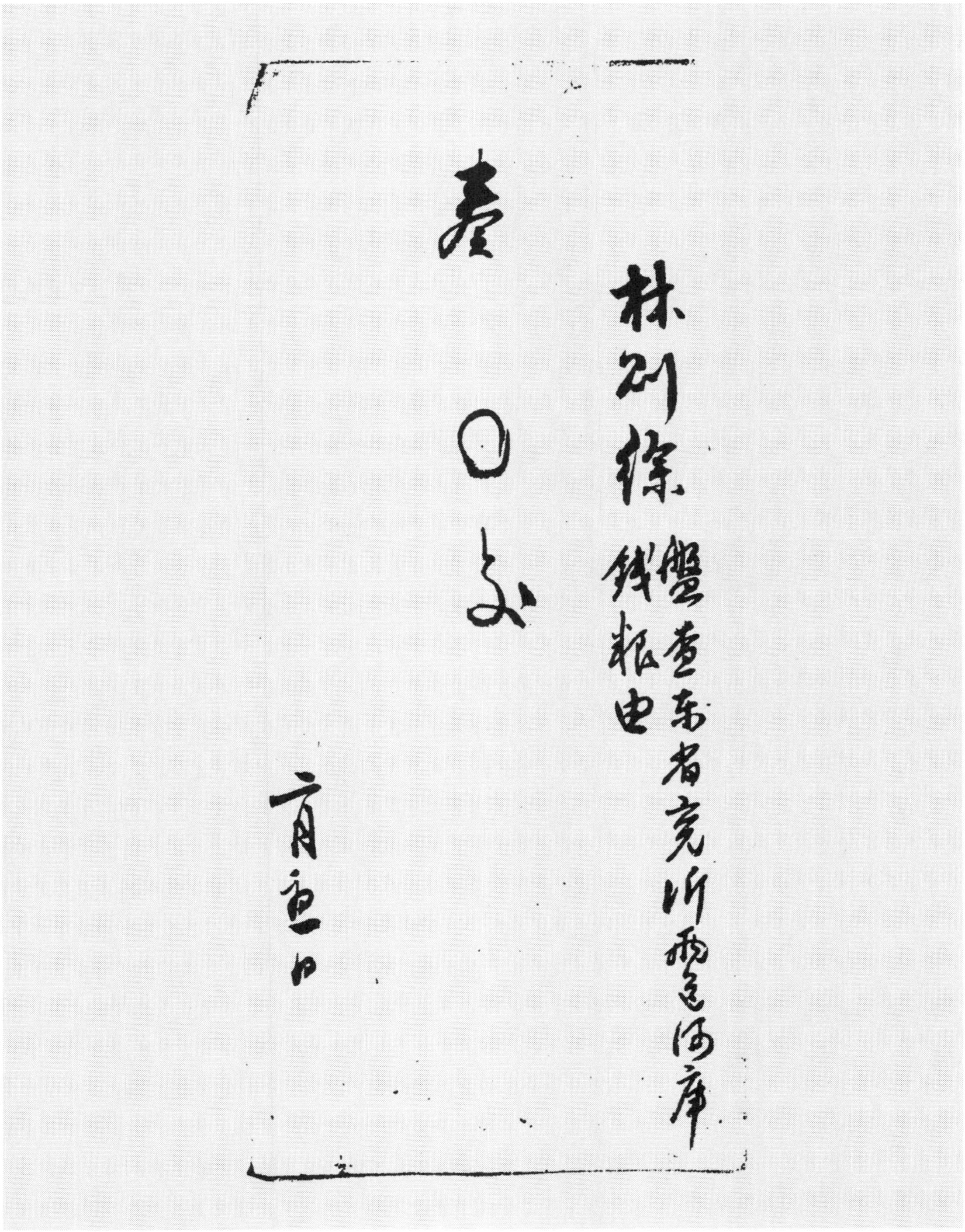
林則徐
盤查東省兗沂兩道河庫錢糧由
奏

河東河道總督林則徐奏摺 盤查東省運河兗沂兩道河庫錢糧無虧 道光十二年正月二十二日

河東河道總督臣林則徐跪

奏為盤查東省運河兗沂兩道河庫無虧恭

摺具

奏仰祈

聖鑒事竊照豫東兩省歲修河庫俱有經費河庫

每年總河於諸查考覈之員到任以例應盤

查具

奏又奉准部咨東河各道庫存正雜每年終

聖鑒

奏報臣于上年臘月到任其時正值年終自應

將案盤查以歸覈實并經飭據各道將

庫存各款分別開冊詳送前來茲臣于本年

河東河道總督林則徐奏摺　盤查東省運河兗沂兩道河庫錢糧無虧

道光十二年正月二十二日

年正月初四初八等日先後親赴運河兗沂
兩道庫逐款盤查運河道庫存銀九
萬五百五十一兩三錢九分五釐制錢二千四
千九百六十六文兗沂道庫存銀六萬
二千四百五十七兩八錢三分八釐當經查對
庫册及收支月報庫簿核與現存之數
均屬相符逐封彈兌平色亦皆足實並
無虧短除將南河歸河北兩道庫俟臣赴
豫查驗工料順道盤查另行具
奏外所有到任年終循例盤查東省運河
兗沂兩道河庫錢糧無虧緣由理合恭
摺具

奏伏乞

皇上聖鑒謹

奏

道光十二年正月二十二日

硃批知道了欽此

河東河道總督林則徐奏摺 **估修東省洳捕上三廳壞損閘座工程**

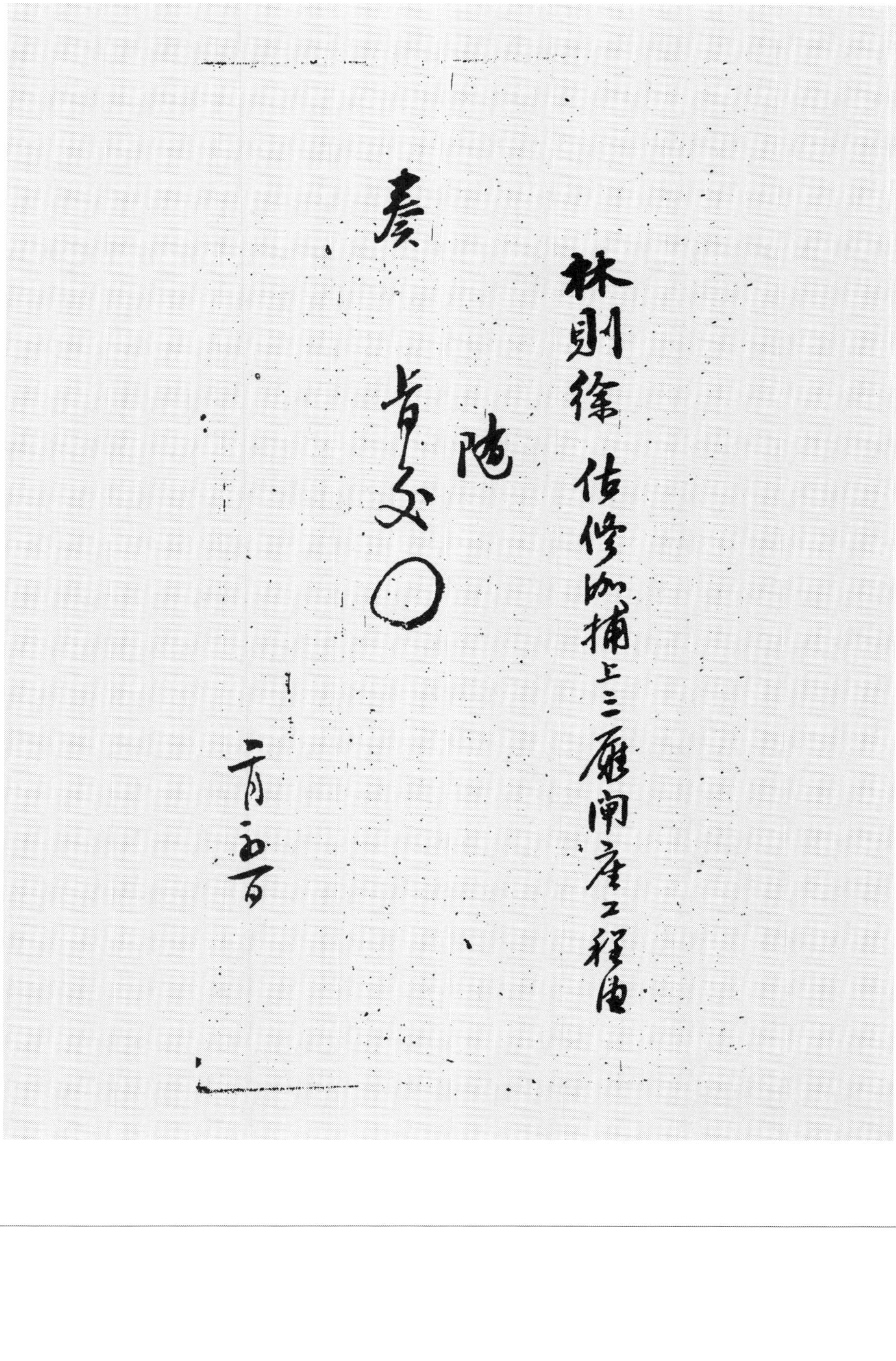

林則徐 估修洳捕上三廳閘座工程摺

隨

奏 旨交○

二月五日

河東河道總督臣林則徐跪
奏為查明東省泇捕上三廳損壞閘座亟應估修
以資啓閉而利運行恭摺奏祈
聖鑒事竊照東省所轄運河綿長千有餘里全賴
堤堰閘壩節節蓄收以利運行而資捍禦除例辦
歲修工程外其有閘收水啓閉者要工歷係逐年
估計奏請
恩准撥發司庫正雜辦理茲臣到任後查核文卷前
於上年冬間節次批准捕修閘工三案均由道庫
墊項飭廳購料興辦勘驗本年重運未到之前如
式完竣又因動用帑項宜加慎重當經屢飭復查
各該閘工程果否難以從緩所估之數果否撙

節當深宜手查工程過之處親加履勘反覆推求務
使工歸實效節據運河道李思繹確切稟覆詳
請具
奏前來臣查泇河廳韓莊地方閘一座居八閘之中
地勢逼窄最為扼要該閘建自前明萬曆三十二
年至
國朝雍正七年重修之後迄今百餘載未經現查金
門寬二丈三尺六寸墻高一丈九尺二寸兩墻由身上下
雁翅共長三十四丈二尺寸上承微山湖及牛山泉並
各諸山河坡水下注衝湯南趨以致底樁朽腐不
能擊載金門由身雁翅各墻石均皆埶裂脫落
滲漏串水不一而足橋石欹裂參差不平地平石衝

撤砌者，數年揹酥裂，雖以下板閘蓄壓尤徹，底板修
並查該閘地勢低窪，必須加石一層，連舊共高二丈，以
除墻面等石僅堪照依舊石十分之二，裏石並鋪
底石俱散，應用十之三四，放除添料匠夫工運築
堤岸，水抵完月，河等止共需例帑價二千一萬三千
六百餘兩。查又捕河廳陽穀縣荊門上閘一座，南
距戴廟四十四里，河道綿長，北至下閘僅止二里，壩
該短促，每逢下閘啟板，全賴該閘嚴板閘蓄擎托
上游水勢，攔送運河，實為捕河境內最要之區。該閘
自嘉慶二十二年拆修，加高後，屢經伏秋大汛，淤墊運
沙，趁各河之水洪發匯注，上則奔騰撞擊，下則急湍
抽掣，更之漕船往來磕碰，以致金門兩墻由身雁

翅等工酥鬆膨裂滲漏，迎水底石、銜撅椿木亦朽，南
牙萬年枋俱已損壞，必須照舊拆修，以供啟閉。除堪
用舊石外，估需料匠夫工、運築填底水共需例幫價
銀一萬七千七百八兩零。又上河廳屬揚汛土橋閘一座，
南距梁鄉閘十四里，北距戴家廟閘三十里，地勢上下懸
殊，較之他閘尤為吃重。該閘自嘉慶二十年拆修，歷今
以來，歷被重空漕船往來磕碰，汛漲激湍衝擊，以
致兩牆由身雁翅裹面石縫鬆陷，錯縫滲漏
透水，閘耳萬年枋、迎水底銜撅椿木朽陷，
雜以木板抵底，斷難抵禦。查該閘地勢過低，
上屆雖已加高，仍形窪下，過船為艱，擬將底石
再加高一層，連舊共高二丈四尺，所需照舊石

外估需料銀運夫工建築堤廂挑挖月河
等工共需銀幫價銀一萬六百三十二兩零以上三
廳統共估需銀三萬六千三百九十兩零業經前南河
臣帶同該道查明設減，實核撙節，臣復加勘核
實係工程難緩，估計確實無浮，仰懇
皇上天恩俯准于山東司庫正款撥發，還道光別
歸款，抑發內何項銀兩，該道亦備正款如式
款何項于雲達來歲以為一律完報，不值有華
辛年延緩，俟工竣驗收，確核核實工段丈尺
另摺清單恭呈
御覽。再查東省運河所正運年要工程一年之內
閘下不出十萬兩之數，惟現在開工外咨成運

再諭估工各員隨時切實勘減，可省即省，斷
不任以前議之工程任意報估，俾隨時酌為加補
上三廳估修閘工緣由，理合恭摺具
奏伏乞
皇上聖鑒訓示謹
奏
道光十二年二月初一日奉
硃批：欽此

正月廿二日

河東河道總督林則徐奏摺

奏報運河挑工已完分數現赴黃河兩岸查料勘工

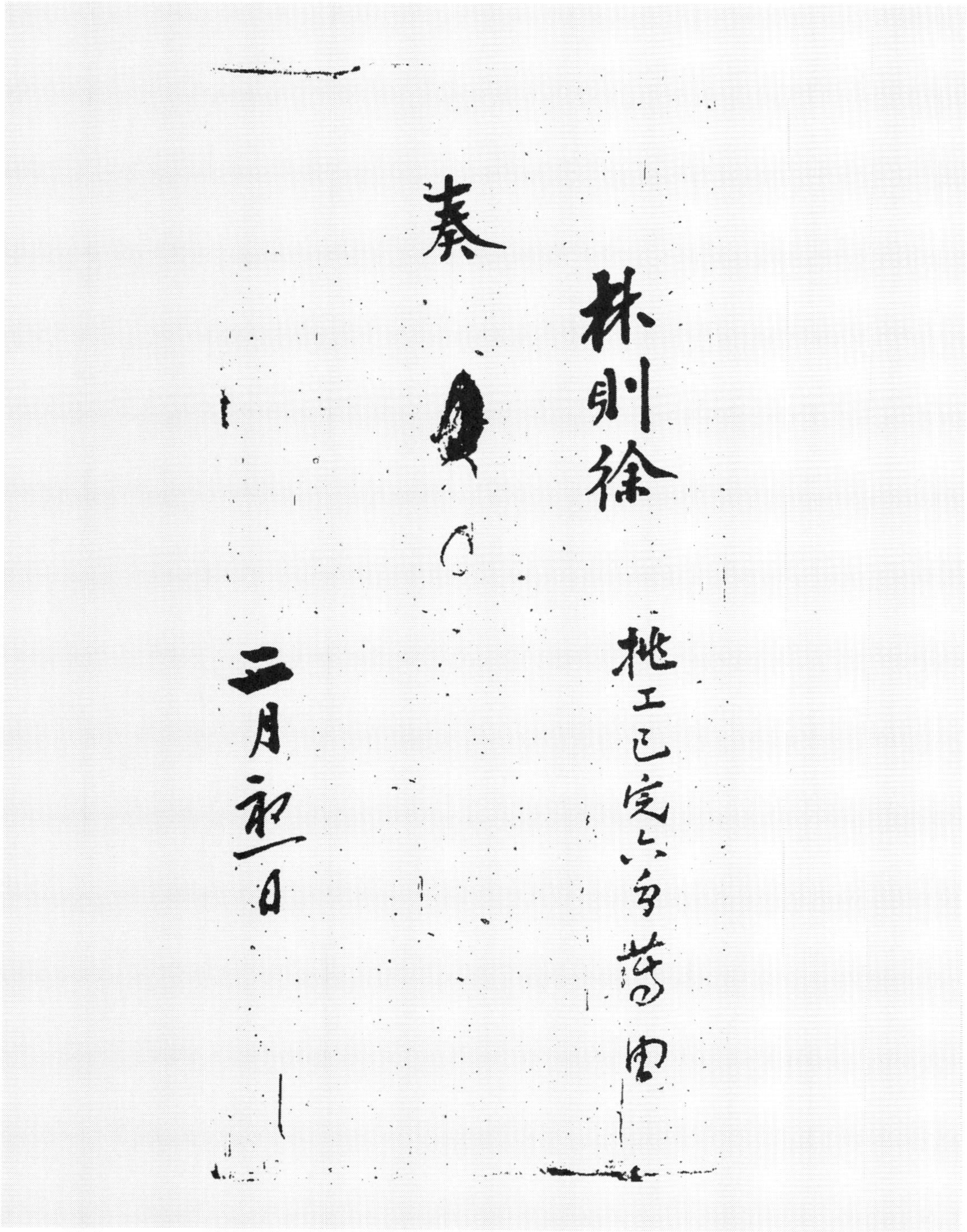
奏
林則徐
挑工已完分數由
二月初一日

河東河道總督林則徐奏摺　奏報運河挑工已完分數現赴黃河兩岸查料勘工
道光十二年正月二十二日

河東河道總督林則徐奏摺 奏報運河挑工已完分數現赴黃河兩岸查料勘工

道光十二年正月二十二日

河東河道總督臣林則徐跪

奏為催運河挑工統計已完六分現仍督飭儹辦並即

赴黃河兩岸查料勘工恭摺奏祈

聖鑒事竊臣在省運河挑工截至正月初八日已寔办三

分有奇經臣於

奏報摺內聲明親往縣催旬餘以來周歷濟河二汶南

至滕汛之十字河一帶北至汶上草汛塘長各河據

次履勘前已經挑完工段除出土外其鑿鑿大塊

堅冰夾雜累累山積詢之土人僉稱歷年河床未

見如今年之厚是以挑工之費力無異之損傷亦

較往年加至數倍臣目覩現挑之處先須鑿起丹

三層冰塊或將凍土打鬆然後得施畚捐及至挑

動之際亦免滲漏，雖經隨挑隨廂，而隔夜即又淤
結。昨已節交雨水，河冰方在堅凝，其貼近堤邊之
積凝，因土凍不能膠粘，已無所施其伎，只有將所
挑寬深尺寸逐段丈量，驗其底即諸樁均相符
合，亦無偷減情弊，堆隄出土之路，漸被泥淤，
挑撥逐條淤積，名曰泥漿，往往工段挑完，而泥
漿尚未除淨，雖據各汛員弁稟稱向例全
工完後一律起除，但日積日多，挑運更為費
事，且一經春雨，更恐衝入河心，以後廳飭工員押
令夫役凡挑完一段，即起淨一段泥漿，其已挑未淨
之處，定著夫頭均勻量予懲責，並因距春汛
至隣省挑工，向只稍偏於東岸之處，雖量明丈尺

硃

好

至若並非緊要但不居中挑空側注一边以崇西
岸淺處識恐日久積淤河身遂窄不可不防其漸
現值償工緊急之際且昭該汛主簿徐堉擴充項
革責令背夫加挑展寬丈尺務令一律均匀俟
工竣時查驗如果協宜仍還頂革倘不如式立即
咨革示儆截至正月二十日統計各汛挑弓
六分工程比以天氣晴和施工自易加以因其
河各所購料物至應親往查驗並於春備土
工勘辦事宜均難延緩即於拜摺後由濟
起程前赴豫東黃河兩岸周歷履勘挨查歷
屆驗料往返不過半月以於河務未能諳悉况
河道工形勢細加體察諮訪研求而於一工即

是

硃

河東河道總督林則徐奏摺 奏報運河挑工已完分數現赴黄河兩岸查料勘工

道光十二年正月二十二日

不敢忽略走過，且思料物為修防根本，果能堆垛佳實，防險方有所藉，若查料之時稍任以虛作實，以舊作新，則冒領誤工，即無有甚於此者。

〔一面勉行方為不負委任〕

惟有細加按驗，計束稱斤，核其從實從嚴，不敢稍為遷就。〔兩〕但歲添兩料共有七千餘垛之多，逐一親查，即不免多需時日，其運河未完挑工一時〔不〕不及兼顧，惟當責成運河道往來督查，兼督飭所管廳員迅催挑現在工，餘四分工程自可依限全完，不誤啟壩鋪水，以仰慰宸廑。稽宕，如有草率偷減，即行據實參奏，不敢稍有徇隱。所有運河挑工已完分數並臣現赴黄河查驗工料緣由，理合恭摺具

殊

河東河道總督林則徐奏摺　奏報運河挑工已完分數現赴黄河兩岸查料勘工　道光十二年正月二十二日

奏伏乞

皇上聖鑒謹

奏

道光十二年二月初一日奉

硃批知道了欽此

正月二十二日

上諭　東省嶧汛張莊閘等准予拆修著河督工竣親往驗收核銷

道光十二年二月初一日内閣奉

上諭林則徐奏估修閘座一摺東省加河廳嶧汛張莊閘一座捕河廳陽穀汛荊門上閘一座上河廳堂博汛土橋閘一座均年久損壞應行分别拆修加高除選用舊石外三案共估需例帮價銀三萬六千三百七十兩零據該河督查明寔係難緩之工業經前任河督籌項墊辦著准其於山東司庫照数撥交運河道分别歸款找發仍督飭該道嚴催各廳照估如式趕修務於重運未到以前一律完報毋任草率遲延工竣該河督親往驗收覈銷嗣後遇有請修工程總當隨時勘估減省斷不許稍有浮冒以昭覈實該部知道欽此

上諭　著林則徐補授江蘇巡撫毋庸來京請訓

道光十二年二月十八日內閣奉
上諭程祖洛着補授閩浙總督即來京請訓再赴新任未到任以前閩浙總督仍着魏元烺兼署林則徐着補授江蘇巡撫未到任以前江蘇巡撫着梁章鉅護理吳邦慶着補授河東河道總督林則徐俟吳邦慶到任後即赴新任吳邦慶俟鍾祥到任後將撫篆交該藩司護理即赴新任林則徐吳邦慶俱毋庸來京請訓江西巡撫着周之琦補授欽此

河東河道總督林則徐奏摺　補授江蘇巡撫謝恩

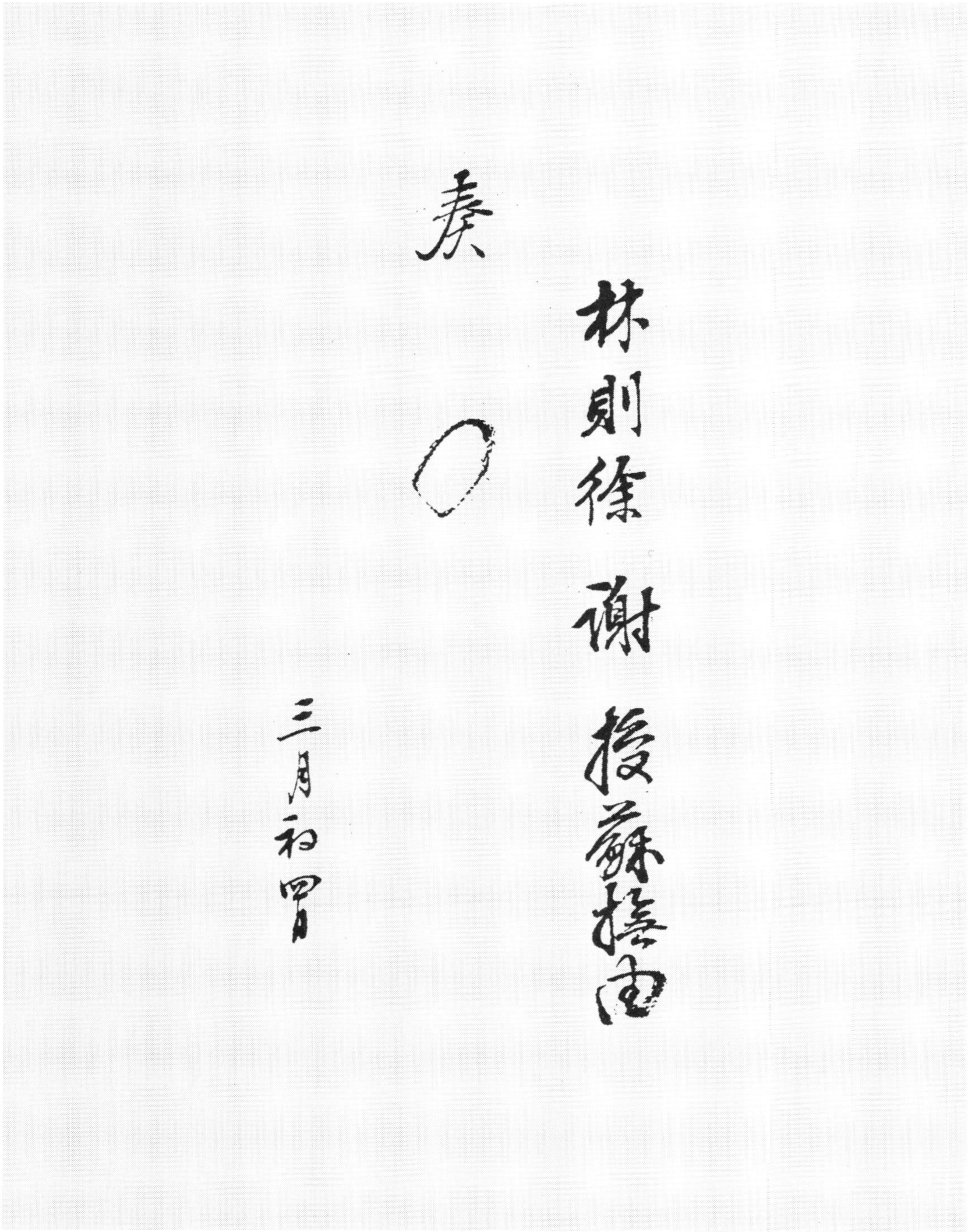
林則徐謝授蘇撫恩
奏
三月初四日

河東河道總督林則徐奏摺　補授江蘇巡撫謝恩
道光十二年二月二十四日

河東河道總督新授江蘇巡撫臣林則徐跪
奏為恭謝
天恩事二月二十二日在河南祥河廳工次接准軍
機處文開道光十二年二月十八日內閣奉
上諭林則徐著補授江蘇巡撫未到任以前江蘇巡撫
著梁章鉅護理吳邦慶著補授河東河道總督
林則徐俟吳邦慶到任後即赴新任吳邦慶俟鍾
祥到任後將撫篆交該藩司護理即赴新任林則
徐吳邦慶俱毋庸來京請訓等因欽此臣當即望
闕叩頭恭謝
天恩伏念臣以庸闇之資渥沐
聖慈疊加

河東河道總督林則徐奏摺　補授江蘇巡撫謝恩
道光十二年二月二十四日

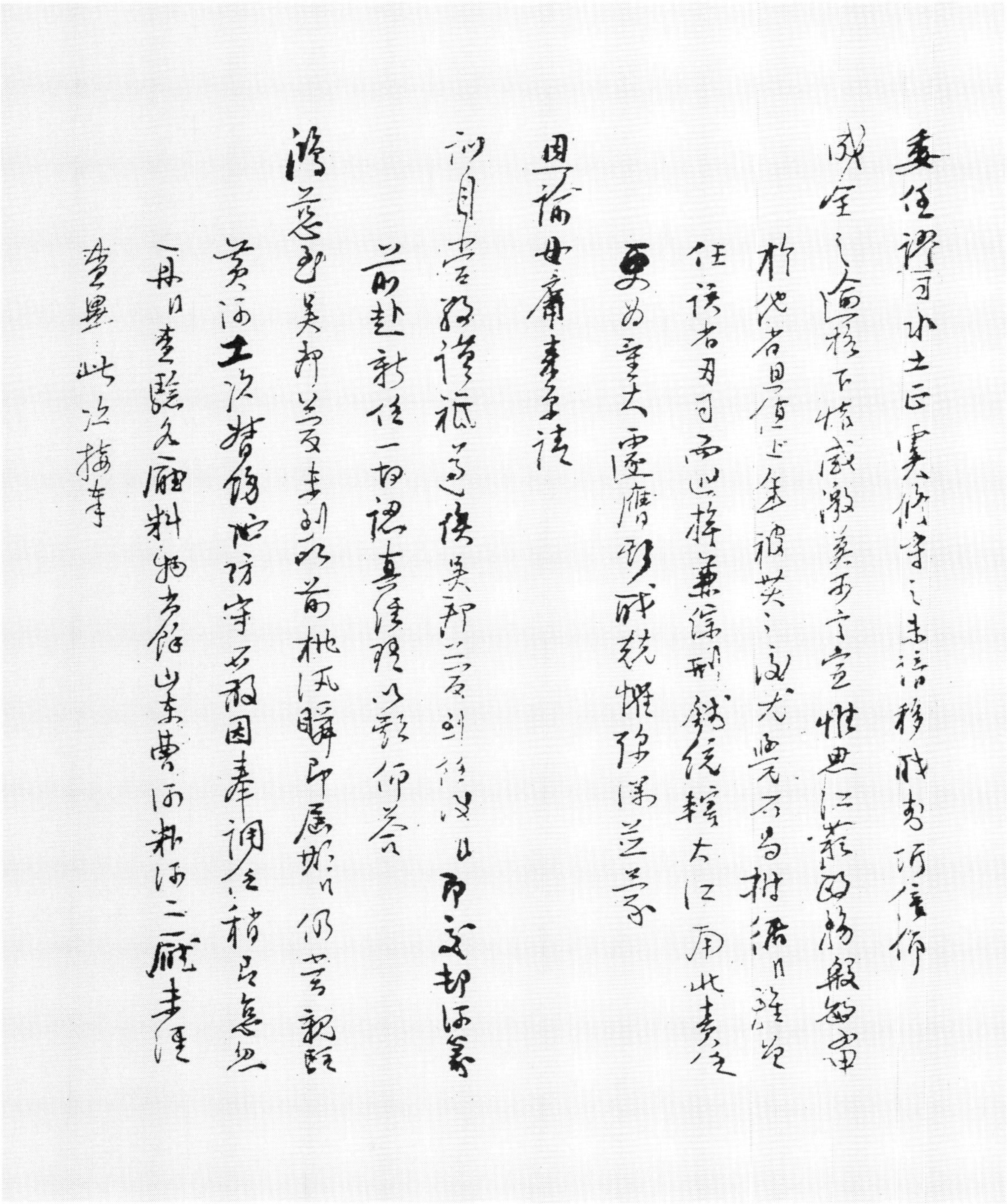

諭旨之時，正由歸河渡黃糧河之後，仍計三四日內即可

一律查明，容臣將查驗情形另行詳悉具

奏。合併聲明，所有微臣感激下忱，謹繕摺叩謝

天恩，伏祈

皇上聖鑒。謹

奏。

道光十二年二月二十四日奉

硃批：知人難，得人尤難，汝當知朕之苦衷，一切勉

力而行，毋負委任，朕之厚望。欽此

二月廿四日

圖書在版編目（CIP）數據

清宫林則徐檔案匯編.1/ 中國第一歷史檔案館　福建省林則徐研究會　編.－福州：海峽文藝出版社，2016.12

ISBN 978－7－5550－0604－6

Ⅰ.①清…　Ⅱ.①中…②福…　Ⅲ.①林則徐（1785~1850）—檔案資料—匯編　Ⅳ.①K827=52

中國版本圖書館 CIP 數據核字（2015）第 193267 號

清宫林則徐檔案匯編　1

中國第一歷史檔案館　福建省林則徐研究會　編
責任編輯　茅林立　陳　婧
美術編輯　劉小岳
出版發行　海峽出版發行集團
海峽文藝出版社
經　　銷　福建新華發行(集團)有限責任公司
社　　址　福州市東水路 76 號 14 層　　**郵編**　350001
發 行 部　0591-87536797
印　　刷　福建新華印刷有限責任公司　　**郵編**　350011
廠　　址　福州市福新中路 42 號
開　　本　889 毫米 × 1194 毫米　1/16
字　　數　706 千字
印　　張　32.25
版　　次　2016 年 12 月第 1 版
印　　次　2016 年 12 月第 1 次印刷
書　　號　ISBN 978－7－5550－0604－6
定　　價　300.00 元